格鲁吉亚文学家掠影

Georgia WENXUEJIA LUEYING

卢雨菁 编著

敦煌文艺出版社

图书在版编目（ＣＩＰ）数据

格鲁吉亚文学家掠影 / 卢雨菁编著 . -- 兰州：敦
煌文艺出版社 , 2022.12
ISBN 978-7-5468-2278-5

Ⅰ . ①格… Ⅱ . ①卢… Ⅲ . ①作家—介绍—格鲁吉亚
Ⅳ . ① K833.675.6

中国版本图书馆 CIP 数据核字（2022）第 226667 号

格鲁吉亚文学家掠影

卢雨菁 编著

责任编辑：罗如琪

助理编辑：尚晶晶

封面设计：石　璞

敦煌文艺出版社出版、发行

地址：（730030）兰州市城关区曹家巷 1 号新闻出版大厦 23 楼

邮箱：dunhuangwenyi1958@126.com

0931-2131552（编辑部）　　0931-2131387（发行部）

兰州银声印务有限公司印刷

开本 787 毫米 ×1092 毫米　1/16　印张 24.25　插页 2　字数 360 千

2023 年 3 月第 1 版　　2023 年 3 月第 1 次印刷

ISBN 978－7－5468－2278－5

定价：56.00 元

自 序

　　格鲁吉亚，高加索地区的一颗明珠。那里风光旖旎，物产丰富，其独具特色的文化吸引着世界各地的游客慕名前往。尽管二十一世纪的格鲁吉亚高楼林立，但依然难掩其古往今来无数文人墨客的光彩熠熠。库拉河上那一道道的波光和一座座在夕阳下泛着金晕的铜像，仿佛在向我们诉说着这个古老国度曾经的沧桑与辉煌……

　　自 1992 年 6 月 9 日建交以来，中国和格鲁吉亚人民的友谊更加深厚，使两国之间教育、文化、经济往来日益频繁。然而，在我国，还没有一本全面介绍格鲁吉亚文学家和文学作品的书籍问世，介绍格鲁吉亚的书籍多以旅行或短期访问指南为主。众所周知，文学与历史、文化密不可分，想让更多国人深入了解格鲁吉亚人文的愿望使我完成《格鲁吉亚文学家掠影》一书。我在格鲁吉亚工作、生活的时间虽然短暂，仅仅只有 3 年的时间，但是那里的山、那里的水、那里人们的纯真笑脸激发了我走近他们的文明、探究他们文化的浓厚兴趣。闲暇之余，我通过查阅大量资料，走街串巷实地考察，整理并编纂了格鲁吉亚 170 多位文学家的生平及代表作信息，集结成了这本书。集子虽小，但它较全面地介绍了格鲁吉亚的文学家及其作品，同时附有作家像、部分作品封面等图片。正文后的 7 个附录包括格鲁吉亚的大学、出版社、博物馆、节假日、姓氏等列表，中文、格文、英文对照，方便读者查阅。

本书简明扼要的文字配上真实的图片，可让中国读者有机会深入地了解格鲁吉亚这个历史悠久的外高加索国家的文学、历史和文化。此外，本书可起到抛砖引玉的作用，为相关领域学者提供系统的脉络，便于他们进一步推进科研工作。

谨以此书献给那些胸怀诗与远方的读者！颂祝中格两国友谊万岁！

卢雨菁

2022 年 10 月于兰州大学

目 录

contents

亚历山大·阿巴舍利（1884—1954），是格鲁吉亚诗人、散文作家艾萨克·乔基亚（ისააკ ჩოჩია）的笔名。

亚历山大·阿巴舍利

亚历山大·阿巴舍利，1884 年 8 月 15 日出生于阿巴沙（Abasha）附近的萨乔基奥（Sachochio，现为 Abashispiri）的一个农民家庭。因参与 1905 年的俄国革命，1906 年他曾被流放到索尔维切戈斯克（Solvychegodsk）。1908 年，阿巴舍利回到格鲁吉亚，为当地媒体撰稿，先后发表了俄语和格鲁吉亚语版的第一批抒情诗。其作品受当时流行的象征主义趋势的影响，有评论家说他的第一本诗集《太阳的微笑》（მზის სიღიმი，1913）是"太阳崇拜"。

1921 年出现的格鲁吉亚对苏联政权的直接敌视使他的诗歌也显得颓废感十足，充满绝望，还有对自己青年时期革命理想的失望。随着时间的推移，他变得顺从，并逐渐完全适应了苏联的思想，他与格里戈尔·阿巴希泽（Grigol Abashidze）合作，为苏联格鲁吉亚加盟共和国的国歌原创了歌词，其中不乏对约瑟夫·斯大林的赞誉。

此外，阿巴舍利也是格鲁吉亚第一部科幻小说《镜中女人》（ქალი სარკეში，1930）的作者。

苏联作家、诗人、翻译家、长篇小说《日瓦戈医生》作者、诺贝尔文学奖获得者鲍里斯·帕斯捷尔纳克（Boris Leonidovich Pasternak，1890—1960），曾将他的几首诗翻译成俄语。

亚历山大·阿巴舍利去世于 1954 年 9 月 27 日。

格里戈尔·阿巴希泽（1914—1994），
或称格里戈里（Grigory），格鲁吉亚诗人，
以共产主义风格的作品而闻名。

格里戈尔·阿巴希泽

格里戈尔·阿巴希泽，1914年8月1日生于库塔伊西行政区的奇阿图拉（Chiatura）。

他曾就读于第比利斯国立大学语言学院，1936年毕业。1944加入苏联共产党（CPSU），直至生命终点。

1934年，格里戈尔·阿巴希泽发表第一部作品，从此走进文学界。他的作品着重描绘普通的苏联人，例如工人和农民。也描写为共产主义做出贡献的人，比如作品《永远的装甲》（1938）和《奠基人》（1939）。

苏联卫国战争期间，他发表了诸如《敌人》（1941）、《坦克决斗》（1941）、《旗帜》（1943）和《战无不胜的高加索》（1943）等作品，声名大振。

格里戈尔·阿巴希泽的作品《南部前线》（1949）和《列宁在萨姆戈里》（1950）为他赢得了1951年"苏联国家奖"。其诗作《乔治六世》（1942）描绘了格鲁吉亚为争取独立而进行的斗争。他还写了另外两本叙事诗《第比利斯第一批居民的传说》（1959）和《走进三个时代》（1961），以及两部历史小说，分别是半传记、半虚构的《13 世纪格鲁吉亚编年史》（1957）和《长夜》，作品描绘了 13 世纪格鲁吉亚人的生活。

1967 年，格里戈尔·阿巴希泽成为格鲁吉亚作家联盟第一任书记。

他一生获得奖项众多，包括："列宁勋章[1]""劳动红旗勋章[2]""社会主义劳动英雄[3]""荣誉勋章[4]""十月革命勋章[5]"等。

1994 年 7 月 29 日，格里戈尔·阿巴希泽在第比利斯去世。

1　列宁勋章（俄语：Орден Ленина）是苏联最高等级的国家勋章，是为了纪念俄罗斯十月革命领导人列宁。此勋章在 1930 年 4 月 6 日由苏联中央执行委员会主席团发布命令设立，授予在社会主义建设和国防中建立特殊功勋的个人、集体、机关、社会团体、部队或城市。到苏联解体为止，共颁发了 431,418 枚。

2　劳动红旗勋章（俄语：Орден Трудового Красного Знамени）是苏联及早期的苏维埃俄国的平民勋章，以嘉奖苏联、苏维埃俄国及其他加盟共和国的人民及机构，在生产、科学、文化、文学、艺术、教育、医疗、社会等劳动及公共服务方面，对苏联及社会所做的功绩。此种勋章是颁授予有功军人的红旗勋章的平民版本。1921 年 6 月 28 日到苏联解体为止，共有 120 多万人及机构获颁此勋章。

3　社会主义劳动英雄（俄语：Герой Социалистического Труда）是苏联和华沙公约的成员国颁发的一个荣誉头衔。始于 1939 年 12 月 20 日，终于 1991 年 12 月 24 日。这是苏联授予与在经济和文化领域上作出重大贡献的苏联公民的最高荣誉头衔。它的性质和授予与给国家作出重大贡献的"苏联英雄"相似，不过获得"苏联英雄"的人可以是外国公民。

4　荣誉勋章（俄语：Орден «Знак Почёта»）是由苏联最高苏维埃主席团于 1935 年 11 月 25 日颁令设立的一种民事勋章，授予在生产、科学研究、文化及其他形式的社会活动方面取得杰出成就；促进苏联与其他国家在经济、科技、文化和其他领域之间的交流联结；在基础和应用研究方面作出重大贡献的苏联公民。

5　十月革命勋章（俄语：Орден Октябрьской Революции）是苏联最高苏维埃在 1967 年 10 月 31 日为纪念十月革命 50 周年设立的勋章，颁发予"在社会主义和共产主义中有杰出贡献""在和敌人作战和保卫苏联国家安全中有杰出贡献"及"努力发展苏联和其他国家关系，加强世界和平"的人。在苏联勋章中，十月革命勋章的地位仅次于列宁勋章。

伊拉克利·阿巴希泽（1909—1992），格鲁吉亚诗人、文学学者和政治家。

伊拉克利·阿巴希泽

伊拉克利·阿巴希泽，1909 年 09 月 10 日出生于库塔伊西省科尼[1]，1931 年毕业于第比利斯国立大学，1934 年参加苏联作家联盟第一届代表大

1　科尼（Khoni，格鲁吉亚语：ხონი），伊梅列季州西部"Mkhare"的一个小镇，人口 8987（2014 年格鲁吉亚人口普查数据）。它位于伊梅列季州西北部靠近与萨梅格列罗－上斯瓦涅季州（Samegrelo-Zemo Svaneti）地区的边界，在首都第比利斯以西 266 公里。该镇是科尼区的行政中心，经济以农业为基础，尤其是茶叶生产。自中世纪以来，科尼被称为活跃的贸易场所和格鲁吉亚东正教教区的海洋。该镇始建于 6 世纪或 9 世纪，而仍在运转的科尼市中心圣乔治大教堂则建于 11 至 13 世纪之间。1921 年形成独立城镇。苏联时期，它于 1936 年以马克思主义革命者亚历山大·屈鲁吉泽（Alexander Tsulukidze）的名字命名，1991 年恢复科尼的历史名称。该地区出过下列名人：①政治家和出版商阿卡基·齐恒凯利（Akaki Chkhenkeli，1874—1959）；②因其《格鲁吉亚语－德语大辞典》（*Georgisch-Deutsches Wörterbuch*）而闻名的、居住在德国和瑞士的格鲁吉亚语言学家和词典编纂者基塔·彼得·切恒凯利（Kita Chkhenkeli，1895—1963）；③雕刻家塔玛尔·阿巴凯利（Tamar Abakelia，1905—1953）；④诗人和公众人物伊拉克利·阿巴希泽（Irakli Abashidze，1909—1992）；⑤画家阿坡龙·库塔特拉泽（Apollon Kutateladze，1900—1972）；⑥女演员、电影导演和编剧娜娜·姆契德丽泽（Nana Mchedlidze，1926—2016）；⑦演员伊波利特·赫维奇亚（1910—1985）。

位于第比利斯瓦盖区的阿巴希泽大街一隅

会，当时社会主义现实主义被确立为文化正统观念。1953 年至 1967 年间，担任格鲁吉亚作家联盟主席。1970 年，成为格鲁吉亚科学院副主席。

1960 年，他组织了一支探险队前往耶路撒冷的格鲁吉亚式十字架修道院考察，他的团队在那里发现了中世纪格鲁吉亚诗人绍塔·鲁斯塔韦利的壁画。自 1963 年起，他一直担任鲁斯塔韦利研究特别学术委员会的主席，并于 1967 年成为《格鲁吉亚苏维埃百科全书》的主编。

伊拉克利·阿巴希泽的诗歌大都基于格鲁吉亚的文化和宗教价值观，表达爱国思想，被视为格鲁吉亚文学的经典。他欢迎米哈伊尔·戈尔巴乔夫（Mikhail Gorbachev）的改革，支持苏联时代的持不同政见者，并拥护 1991 年宣布独立的格鲁吉亚首任总统兹维亚德·加姆萨胡迪亚（Zviad Gamsakhurdia）上台。

诗人伊拉克利·阿巴希泽 1992 年 1 月 14 日在第比利斯去世，享国葬，年 82 岁。为了纪念他第比利斯市瓦盖区的一条大街以他的名字命名。

基塔·阿巴希泽（1870—1917），
格鲁吉亚文学评论家、新闻工作者和
政治家。

基塔·阿巴希泽

1870 年 1 月 16 日，基塔·阿巴希泽出生在古里亚省（Guria）的一个贵族家庭。1889 年，基塔毕业于库塔伊西古典文理中学（Kutaisi Classic Gymnasium），他曾在巴黎学哲学，听艺术理论讲座，在乌克兰的敖德萨大学（Odessa University）学习法律（1890—1895）。1890 年代后期，他在提弗利斯（Tiflis，旧第比利斯）控制室工作，然后在格鲁吉亚西部的（Racha，რაჭა）和奇阿图拉（Chiatura, ჭიათურა）担任仲裁员。从 1893 年起，他从事着新闻工作，并定期为格鲁吉亚新闻界撰写文学批评。他对当代格鲁吉亚和世界文学的审美和观点深受 1860 年代的格鲁吉亚知识分子以及法国评论家费迪南德·布鲁内蒂埃（Ferdinand Brunetière）的影响。

1900 年代初期，基塔·阿巴希泽参与了奇阿图拉的锰矿业的管理，后来担任了锰矿业委员会主席。后来，他还加入了格鲁吉亚社会主义联邦革命党，并成为其领导人之一。1917 年 2 月俄罗斯帝国政府垮台后，他被任命为临时

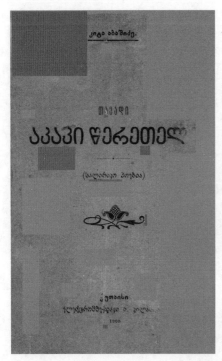

作家两部作品的封面

跨地区行政当局高加索特别委员会[1]的教育委员，是该机构成立之初的唯一格鲁吉亚成员。1917年3月，他在奥扎科姆被社会民主党阿卡基·齐恒凯利（Akaki Chkhenkeli，აკაკი ჩხენკელი，1874—1959）取代。

　　基塔·阿巴希泽于1917年12月17日去世。

1　高加索特别委员会（Special Transcaucasian Committee），1917年3月9日成立，国家杜马诉A.卡拉莫夫（Kharlamov）担任主席，接替帝国总督大公尼古拉·尼古拉耶维奇（Nikolai Nikolaevich），并特别指示俄罗斯临时政府在高加索战役中占领的地区建立民事行政机构，作为最高民事行政机关。

莱拉·阿巴希泽

莱拉·阿巴希泽（1929—2018），格鲁吉亚的女演员、导演、作家，也是格鲁吉亚的"功勋艺术家""人民艺术家"。

莱拉·阿巴希泽生于 1929 年 8 月 1 日，曾获"红色劳动勋章"以及欧洲和亚洲电影节的奖项，在第比利斯鲁斯塔韦利大街的鲁斯塔韦利电影院前有她的荣誉星星。职业生涯中，她被公认为"苏联的玛丽·毕克馥"[1]，是格鲁吉亚和苏联最受欢迎的女演员之一。

1951 年，莱拉·阿巴希泽毕业于第比利斯的鲁斯塔韦利戏剧学院。1940 年起，她就一直在格鲁吉亚电影制片厂工作，1958 年起成为电影摄影师联盟的成员。

莱拉·阿巴希泽小时候和纳托·瓦赫纳泽[2]一起通过《卡哈纳》（1941）

---

1 玛丽·毕克馥（Mary Pickford），加拿大电影演员，曾获"奥斯卡最佳女主角奖"和"奥斯卡终身成就奖"。她有很多昵称，如"美国甜心""小玛丽"和"金色卷发的女孩"。她是最早在好莱坞奋斗的加拿大演员之一。1929 年，凭借电影《卖弄风情》获得了"第二届奥斯卡最佳女主角奖"，在电影史上有深远影响。
2 纳托·瓦赫纳泽原名纳塔利娅·安德罗尼卡什维利（Natalia Andronikashvili），又称纳塔利娅·纳托·瓦赫纳泽（Natalia "Nato" Vachnadze），是格鲁吉亚电影女演员。她的职业生涯始于无声电影时代，通常扮演天真热情的银幕角色。

在荧屏上亮相，1954年的浪漫喜剧《蜻蜓》让她在整个苏联和欧洲广受欢迎。1956年她出演另一部受欢迎的喜剧片《刮刀》。之后，人们认为她天生是演喜剧的，但1959年她出演备受赞誉的历史剧《玛雅·茨科奈特利》之后，这种刻板印象得以改变。戏剧影片《遇见过去》（1966）获得了最大的商业成功，她凭借该片在1968年获得了列宁格勒电影节"最佳女主角奖"。她出演悲剧《赫维·斯贝里戈恰》（1964年）和浪漫喜剧片《相遇在山中》（1966年）后，获更广泛声誉。

她不但是《期待》（1970）和《沉默的塔》（1978）的作者，还是《第比利斯－巴黎－第比利斯》（1980）的导演、编剧和女主角。

莱拉·阿巴希泽一生出演过30多部电影，获得众多大奖，包括"格鲁吉亚功勋艺术家"（1958）和"格鲁吉亚人民艺术家"（1965）等称号。

2018年4月8日，莱拉·阿巴希泽的健康状况恶化，中风后被送往医院。到医院时被宣告死亡，死亡原因被裁定为脑缺血性中风。逝世后她被埋葬在第比利斯萨布塔洛公墓。

穆罕默德·阿巴希泽（1873—1937），格鲁吉亚的政治人物，作家和公共慈善家。他是格鲁吉亚阿扎尔人（Adjara）社区的一位著名领袖，是该地区在格鲁吉亚自治的倡导者之一。

穆罕默德·阿巴希泽

1873年1月18日，穆罕默德·阿巴希泽出生于强大的格鲁吉亚穆斯林贵族家族——阿巴希泽，该家族是奥斯曼帝国时期的阿扎尔统治者。1878年，阿扎尔被吸纳进俄罗斯帝国后，格鲁吉亚知识分子发起了一场旨在使当地的穆斯林格鲁吉亚社区重新融入格鲁吉亚社会的运动。其父易卜拉欣·阿巴希泽（Ibrahim Abashidze）支持这项运动，并于1883年在巴统开设了一所格鲁吉亚语学校。穆罕默德也就读于这所学校，同时在家接受传统教育。他精通多种语言，将阿拉伯语、波斯语和土耳其语的作品翻译成格鲁吉亚语，并撰写了第一本阿拉伯语版的格鲁吉亚教科书，此外他还将著名的中世纪格鲁吉亚史诗《虎皮骑士》翻译成土耳其语版本（该翻译手稿在1930年代遗失）。

他的戏剧在现在的巴统戏剧剧院多次上演。

1905年俄国革命期间，他参与了格鲁吉亚的政治活动。他的兄弟阿斯兰·贝格·阿巴希泽（Aslan-Beg Abashidze）同样也是一名革命队指挥官。从1904年到1908年，阿巴希泽是格鲁吉亚社会主义联邦主义党的一员，在

穆罕默德·阿巴希泽博物馆前的雕像

阿扎尔穆斯林中倡导亲格鲁吉亚主义倾向。1908 年，他逃往奥斯曼帝国，在那里被捕。1913 年回到阿扎尔，被沙皇警察监禁，后放逐到西伯利亚，因禁令不能回巴统。获释后他留在第比利斯，领导巴统区格鲁吉亚穆斯林委员会。1917 年 2 月的革命使他得以返回家乡阿扎尔，在那里他试图将基督教徒和穆斯林团结在一起。同年 11 月，他当选为格鲁吉亚国民议会议员。1918 年土耳其对巴统的占领期间，他因对土耳其当局的批评而被捕，于当年晚些时候从特雷比松监狱逃脱，之后投入 1918 年 5 月宣布独立的格鲁吉亚民主共和国怀抱。

1918 年 12 月，当英国人从奥斯曼帝国手中夺得对巴统的控制权时，他回到阿扎尔，组织了阿扎尔人民代表大会，以反对由英国成立的俄国军官马斯洛夫（Maslov）为首的政府。该运动迫使英国军政府于 1919 年 8 月 31 日组织地方议会选举。他成为新当选的梅杰利斯（国民议会）的主席，该议会很快成为亲格鲁吉亚派和亲土耳其派之间激烈斗争的舞台。之后，他开始呼吁将阿扎尔并入具有自治地位的格鲁吉亚，并批评盟军企图将巴统变成自由港。英军撤离后，格鲁吉亚军队于 1920 年 7 月 8 日进入巴统，但阿扎尔自治问题仍悬而未决。当苏俄红军于 1921 年 2 月至 3 月占领格鲁吉亚时，他辞去了议会的职位，选择新成立的布尔什维克政权同一政营，成为巴统地区革命委员会的成员，参与起草了阿扎尔（ASSR）的第一部宪法。

1935 年，穆罕默德成为格鲁吉亚作家协会阿扎尔区的负责人。1937 年"大清洗"期间，他以叛国罪被捕，并于当年晚些时候遭到处决。他的家人也受到压制。阿巴希泽家族在 1957 年后重见天日。

位于巴统的作家故居博物馆

他的孙子阿斯兰·阿巴希泽（Aslan Abashidze）在 1990 年代成为阿扎尔的独裁统治者，并在格鲁吉亚"玫瑰革命"（Rose Revolution）之后不久于 2004 年被废黜。

值得一提的是，巴统市有一条大街以穆罕默德·阿巴希泽的名字命名。

特贝里·阿布瑟里兹德（约1190—1240），中世纪的格鲁吉亚学者和宗教作家。

特贝里·阿布瑟里兹德

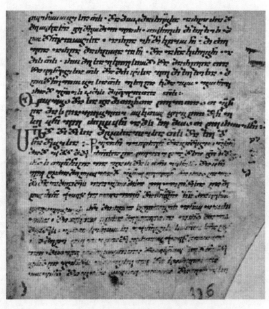

纪年计时大全中的一页

特贝里·阿布瑟里兹德，格鲁吉亚西南部上阿扎尔的希卡塔（Khikhata）的头儿埃里斯塔维"大公"伊凡·阿布瑟里兹德（Ivane Abuserisdze）的儿子，以其原创的《纪年计时大全》而著称。该书包含日历、不同纪年方式、教会假期的日期、日升月落记录表、特殊周期的信息等。其工作纯粹是理论上的，主要基于他自己的数学理论研究，而非直接的天文观测。这本编年天文论著内容详尽，描述了不同循环纪年的优缺点，并提供了朝圣和月亮盈亏的一系列信息。

除此论文外，他还撰写了《圣乔治的奇迹》和《作者的遗嘱》，他的作品既具有宗教性又具有历史特征，同时涉及他的家族史。《圣乔治的奇迹》该宗教历史作品描述了阿扎尔农民的建筑活动、卡拉托兹（Kalatozi）的艺术、波茨克－罗勒（Potsk-Basil）建筑以及有关那个时代的生活和道德的重要信息，还有特定历史特征的数据。

特贝里·阿布瑟里兹德被格鲁吉亚东正教教会封为圣徒，每年 8 月 17 日为他的纪念日。

贝卡·阿达玛什维利（1990—），
格鲁吉亚著名自媒体人、广告撰稿人
和作家。

贝卡·阿达玛什维利

贝卡·阿达玛什维利 1990 年出生于第比利斯，曾在高加索大学学习，毕业于高加索大学新闻与社会科学学院。2009 年，他在信息网络平台发表短篇小说在文学界崭露头角，该小说最终成为当地的畅销书。随着时间的流逝，他的名字在年轻读者中广受欢迎。他的第一本小说《畅销书》于 2014 年问世。2019 年，其作品《小说中的每个人都死去了》一书获得了"欧盟文学奖[1]"。

对世界文学的深刻了解，加上风趣幽默的艺术处理和合理的广告技巧，

1　欧盟文学奖：设立于 2009 年，由欧盟文化计划资助和设立。由欧洲书商联合会、欧洲作家委员会和欧洲出版商联合会组成，由一个由委员会选出的财团负责协调。财团设立国家陪审团并组织奖项。每年选择 11 至 12 个国家作为奖项的一部分，为每个国家选择国家评审团，然后由每个国家的评审团选出获奖者。经过三年轮换，所有国家都将被包括在内。符合纳入条件的国家包括：欧盟 28 个成员国（截至 2013 年）；3 个 EEA 国家：挪威、冰岛和列支敦士登；加入欧盟的候选国家：阿尔巴尼亚、土耳其、黑山、马其顿共和国和塞尔维亚；加入欧盟的潜在候选国：波斯尼亚和黑塞哥维那。每个优胜者将获得 5,000 欧元的奖金，其书籍将获得翻译资金以及推广支持。

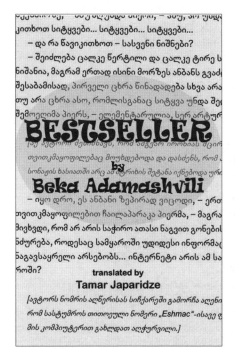

作家的第一本小说《畅销书》的封面　　获奖小说《小说中的每个人都死去了》

使贝卡·阿达玛什维利的散文充满了幽默感和娱乐性。他经常使用古典文学中的典故，有时甚至将著名人物写进他的作品。

评论家声称，阿达玛什维利是当代格鲁吉亚文学最具创意的作家之一。

除了写作，贝卡·阿达玛什维利还担任过欧洲最受欢迎的广告公司之一（Leavingstone）的创意总监，该公司是欧洲备受推崇的品牌。

大卫·阿贾什维利（1949—2014），格鲁吉亚的著名电影导演和编剧。

大卫·阿贾什维利

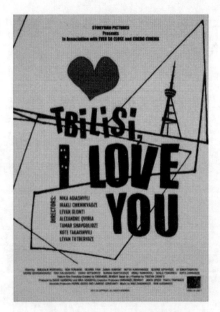

Tbilisi, I Love You 电影海报

大卫·阿贾什维利于1949年7月28日出生在第比利斯，是作家尼科洛兹·阿吉阿什维利（Nikoloz Agiashvili，1903.09.01—1984.09.27）的儿子。大卫·阿贾什维利毕业于第比利斯国立大学语言学系新闻学专业。1974年至1977年担任电影制片厂"格鲁吉亚电影公司"的动画协会主编、高级编辑和主编。1977年至1995年担任格鲁吉亚电视电影公司的编辑，1979年后担任情景工作间的负责人。1980年至1985年在第比利斯国立大学电影戏剧学院担任教师（格鲁吉亚作家兼剧作

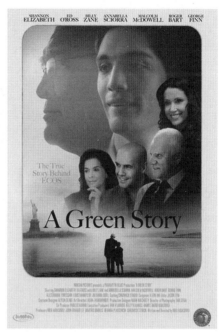

两张电影海报

家米苏·莫苏里什维利也曾就读于此），教授第比利斯戏剧学院的"电影戏剧艺术基础"。他是故事片的编剧，也是纪录片《帝国的堕落》（1994 年）、《绿色故事》（2012）、《第比利斯，我爱你》（2014）的制片人，同时曾亲自出演电影。生命的最后几年，大卫·阿贾什维利在美国生活和工作。2014年2月12日，在美国加利福尼亚洛杉矶去世。

埃洛姆·阿赫弗莱迪亚尼（1933—2012），格鲁吉亚小说家、编剧。

埃洛姆·阿赫弗莱迪亚尼

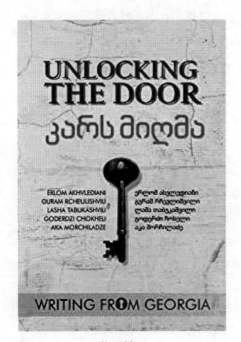

作品封面

埃洛姆·阿赫弗莱迪亚尼，1933年11月23日生于第比利斯，1957年毕业于第比利斯国立大学，主修历史。 1962年至1964年，他在莫斯科的全盟国家摄影学院进行高等教育课程学习。1962年至1999年，他为18部电影撰写了剧本，并出演了4部电影。此外，他还撰写了3本小说和几则短篇小说，其中一些被译成俄语、亚美尼亚语、捷克语、德语、匈牙利语和阿拉伯语。

埃洛姆·阿赫弗莱迪亚尼获得的许多荣誉包括："苏联国家奖"（1980

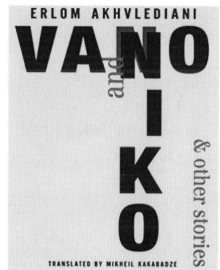

《瓦诺与尼可》不同版本的封面

年）和"格鲁吉亚萨巴（SABA）文学奖"（2010年）。

埃洛姆·阿赫弗莱迪亚尼2012年3月20日去世。

他的作品还包括：《四月》（1961）；《一个青年作曲家之旅》（1985）；《瓦诺与尼可：一本小说》（2015）；《打开门：牛津大学学生翻译的故事和戏剧》（2017）等。

亚历山大·阿米拉赫瓦里（1750—
1802），格鲁吉亚作家。

亚历山大·阿米拉赫瓦里

亚历山大·阿米拉赫瓦里1750年10月20日出生，是格鲁吉亚最重要
的贵族家庭之一阿米拉赫瓦里的一员。他支持开明专制，公开反对国王埃雷
克勒二世的统治，与他父亲一起参与了1765年旨在推翻埃雷克勒二世、支
持假装忠于格鲁吉亚王座的帕塔（Paata）亲王的政变。失败后，亚历山大·阿
米拉赫瓦里被捕、鼻子被切，后被关进监狱。1771年，他越狱成功，逃往俄
罗斯帝国，和另一位格鲁吉亚流亡者亚历山大王子相遇，此人也假装忠于王
座。随着俄国与格鲁吉亚的和解，阿米拉赫瓦里于1783年应埃雷克勒的要
求又被俄罗斯政府逮捕，并关押在维堡（Vyborg）监狱。1801年的大赦使他
获得自由，获准返回格鲁吉亚。1802年，不幸在返回阿斯特拉罕[1]（Astrakhan）
的途中死亡。

1　阿斯特拉罕（英语：Astrakhan；俄语：Астрахань），伏尔加河流经的最后一个大城市。
阿斯特拉罕位于伏尔加河三角洲地区，分布在有运河和小溪相连的11个岛屿上，人口约50万。
18世纪时，阿斯特拉罕还位于里海岸边；而如今里海已经后退了二百多米。

阿米拉赫瓦里的政治小册子《格鲁吉亚历史》于1779年在圣彼得堡出版，讲述了他自己的故事，还描述了18世纪下半叶格鲁吉亚的政治和社会生活。同时，书中也公开抨击格鲁吉亚的独裁政权，批评埃雷克勒二世及其统治的各个方面。他的另一部作品《东方圣贤》（英语：*The Sage of the Orient*；格鲁吉亚语：ბრძენი აღმოსავლეთისა）受到当时法

阿米拉赫瓦里家族的纹章

国启蒙运动思想影响，可以说是旨在下放王室权力、改革格鲁吉亚王国的力作。

查布阿·阿米瑞吉比（1921—2013），格鲁吉亚小说家，以其巨著《达塔·图塔什卡》（*Data Tutashkhia*）闻名于世。

查布阿·阿米瑞吉比

阿米瑞吉比家族纹章

查布阿·阿米瑞吉比1921年11月18日出生在第比利斯。"大清洗"期间，他的家族受到沉重的压制，父亲于1938年遭枪杀，母亲被送往古拉格（Gulag）集中营。二战期间，他被招募入红军，但由于家庭背景很快被开除。随后，成为地下政治组织"白色乔治"（Tetri Giorgi）的成员，参与了反苏活动。1944年4月，因政变失败被捕，被判处流放西伯利亚25年有期徒刑。经过15年监禁、3次越狱和2次死刑后，查布阿·阿米瑞吉比终于在1959年获释。

查布阿·阿米瑞吉比在30年代末开启文学创作生涯，包括短篇小说《路》

（1962）、《破烂叔叔》（*My Ragger Uncle*，1963）、《公牛的告白》（1964）和《乔治·伯杜利》（*Giorgi Burduli*，1965）[1]。

阿米瑞吉比最著名的小说、现代格鲁吉亚文学中最好的作品之一《达塔·图塔什卡》（დათა თუთაშხია, 1973—1975），在《黎明》（*Tsiskari*）杂志上获得了轰动性成功，使作家本人声名大噪。故事是阿米尔吉比监狱服刑期间构思出来的，通过当时格鲁吉亚共产党党魁爱德华·谢瓦尔德纳泽的干预，这本超过 700 页的小说通过了苏联审查得以出版。小说讲述的是俄罗斯帝国时期格鲁吉亚的不法者们的故事，这是格鲁吉亚文学中非常流行的主题，结合了惊险的逃跑与陀思妥耶夫斯基式的个人命运和民族灵魂。故事由俄罗斯宪兵塞格德伯爵（Count Szeged）讲述，他经常将故事讲给其他角色。这部小说描写了达塔·图塔什卡数年时间逃避沙皇警察逮捕的经历。该书及同名电影的广受欢迎，将达塔·图塔什卡变成了标志性的民族英雄。

阿米瑞吉比支持新近独立的格鲁吉亚，1992 年至 1995 年担任其议会议员。1992 年，获得了享有盛名的"绍塔·鲁斯塔韦利国家奖"。然而，内战的悲惨岁月和其长子伊拉克利（Irakli）在 1992 年阿布哈兹战争中的去世对这位作家造成了严重影响。他根据自己在苏联监狱中的经历，于 1995 年出版仅次《达塔·图塔什卡》的主要代表作小说《戈拉·姆博加利》[2]（გორა მგორგალი）时，人们很惊喜。此外，于 2005 年出版的作品《辉煌的乔治》（გიორგი ბრწყინვალე）是一部讲述 14 世纪格鲁吉亚国王宣扬民族自豪感的历史小说。

查布阿·阿米瑞吉比受到格鲁吉亚最高民事命令表彰，并获得多项俄罗斯和国际文学奖。

查布阿·阿米瑞吉比曾于 2009 年 7 月短暂性地重返政坛，当时他与米哈伊尔·萨卡什维利总统政府的反对派同盟。2010 年 11 月 16 日，他以大卫

1　这些作品的格鲁吉亚语分别是：გზა；ჩემი მეჯღანე ბიძა；ხარის აღსარება；გიორგი ბურდული。
2　字面意思为"疯狂的"或"令人生气的"。

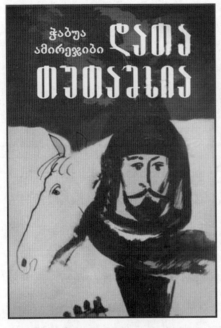

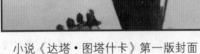

小说《达塔·图塔什卡》第一版封面　　　电影海报，1985 申格拉亚导演作品

之名被奉为格鲁吉亚东正教僧侣。由于健康状况，典礼在他自家公寓里举行。
2013 年 12 月 12 日，阿米瑞吉比逝世。

　　他的作品包括：故事集《路》（1962）；《破烂叔叔》（1963）；《公
牛的告白》（1964）；小说《乔治·伯杜利》（1965）；《达塔·图塔什卡》
（1973—1975）；《戈拉·姆博加里》（1984—1994）；《辉煌的乔治》
（2003）等。

玛纳娜·阿纳沙什维利（1952—），格鲁吉亚电影导演、戏剧导演、教授、国家民主基金会（NED）专家、格鲁吉亚电影学院国际关系负责人。

玛纳娜·阿纳沙什维利

玛纳娜·阿纳沙什维利出生于 1952 年 6 月 16 日，母亲迪娜·巴克夏（Tina Bakhia, 1921—1961）是一名医生兼治疗师，父亲尼克罗兹·阿纳沙什维利（Nikoloz Anasashvili, 1920—1979）是教育家。1969 年，她以优异的成绩从第比利斯第 42 伊利亚·维夸数学学校毕业。高中期间她开始写作，并证明了数学定理"确定通过将任何数字取任意指数而获得的新数字的最后一位"。1975 年，她从第比利斯国立医科大学毕业，获得理疗师博士学位。在医学院的同时，她在第比利斯国立大学艺术学院学习艺术史并于 1976 年以优异成绩毕业。医学院毕业后，她当了几年医生。

1981 年，她又以优异成绩毕业于绍塔·鲁斯塔韦利戏剧和电影大学利莉·约瑟利亚尼（Lily Ioseliani）的工作室戏剧指导学院。她的毕业剧《暗室》1982 年在图马尼什维利电影人剧院首演成功，后来定期在图马尼什维利剧院持续上演了 23 年（这是格鲁吉亚剧院历史上霸台最久的戏剧之一）。1981 年至 2001 年、2003 年至 2005 年，玛纳娜曾分别在绍塔·鲁斯塔韦利戏剧和电影大学担任助理教授，后被聘为教授，主讲电视 / 电影导演和表演课程。1983 年至 1985 年、1988 年至 2001 年期间，在格鲁吉亚公共广播公司担任电视 / 导演和电视节目《怀旧电影 / 狂想曲》（Kinonostalgia）的主持人。1985 年至 2001 年，在成立于 1921 年的格鲁吉亚电影制片厂（ქართული ფილმი）担任副导演、导演。在此期间，她还是娜娜·约雅兹（Nana Jorjadze，又译娜娜·裘杨兹）的第 69 届奥斯卡金像奖提名电影《爱的厨师》的副导演。

2003 年，玛纳娜·阿纳沙什维利又从美国威斯康星大学麦迪逊分校毕业，获得艺术管理硕士学位。同时，在该大学教授斯坦尼斯拉夫斯基的表演学本科课程。2005 年，获得美国国务院教育和文化事务局的奖学金，以及布拉德利基金会的通识教育法教学发展计划奖学金，同时在美国约翰霍普金斯大学做了一学期访问学者。此外，她还应邀担任客座讲师，在美国乔治·华盛顿大学教授斯坦尼斯拉夫斯基的表演艺术。2005 年以来，她在密歇根州立大学、伊利亚国立大学等高校、组织教授多个跨学科课程。2013 年至 2015 年，担任格鲁吉亚摄影师联盟的副主任。2019 年以来，任格鲁吉亚电影学院国际关系负责人。2020 年 6 月，成为总部设在法国里昂的欧洲新闻电视台格鲁吉亚部的公共演讲和语音培训师。

玛纳娜·阿纳沙什维利发表在刊物上的文章包括：2002 年的《亚瑟·米勒的新剧集全球首映》《瓦扎·普沙维的 < 主与客 > 在华盛顿特区上演》；2003 年的《美国之音的知名声音》；2006 年的《电视技术的发展 - 电视导演发展的基础》《后现代主义和后现代性》《指导戏剧表演录像带》《后现代文化背景下电视广告》《后现代话语中的电视》《亚瑟·米勒的最后一部剧和当代现实电视节目》；2007 年的《自由教育和美国格鲁吉亚自由教育倡议的第一步》和《电视中的后现代碎片化》《后现代世界的电视新闻》；2008 年的《电视新闻中的创造性思维特质》等。

她的主要戏剧和电视制作有：拉萨·塔布卡什维利（Lasha Tabukashvili）的《超越百叶窗的春天》（1980），格鲁吉亚苏胡米剧院；米哈伊尔·图曼尼什维利的《暗室》(1982)，电影演员剧院上演；意大利导演爱德华多·德·菲利波（Eduardo de Filippo）的《圆柱体》(1983)，戏剧学院剧院上演；俄罗斯剧作家尤金·施瓦兹（Eugene Schwartz）的《龙》(1984)，图马尼什维利电影演员剧院上演；《暗室》(1985)，哥里学术戏剧剧院上演；保罗·伊阿什维利的《彩色气球》(1989)，格鲁吉亚公共广播公司出品；奥塔·切利泽（Otar Chelidze）的诗歌（1990），格鲁吉亚公共广播公司出品；格里姆兄弟的《玛丽的孩子》(1999)，格鲁吉亚公共广播出品；汉斯·克里斯蒂安·安徒生（Hans Christian Andersen）的《养猪人》(2000)，儿童电视剧场"奇克拉"放映。

影视作品包括：《和平树节》(纪录片，1990)，格鲁吉亚电视电影公司出品；《就爱一次》(剧情片，1994)，格鲁吉亚电影制片厂出品；《我要永远讲述格鲁吉亚》(纪录片，1996)，格鲁吉亚电视电影公司出品；《卡普妮亚的盛宴》(音乐电影，2000)，格鲁吉亚电视电影公司出品；《罗比科·斯图鲁阿》(Robiko Sturua，纪录片，2007)，格鲁吉亚国家电影中心出品。

获奖包括：1993年，电影《就爱一次》荣获黑海国际电影节"最佳新片金鹰奖"；1994年，电影《就爱一次》在德国波茨坦巴伯斯贝格（Babelsberg）国际电影节获特别奖，演员阵容获明斯克国际电影节特别奖，同时在圣彼得堡国际电影节之"圣彼得堡白夜"中获得观众奖；1995年，在基辅国际电影节得奖。

玛娜娜·安塔泽（1945—），是格鲁吉亚作家、散文家和翻译家，擅长写史诗、喜剧、悲剧。她也是图曼尼什维利剧院基金会（Tumanishvili Theatre Foundation）的创始人。

玛娜娜·安塔泽

　　玛娜娜·安塔泽，生于 1945 年 8 月 28 日，1967 年毕业于第比利斯国立大学（TSU）西欧语言文学专业。1981 年到 1989 年，任国立大学当代文学研究中心的研究员。1974 年以来，一直兼做翻译工作，她的许多译本包括威廉·莎士比亚的《麦克白》（2008）、欧文·斯通的《渴望生活》和 J. K. 罗琳的《哈利·波特与魔法石》。2006 年，荣获"新格鲁吉亚戏剧奖"和"最佳翻译奖"。2009 年 7 月，参加了第 31 届剑桥当代文学研讨会，同年 8 月参加了"莎士比亚及其舞台"环球教育文化研讨会。她的传记收录在 2009 年度《格鲁吉亚名人录》中。

　　她翻译的格鲁吉亚语版本的影视作品有：1978 年，尤金·奥尼尔（Eugene O'Neill）的《榆树下的欲望》，导演铁穆尔·齐克黑泽（Temur Chkheidze）；1980 年，威廉·吉布森（William Gibson）的《玩家的呼声》，导演安德鲁·恩基兹（Andro Enukidze）；1981 年，莫里哀的《唐璜》，导演米哈伊尔·图曼尼什维利（Mikheil Tumanishvili）；1982 年，鲁德亚德·吉卜林（Rudyard Kipling）的《独自行走的猫》，导演娜娜·德梅拉什维利（Nana Demetrashvili）；2004 年，达里奥·佛（Dario Fo）的《靓太作死》（*The Open Couple*），导演凯蒂·多丽泽（Keti Dolidze）；2005 年，安东·契科夫（Anton Chekhov）的《樱桃园》，导演高吉·马戈乌拉什维利（Gogi Margvelashvili）；2006 年，乔治·考夫曼（George S. Kaufman）和埃德娜·费伯（Edna Ferber）的《王室家族》，导演凯蒂·多丽泽（Keti Dolidze）；2007 年，尼古拉·果戈理（Nikolai Gogol）的《钦差大臣》，导演奥塔·艾嘎泽（Otar Egadze）；2007 年，大卫·杜亚什维利（David Doiashvili）委托创作的德国天才戏剧作家贝托尔特·布莱希特（Bertolt Brecht）的《勇气妈妈》；2009 年，威廉·莎士比亚的《麦克白》，导演大卫·杜亚什维利；2010 年，埃德蒙·罗斯坦德（Edmond Rostand）的《伯吉拉克的赛拉诺》，导演大卫·杜亚什维利（David Doiashvili）；2010 年，大卫·黑斯廷斯（David Hastings）的《一小步》（*One Small Step*），此翻译作品受英国文化委员会委托；2012 年，泰伦斯·麦克纳利（Terrence McNally）的《大师班》，导演罗伯特·斯图鲁亚（Robert Sturua）；2014 年，马克西姆·高尔基（Maxim Gorky）的《更低的深度》（*The Lower Depths*），导演大卫·杜亚什维利；2015 年，威廉·莎士比亚的《凯撒大帝》，此翻译作品受罗伯特·斯图鲁亚（Robert Sturua）委托；2015 年，威廉·莎士比亚的《李尔王》，导演祖拉布·格萨泽（Zurab Getsadze）；2015 年，田纳西·威廉姆斯的《欲望号街车》，导演凯蒂·多丽泽。

她翻译出版的文学作品包括：1971 年，翻译出版有美国传记作家欧文·斯通 1934 年创作的作品《渴望生活——梵高传》；1978 年，翻译出版英国著名小说家、新闻记者、政治家、社会学家和历史学家赫伯特·乔治·威尔斯的《阴影下的俄罗斯》；1979 年，翻译出版爱尔兰裔美国剧作家、表现主义文学的代表作家、美国民族戏剧的奠基人尤金·奥尼尔的《榆树下的欲望》；2002 年，翻译出版英国作家 J. K. 罗琳的《哈利·波特与魔法石》；2009 年，翻译出版美国剧作家田纳西·威廉姆斯 1953 年创作的作品《皇家大道》；2012 年，翻译出版美国剧作家、编剧、也被称为"美国戏剧的吟游诗人"的特伦斯·麦克纳利（Terrence McNally）的剧作《大师班》；2014 年，翻译出版俄国世界级短篇小说巨匠安东·帕夫洛维奇·契诃夫（Anton Chekhov）1904 年创作的《樱桃园》；2014 年，翻译出版法国剧作家莫里哀的《唐璜》、1990 年拍摄的同名电影被译作《大鼻子情圣》[1] 的原作以及威廉莎士比亚的《麦克白》。

她的获得荣誉包括：2000 年，成为法国圣女贞德的故乡栋雷米 - 拉 - 皮塞勒（Domrémy-la-Pucelle）市的荣誉公民；2015 年，获得"伊凡·马哈贝利奖"。

1　此作品以法国剧作家、诗人、法兰西学院院士爱德蒙·罗斯坦德（Edmond Rostand）创作的《伯吉拉克的赛拉诺》（*Cyrano De Bergerac*）为原型，是 1990 年拍摄的同名电影《大鼻子情圣》的翻译作品。

诗欧·阿拉维斯皮赖利（1867—1926）是格鲁吉亚作家诗欧·达达布里什维利（მიო ლედაბრიშვილი）的笔名。以其抗议社会不公，描写被压迫的农民、下层、颓废的领主，以及个人幸福与社会教条之间的斗争而著称。

诗欧·阿拉维斯皮赖利

诗欧·阿拉维斯皮赖利 1867 年 12 月 14 日出生在杜舍蒂[1]附近的一个牧师家庭，1883 年入学第比利斯神学院。1887 年，因叛逆的想法而被排除在神学院之外，1889 年再次回到神学院。1890 年到 1895 年，他在华沙兽医学院学习，期间加入了一个地下学生社团，因在华沙组建了格鲁吉亚自由联盟而被俄罗斯帝国警察逮捕。后来，在第比利斯屠宰场担任兽医检查员，直到因猪肉污染丑闻而背锅"吹哨人"被解雇。

他将个人经历带入了 1895 年创作的一系列短篇小说中，迅速蹿红。他的代表作之一《泥土》（მიწა）于 1901 年问世，讲述了一个患有肺痨的格鲁吉亚流放者被流放到西伯利亚，因拒绝丢弃一袋为自己的坟墓保留的格鲁吉亚泥土而被杀的故事。

---

1 杜舍蒂是格鲁吉亚城镇，位于该国东部，距离首都第比利斯 54 公里，由姆茨赫塔 - 姆季阿涅季州负责管辖，海拔高度 870 米，2009 年人口为 7,100。

《破碎的心》不同版本封面

他将那个时代欧洲的影响力，特别是居伊·德·莫泊桑（Guy de Maupassant）和波兰小说家、戏剧家、腐朽的自然主义学派的诗人斯坦尼斯劳·普希布簫乌斯基（Stanisław Przybyszewski）与本土化的理想化传统相结合，这些传统是格鲁吉亚登山派作家如亚历山大·卡兹贝吉[1]（Alexander Kazbegi）所特有的。

在剧本《诗欧王子》（შიო თავადი, 1905）中，他以象征主义的眼光看待格鲁吉亚历史，但未获成功。他最成功的作品是小说《破碎的心》（გაბზარული გული, 1920），是一部描写公主和金匠之爱的感伤童话。相比之下，即便经常批评他为"令人毛骨悚然的表现主义"的苏联评论家也多有褒誉之词。诗欧晚年创作的作品不多，1926 年 1 月 2 日去世。

1　"Kazbegi"在格鲁吉亚是一人一山，为了区别，人名翻译为卡兹贝吉，山名卡兹别克。

巴吉拉蒂王朝的阿吉尔（1647—
1713），是格鲁吉亚西部的伊梅列季的
国王（1661—1663、1678—1679、1690—
1691、1695—1696 和 1698）和东部的
卡赫季的国王（1664—1675）。尝试
稳坐伊梅列季王座多次失败后，他退
隐到俄罗斯，在当地领导了一个格鲁
吉亚社区的文化生活以抒情诗人著称。

伊梅列季的阿吉尔

阿吉尔是瓦赫坦五世（Vakhtang V）沙纳瓦兹（Shahnawaz）的儿子。
后者在波斯的保护下，试图统一他统治下的格鲁吉亚王国，并在将邻近的东
部王国卡赫季置于他的掌控后，于 1661 年进军格鲁吉亚西部，废黜了伊梅
列季的国王巴格拉特五世（Bagrat V），之后在伊梅列季首府库塔伊西加冕
了他十四岁的儿子阿吉尔为王。奥斯曼政府强烈反对波斯支持入侵土耳其势
力区的行为。很快在伊斯法罕[1]（Isfahan）收到土耳其最后通牒，威胁若沙纳
瓦兹将他的儿子推上格鲁吉亚西部的王位，宣战不可避免。1663 年，沙纳瓦
兹被迫从库塔伊西召回阿吉尔，并恢复了合法的国王巴格拉特的地位。相应

1　伊斯法罕是伊朗最古老的城市之一，建于公元前 4、5 世纪的阿契美尼德王朝时期，多次
成为王朝首都。为南北来往所必经之路，是著名的手工业与贸易中心。"伊斯法罕"一名
源自波斯语"斯帕罕"，意思是"军队"，古时这里曾是军队的集结地，由此而得名。公元
11、12 世纪塞尔柱帝国时，该城曾为首都。萨法维帝国时期（1501 — 1736 年），该城处于
全盛时期，商贾云集，八方宾客汇聚，市内多数建筑物和清真寺都是那时建造的。伊朗有谚
语说"伊斯法罕半天下"。

的，瓦赫坦在 1664 年将阿吉尔任命为卡赫季王。为赢得沙皇同意，阿吉尔并非情愿地成为名义上皈依伊斯兰教的信徒，以求获得沙阿·那扎尔·可汗（Shah-Nazar-Khan）头衔。1664 年，阿吉尔击败了竞争对手卡赫季王子和他的妹夫埃勒克勒（Erekle）。夺回父亲的王冠。卡赫季在他的治理下取得了一定程度的稳定与繁荣。

1675 年，由于波斯大亨谢克·阿里·汗（Shaykh'Ali Ali Khan）的阴谋，阿吉尔放弃了卡赫季，与他的兄弟卢萨布（Luarsab）投靠了土耳其边境的阿克哈尔兹赫（Akhaltsikhe）军事长官帕夏，后者向他许诺了伊梅列季的王冠。尽管未经（帝制时代的）土耳其政府的同意，但他很快在阿克哈尔兹赫帕夏的帮助下重建库塔伊西。1679 年，奥斯曼帝国特工将帕夏处决，并于同年驱逐了阿吉尔。他逃到俄罗斯，直到 1686 年才获准前往莫斯科。在他兄弟卡特利王乔治十一世的鼓励下，阿吉尔于 1690 年返回格鲁吉亚，并成功收复了伊梅列季王宝座，只是 1691 年被当地贵族再次赶走。接下来的几年中，他几次试图夺取王冠，对土耳其人和由阿巴希泽王子领导的贵族反对派进行游击战。最终，他放弃了在伊梅列季重整旗鼓，于 1699 年再次越过高加索山脉进入俄罗斯，之后定居在莫斯科附近。

阿吉尔与俄罗斯的彼得一世始终保持着友好关系，后者准备帮阿吉尔恢复伊梅列季的王位。但因瑞典人于 1700 年在纳尔瓦击败俄国军队，计划泡汤。这不仅使阿吉尔重获王位的希望破灭，也给他的家庭生活带来了悲剧。他儿子亚历山大在纳尔瓦指挥俄国炮兵，被瑞典人俘虏，囚禁十年。阿吉尔试图通过奥地利调停释放他儿子，后又向瑞典查理十二世致私函。直到 1710 年，亚历山大才获释，却因病重在返回俄罗斯的途中死亡。亚历山大的去世对阿吉尔是沉重一击，没多久也于 1713 年 4 月去世，葬于莫斯科的顿河修道院墓园。

阿吉尔在俄罗斯的大部分时间都致力于诗歌和文化活动。他在俄罗斯建立了第一家格鲁吉亚语印刷所，并于 1705 年发行了圣经的《诗篇》。阿吉尔的诗歌以其多样性而著称，可谓是格鲁吉亚文学复兴时期的先驱。他的

以阿吉尔的名义发出的宪章

主要诗作《特穆拉兹与鲁斯特韦利的对话》（გაბაასება თეიმურაზისა და რუსთველისა）、《格鲁吉亚的风俗》（საქართველოს ზნეობანი）和《阿吉尔的故乡》（არჩილიანი）讲述十七世纪格鲁吉亚的不幸。他强烈反对当时波斯文学的影响，并呼吁复兴绍塔·鲁斯塔韦利的格鲁吉亚诗歌传统。因此，阿吉尔的诗更接近传统的格鲁吉亚格律，他的成语表达更接近格鲁吉亚的口语。然而，尽管提前竭尽全力"阻止波斯化浪潮"，但他的诗歌难免"自负、注重形式和源自于波斯的主题"，他的《亚历山大罗曼史》以尼扎米·甘贾维和贾米的创作为蓝本。

阿吉尔结过两次婚。第一任妻子是诺达尔·齐西什维利（Nodar Tsitsishvili）王子的女儿。1668 年，他娶了卡赫季（Kakheti）大卫王子的女儿凯特万（Ketevan），他们育有一女三子，分别是达雷扬公主、亚历山大·阿列克桑德亲王、马穆卡王子和大卫王子。

拉夫伦蒂·阿达齐亚尼（1815—1870），是格鲁吉亚作家、记者，也是格鲁吉亚现实主义小说的先驱之一。

拉夫伦蒂·阿达齐亚尼

拉夫伦蒂·阿达齐亚尼 1815 年生于第比利斯的一个教会执事家庭，从当地神学院毕业后，在俄罗斯总督府谋了职。1858 年，他以莎士比亚的散文译本在文学界首次亮相，并迅速成为格鲁吉亚主要文学杂志《齐斯卡里》（*Tsiskari*）的主要撰稿人之一。他的作品充满讽刺意味，以其对第比利斯旧社会生活的真实写照而著称。他最著名的中篇小说《所罗门·伊萨基奇·梅加努阿什维利》（სოლომონ ისაკიჩ მეჯღანუაშვილი，1861）是一本以第一人称写作的生活故事，由同名英雄人物第比利斯的亚美尼亚人讲述，他出身寒微，小商人起家，转向放贷，最终跻身贵族制。主人公的目标是要成为世界级的人，并希望将自己的女儿嫁给一位格鲁吉亚王子亚历山大·雷恩迪兹（Alexander Raindidze）。后者受过良好教育，是一位博学多才的开明人，与所罗门对比明显。阿达齐亚尼的作品《行走在第比利斯的人行道上》（მოგზაურობა ტფილისის ტროტუარზედ，1862）和小说《听话的女人》（მორჩილი，1862），以及发表于媒体的论战文章都值得关注。

作者在维拉公园的墓

　　拉夫伦蒂·阿达齐亚尼于 1870 年 1 月 1 日去世。为了纪念他，格鲁吉亚首都第比利斯有一条街道以他的名字命名。

伊卡托的阿森又称阿森·伊卡托

利（？—1127，Arsen Iqaltoeli），是格

鲁吉亚教会信徒、书法家和宗教作家。

伊卡托的阿森

在"建设者"大卫四世（1089—1125年在位）统治期间，阿森在格鲁吉亚的教会生活中发挥了重要作用。他们合作建立了格鲁吉亚修道院学院。此外，阿森从希腊语翻译和汇编主要理论和论辩著作，为格鲁吉亚的基督教早期经典和哲学文献提供了新动力。他被格鲁吉亚东正教教会册封，2月6日是他纪念日。

阿森显然与几份手稿中提到的阿森·瓦切兹（Arsen Vachesdze）是同一个人。而一些格鲁吉亚学者将他与阿森·贝里（"僧侣"阿森纽斯）混同，后者是《圣尼诺生平》的修订版作者。

据历史记载，阿森出生于格鲁吉亚现首都第比利斯以东的卡赫季省伊卡托。他在拜占庭哲学活动和古典学习的中心君士坦丁堡的曼加纳科学院接受教育，并在小以法莲的指导下在安提阿附近的黑山当僧侣。1114年左右，他与其他几位格鲁吉亚僧侣一起，响应大卫四世国王重建格鲁吉亚教会的呼吁。他与约翰·彼得里佐斯（John Petrizos）一起，将拜占庭的哲学传统带

到了盖拉蒂（Gelati）新成立的格鲁吉亚学院，并在伊卡托建立了类似的学院。之后，他长期居住在卡赫季的姆茨赫塔附近的诗欧·麦格维姆修道院。

阿森在大卫四世 1123 年组织的亚美尼亚和格鲁吉亚教会之间的辩论中发挥了关键作用，他试图调和两个教会之间在教义上的分歧。阿森活得比大卫国王时间长，并为后者撰写了国王的墓志铭。

阿森大部分时间在国外生活，在格鲁吉亚的工作主要包括翻译了理论和论战，将其编写成他的大型《教义》（*Dogmatikon*）——受亚里士多德主义影响的"教科书"。该作品中保存最完整的手稿（S-1463）可以追溯到 12 至 13 世纪，包括 16 位主要作者，例如 7 世纪希腊教会的作家、牧师、僧侣和西奈山圣凯瑟琳修道院的住持西奈山的阿纳斯塔西奥斯（Anastasios），大马士革的约翰，9 世纪的叙利亚主教和神学家西奥

伊卡托的阿森肖像图

多·阿布·克拉，拜占庭帝国的僧侣、学者、作家、哲学家、政治家和历史学家米海尔·普塞洛斯，亚历山大的区利罗，拜占庭的神秘主义者和神学家尼基塔斯 斯提塔托斯（Nikitas Stithatos），教宗圣良一世和其他人。

约 1127 年，伊卡托的阿森去世。

弗拉基米尔·（拉多）·阿萨蒂
亚尼（1917—1943）是格鲁吉亚诗人。
仅仅七年的诗歌生涯，使他成为 20 世
纪格鲁吉亚最受欢迎的诗人之一。

拉多·阿萨蒂亚尼

拉多·阿萨蒂亚尼于 1917 年 1 月 14 日出生在库塔伊西一个教师家庭。
他在故乡巴德纳拉读完中学，后来从沙吉里（Tsageri）农业技术学院毕业，
之后入学库塔伊西教育学院。1938 年，他离开教育学院，认识了乔治·纳佩
特瓦兹（George Napetvaridze），两人成为好友。他的第一首诗《二月的早晨》
（თებერვლის დილა）于 1936 年在库塔伊西的报纸 Stalineli 上发表。

他母亲丽达·茨基蒂什维利（Lida Tskitishvili）教格鲁吉亚语。她因被
人告密而被捕，之后被带到西伯利亚，死在异国他乡。诗人在发表第一首诗
后，就给母亲寄去报纸，但此时的她已经快要被折磨致死。报纸也不是一下
子给她的，而是在请求后，他们才将她儿子的诗念给她听。

1938 年，拉多搬家到第比利斯工作生活，并开始在歌剧院对面的报纸《青
年列宁》（ნორჩი ლენინელი）工作。在此期间，他遇到了后来的妻子阿
尼科·瓦奇纳泽（Aniko Vachnadze），后者是作家协会的经济学家。起初，
拉多在街上偶遇了阿尼科，并寄了一封匿名求爱信。阿尼科的同事们决定通

过笔迹辨认写信人，最后，雷瓦兹·马基亚尼（Revaz Margiani）猜出是拉多·阿萨蒂亚尼。阿尼科·瓦奇纳泽是当地最美丽的女孩之一，追求者很多，很多人都曾给她写过诗，但她选择了拉多。第一次见面后没几天，拉多·阿萨蒂亚尼和阿尼科·瓦奇纳泽就结婚了。好友妮卡·阿吉阿什维利（Nika Agiashvili）充当了证婚人。婚后，他们先住在阿尼科父母的房子里，后来搬到捷尔任斯基大街（Dzerzhinski Street）的一个没有窗户的小房间里，居住空间只有 14 平方米。房间的门上有玻璃，白天的阳光就靠这里照射进来。

诗人拉多·阿萨蒂亚尼成年后患有当时无法治愈的结核病。状态不好的时候，他就去阿巴斯图玛尼生活一段时间，感觉好点后，又回到第比利斯。由于病情始终没有好转的迹象，他的妻子在附近的"东方"酒店租了一个房间。他们的窗户对着拉多·古迪阿什维利（Lado Gudiashvili）家。有一天，诗人说他想让拉多·古迪阿什维利设计他的书。阿尼科向拉多·古迪阿什维利的妻子讲了这件事。最终，诗人的梦想实现了，不过那是在他 1943 年 6 月 23 日去世后。拉多·古迪阿什维利为了纪念作者拉多·阿萨蒂亚尼，在书上画了阿萨蒂亚尼的画像。

乔治·阿瓦利什维利（1769—1850），格鲁吉亚的外交官、作家和格鲁吉亚剧院的开创人之一。

乔治·阿瓦利什维利

阿瓦利什维利出生于一个来自格鲁吉亚东部卡赫季王国的亲王家庭，在俄罗斯帝国受的教育。俄罗斯与格鲁吉亚签订《格鲁吉亚协定》后，他于1784年至1801年间担任格鲁吉亚国王埃雷克勒二世（Erekle II）和乔治十二世[1]的圣彼得堡使节。他的姐姐玛丽亚姆嫁给了格鲁吉亚外交官加瑟万·查夫恰瓦泽（Garsevan Chavchavadze）。

1819年到1820年，阿瓦利什维利在中东旅行，并撰写了一段宝贵而漫长的游记。他的其余作品大部分已遗失。这包括他翻译的俄罗斯和西欧不少作家的作品。1791年，他帮助在提弗里斯的埃雷克勒二世宫廷建立了格鲁吉

1　乔治十二世（Giorgi XII），巴格拉季昂王朝的乔治十二世有时也称为乔治十三世（George XIII），是卡特利和卡赫季王国的第二任国王，也是最后一位国王，1798年上任直到1800年去世。他在18世纪末期的短暂统治标志着严重的政治动荡，内战和波斯人入侵随时可能发生。

去耶路撒冷的旅行图   第比利斯海

亚第一家国家剧院。此外，他还创作完成了格鲁吉亚的第一部原创戏剧《帝穆拉兹国王》（*King Teimuraz*），此作品只有作者的序言得以幸存。

　　为了纪念乔治·阿瓦利什维利，格鲁吉亚首都第比利斯海东北侧有一条街道以他的名字命名。

盖泽尔·巴佐夫（1904—1938），
格鲁吉亚犹太诗人、剧作家。

盖泽尔·巴佐夫

盖泽尔·巴佐夫 1904 年 10 月 28 日出生于格鲁吉亚奥尼（当时的俄罗斯帝国的一部分），与格鲁吉亚犹太复国主义者大卫·巴佐夫（David Baazov）属同一家族。

14 岁那年，即 1918 年，盖泽尔·巴佐夫以笔名 "Ger-Bi" 发表了他的第一首诗。1920 年代，他在格鲁吉亚犹太人新闻界发表了系列诗歌、历史故事和新闻文章。1924 年，以格鲁吉亚语翻译的《所罗门之歌》赢得了广泛赞誉。1925 年，他组织了第比利斯的格鲁吉亚犹太人戏剧团 "Kadima"，并开始创作反映格鲁吉亚犹太人生活的戏剧。1927 年，他从第比利斯国立大学法律系毕业，当过一段很短时间的律师。

通过他 1928 年创作的剧作《狄拉那玛》（დილლეამარი），巴佐夫在格鲁吉亚确立了自己在犹太主题上的作家地位。他是第一位将格鲁吉亚犹太人的生活方式、性格和日常生活的主题引入格鲁吉亚文学的犹太作家。

观其一生，他的文学创作生涯并不长，但成果颇丰，共创作了十部戏剧，

1932 年上演的《哑巴说话了》舞台布置

特别是《哑巴说话了》（მუნჯები ალაპარაკდნენ, 1931）、《不尊重人》（განურჩევლად პიროვნებისა, 1933 年）和伊兹卡·里任纳什维利（იცკა რიჟინაშვილი, 1936 年）等，其中大部分在 1930 年代成为格鲁吉亚民众的标准节目。1930 年代初期，他构思了关于格鲁吉亚犹太人的三部曲。三部曲中的第一部《彼得坎》（Pethaim）用格鲁吉亚语（ფეთხაინი, 1934）和俄语（Петхайн, 1936）先后上演。

后来，巴佐夫遭遇"大清洗"，于 1937 年在莫斯科被捕，后被引渡到第比利斯。1938 年 9 月 12 日，在审讯期间被枪杀或折磨致死。1955 年，人们重新给他安葬。为了纪念他，他的故乡奥尼的一条街道以他名字命名。

阿卡基·巴克拉泽（1928—1999），格鲁吉亚著名作家、文学评论家和艺术史学家。

阿卡基·巴克拉泽

巴克拉泽做过很多工作，其中于 1973 年至 1980 年期间担任鲁斯塔韦利剧院的导演，1988 年被任命为玛雅尼什维利剧院（Marjanishvili Theatre）的艺术总监。

巴克拉泽曾发表关于伊利亚·查夫恰瓦泽、阿卡基·采列捷列、格里戈·罗巴基泽以及其他格鲁吉亚主要作家文学研究，也有对社会和文学问题的深入研究。1990 年代初期，他领导鲁斯塔韦利协会，该协会是反对格鲁吉亚首任总统兹维亚德·加姆萨赫迪亚的政治力量之一。巴克拉泽主张独立、多元化、土地私有制和独立政党。他曾在不同的问题上广泛发表著述。

他的作品包括：《思想与判断》（1972）；《驯服文学》（1990，2013）；《信念》（1990）；《抛弃的道路》（1995）；《在面具世界里看电影十三年》（1996）；《奥塞梯人的问题》（1996）；《格里戈·罗巴基泽的生平与功绩》（1999）；《神话般的恩加迪》（2000）；《尼诺·查夫恰瓦泽的最后一晚》（2000）；《为阿布哈兹》（2002）；《致学校》（2013）。

尼古洛兹·（塔托）·巴拉塔什维利（1817—1945）是格鲁吉亚诗人，也是最早将现代民族主义与欧洲浪漫主义结合并将"欧洲主义"引入格鲁吉亚文学的格鲁吉亚先驱之一。

尼古洛兹·巴拉塔什维利

尼古洛兹·巴拉塔什维利英年早逝，他留下的文学遗产相对较小：不到四十首的短歌词、一首超长诗和几封私人信件。但他仍然被认为是格鲁吉亚浪漫主义的天花板，被称为"格鲁吉亚拜伦"。

尼古洛兹·巴拉塔什维利被亲切地称为"塔托"（ტატო），1817年12月4日出生于高加索地区的主要城市第比利斯。他的父亲梅里顿·巴拉塔什维里亲王（1795—1860）是在俄罗斯政府工作的没落贵族，母亲奥尔贝里亚尼（1801—1849）是格鲁吉亚诗人，是普林斯·格里高·奥尔贝里亚尼将军的姐姐。

诗人1835年毕业于第比利斯的贵族体育学校，受教于格鲁吉亚爱国者和自由主义哲学家所罗门·多达什维利。巴拉塔什维利诗歌的悲剧性源于他的个人生活以及家乡政局。1832年，格鲁吉亚贵族的反俄阴谋失败，他作为一名学生，和许多密谋者一样，深知独立的过去已无法挽回，只好妥协，他们把对失去的过去和世界的哀悼转化进浪漫主义的创作。因为没钱，他无法继续在俄罗斯大学的学习，而早年受伤导致的腿瘸又使他无法参军。最终，他不得不进入俄罗斯官僚机构，在阿塞拜疆疾病肆虐的甘贾镇当个普通文员。他一生的挚爱叶卡捷琳娜·查夫恰瓦泽公主拒绝了他，嫁给了明格里亚亲王大卫·达迪亚尼。

巴拉塔什维利 1845 年 10 月 21 日死于疟疾，年仅 27 岁，没有受到哀悼，也没有公布死讯。他一直默默无闻，直到下一代格鲁吉亚文人发现他的歌词。1861 年至 1876 年期间，他生前创作的作品被出版，人们开始崇拜他。1893 年，他的遗骨被迁至第比利斯成为当时全国备受关注的大事。1938 年后，他安息在第比利斯的圣山万神殿。

巴拉塔什维利的世界观可以从他的历史诗《格鲁吉亚的命运》（ბედი ქართლისა，1839）中得以窥探，该诗发出了对格鲁吉亚近代不幸的哀叹，极大鼓舞着格鲁吉亚人民。22 岁时诗人创作的这首诗，写的是一个真实的历史事件：1795 年波斯统治者穆罕默德·汗·卡哈尔（Mohammad Khan Qajar）入侵第比利斯，并迫使失望的格鲁吉亚国王埃雷克勒二世将国家的安全交给俄罗斯帝国。诗作探讨了格鲁吉亚的过去，还思考了 1832 年反抗失败后的未来。诗中重现了埃雷克勒二世与他的首相所罗门·莱昂尼泽的辩论，后者反对与俄罗斯建立联盟，并认为这将会导致格鲁吉亚国民身份的丧失。莱昂尼泽的妻子哀叹着问她的丈夫："如果把温柔的夜莺放在笼子里，它会从荣誉中获得什么乐趣？"所有识字的格鲁吉亚人的都熟知这句问话。诗人和读者与所罗门共情，但胜出的显然是国王的客观理性的决定。

在他短暂的创作生涯中（1833—1845），巴拉塔什维利发展了难懂的艺术和概念。用英国学者唐纳德·雷菲尔德的话来说，"巴拉塔什维利运用他自己的语言，晦涩但洪亮，古朴又现代，有时甚至是中世纪、带有古风的。"在他早期的诗《姆塔斯敏达圣山的黄昏》（შემოღამება მთაწმინდაზე，1833—1836）中，读者可以感受到浪漫的愿望，希望摆脱尘世的负担，以及与自然共存的神秘力量。

巴拉塔什维利的爱情诗在他对查夫恰瓦泽公主的过度迷恋中达到了顶峰，

充满了孤独的情绪，就像《孤儿的灵魂》（სული ობოლი，1839）中所描写的那样。巴拉塔什维利对人类的幸福感到绝望，他敬佩超人般的历史人物，如埃雷克勒

第比利斯的巴拉塔什维利的雕像

二世和拿破仑，在他看来，这样的人没有欢乐，也没有痛苦。他最重要的作品，有诗歌《邪恶之魂》（სული ბოროტი，1843）、《库拉河畔的思考》（ფიქრი მტკვრის პირას，1837）和《飞马》（მერანი，1842）。后一首诗《飞马》因其神秘和对未来的启示使格鲁吉亚后来的诗人着迷。全能的思想受到信仰的启发，这首诗以抒情的方式呼吁英雄以弟兄的名义牺牲自己。诗中悲剧性的乐观是浪漫精神的鲜明体现：富有积极、有生命力和充满革命性的愿望。从伦理哲学的角度和艺术美学的角度来看，它都是格鲁吉亚浪漫主义的杰作。

此外，他的诗歌还有：《别说什么，亲爱的，你的爱人你的心》《原来亮在东方，就像太阳照耀》《吹起温暖的风，像花一样带着我》《祝福我出生的那一天，我很高兴，干杯》《创造者的恩典，美丽的女人，黑色的眼睛》《梅拉尼》《你在场，我满足》《我的爱人，我忘不了你的眼睛》《会流干我的泪》《天空的颜色，蓝色》《我发现了一个真正的教堂，矗立在旷野》《卡特利/格鲁吉亚的命运》《玫瑰上的夜莺》《巴拉塔维斯公爵》《钢琴歌手内森》《致拿破仑》《贵族和农民面对面的战争》《伊拉克利国王墓》《耳环》《孤儿精神》《风信子和一点点》《边缘的想法》《夜下的圣山》《致我的朋友们》《我的祈祷》《给我的星星》等。

瓦西尔·巴诺维是巴纳韦利（1856—1934，ბარნაველი）的笔名，他是格鲁吉亚作家，以其历史小说知名。

瓦西尔·巴诺维

瓦西尔·巴诺维 1856 年 5 月 22 日出生在格鲁吉亚下卡特里地区（当时隶属俄罗斯帝国）的科达村的一个牧师家庭。他在第比利斯和莫斯科的神学院受过教育。

1882 年，瓦西尔·巴诺维回到格鲁吉亚，在塞纳基（Senaki）、特拉维（Telavi）和第比利斯（Tbilisi）教授格鲁吉亚语和文学。期间，他也从事新闻工作，研究格鲁吉亚的民间文学艺术，撰写自传故事。因此，他以对现代格鲁吉亚历史散文发展的贡献而闻名。

他的作品《褪色的光环》（მიმქრალი შარავანდედი，1913）、《殉道之爱》（ტრფობა წამებული，1918）、《伊萨尼的黎明》（ისნის ცისკარი，1928）和其他小说，都是历史背景下的心理小说。他的作品将历史主题与民间文学艺术交织在一起，小说主张在政治上抗议俄罗斯统治。巴诺维的作品以历史情节的抽象和中世纪格鲁吉亚英雄的理想化为特征。

瓦西尔·巴诺维 1934 年 11 月 4 日在第比利斯去世，埋葬于第比利斯圣山万神殿。

古拉姆·巴蒂阿什维利（1938—），格鲁吉亚作家、剧作家。他是世界犹太人大会副主席和欧亚犹太人大会（EAJC）总理事会成员，曾多次担任格鲁吉亚作家协会和格鲁吉亚戏剧工作者协会主席团和董事会成员。

古拉姆·巴蒂阿什维利

古拉姆·巴蒂阿什维利出生于1938年，2003年至2012年，曾任格鲁吉亚犹太人世界大会（特拉维夫）的联合主席。目前是格鲁吉亚－以色列友好协会的副主席。1993年以来，一直担任犹太报纸《烛台》（*Menorah*）的总编。

古拉姆·巴蒂阿什维利出版过15本书，其中包括4部小说。他写了不少犹太话题的戏剧：《债务》（以1970年代格鲁吉亚犹太人遭返至以色列为话题）、《土地或家园》（主要描写西奥多·赫茨尔的生平和他为犹太复国主义的奋斗）、《老鹰的翅膀》《阿道夫·艾希曼（Adolf Eichmann）的惩罚）》和《开始的时候》（背景为犹太教－基督教时期，聚焦犹太教和基督教之间的关系）。他的戏剧和小说已被翻译成俄文和希伯来文。

贝萨里翁·扎卡里亚斯·泽·加巴什维利（1750—1791），通常人们更熟知他的笔名贝西奇（ბესიკი）。他是格鲁吉亚诗人、政治家、外交官，因他精美的情歌和英勇的颂歌而知名。另外，他因在政治上和情场上的冒险倍受关注。

贝西奇

贝西奇 1750 年出生于第比利斯的一个贵族家庭，该家族自称来自巴勒斯坦的基本（Gibeon）古城。诗人本人经常使用加巴什维利的变体别称"加包尼"。

贝西奇的父亲扎卡里亚（Zakaria）是位格鲁吉亚东正教牧师，也是特穆拉兹二世国王（Teimuraz II）的忏悔者神父。1764 年，扎卡里亚被逐出教会，后被驱逐出境，但埃雷克勒二世允许贝西奇留在王室，在那里接受教育。后来，他成为一名吟游诗人，他的早期风格受到波斯诗歌影响，也受到同时代比他年长又通晓多语言的生活在第比利斯的亚美尼亚诗人萨雅·诺瓦（Sayat-Nova）的影响。贝西奇年纪轻轻就在王宫里树敌不少，因为他讽刺挖苦人，最重要的是他对天主教安东一世的侮辱性攻击。谣传也将贝西奇与埃雷克勒的姐姐安娜联系起来，主要根据是他的爱情诗《安娜女王》（დედოფალს ანაზედ），虽然后者比他大 28 岁。1777 年，他被天主教安东认为大不敬，说他与基督徒为敌，并在国王那里告他的状。结果，贝西奇被驱逐出第比利斯，不得不搬到格鲁吉亚西部的伊梅列季王国。在那里，贝西奇受到所罗门一世的欢迎，还任命他为总理大臣。所罗门一世死后，他参与了王位之争，在下一位伊梅列季王所罗门二世麾下当过外交官。此后，贝西奇再次卷入宫廷阴谋，可能因与所罗门二世年轻的妻子安娜割舍不下的爱，国王曾多次派他执行危险任务，最后一次是向俄罗斯帝国派遣，目的是为了确保俄罗斯在俄－土战争（1787—1792）期间对伊梅列季的保护。三年中，他陪俄罗斯陆军元帅波将金参加了对抗奥斯曼帝国的运动。1791年1月25日，贝西奇在摩尔多瓦的亚希（Iaşi）去世，埋葬在那里。

贝西奇的动荡生活加上长期喜好出国旅行，使他的许多手稿丢失。他生前未有发表，死后数十年流传着数百本手稿，许多诗歌的标题和注释可能是业余抄印者加上去的。贝西奇的诗歌遗产以其明快的节奏和发自内心的情感抒发著称。优秀代表诗作有：《我进入了一个忧郁的花园》（სევდის ბაღს შეველ）、《我明白你的指责》（მე მივხვდი მაგას შენსა ბრალეზსა）和《黑鸟》（შაშვნი შავნი）。其中，最具代表性的是《美妙身材》（ტანო ტატანო）和《安娜女王》（დედოფალს ანაზედ），两首诗歌充满激情，有情爱，也有忧郁和恬淡的意趣。他的英雄诗包括《阿斯潘扎之战》（ასპინძისათვის）和《鲁基之战》（რუხის ომი）两首，分别颂赞格鲁吉亚在对土耳其和阿布哈兹－切尔克斯的军事胜利。贝西奇在《阿斯潘扎战役》中赞扬了格鲁吉亚军队在阿斯潘扎战役中的军事实力（1770年），赞扬了格鲁吉亚先锋指挥官大卫·奥贝里亚尼亲王的军事才能，后者也是位有才华的诗人。同时，这首诗也是对俄国指挥官托特尔本（Todtleben）的谴责，因为他战前放弃了格鲁吉亚盟友。此外，贝西奇也精通讽刺诗，《婆婆和媳妇》（რძალ-დედამთილიანი）和《查布瓦·奥贝里亚尼》（ჭაბუა ორბელიანზე）是值得关注的例子。诗人运用新方法勾画，创造了一些新词，用新的比喻对格鲁吉亚诗歌进行了革新和丰富。

贝西奇在格鲁吉亚文学史上留下了非凡的踪迹。他的诗歌尤其对19世纪初的格鲁吉亚浪漫主义者产生了深远的影响，在他们的作品中屡见回响。

加斯顿·布阿奇兹（1935— ），
格鲁吉亚－法国作家、翻译。

加斯顿·布阿奇兹

加斯顿·布阿奇兹 1935 年 10 月 21 日出生于第比利斯，父亲是格鲁吉亚人，母亲是法国人。1958 年，毕业于乌克兰苏维埃社会主义共和国利沃夫大学，专门研究法语和文学。1960 年至 1990 年，担任第比利斯国立大学的法国文学教授。1991 年至 2001 年，在法国南特大学任比较文学研究副教授。他将格鲁吉亚文学作品翻译成法文，比如，他翻译了格鲁吉亚诗人绍塔·鲁斯塔韦利的《虎皮骑士》。此外，他也把法语作品翻译成格鲁吉亚语。

加斯顿·布阿奇兹主要研究法－格文学界交往史。他致力于建立南特和第比利斯之间的姊妹关系，并为 1999 年在南特美术博物馆举办格鲁吉亚画家皮罗斯曼尼的展览发挥了积极作用。

拉沙·布加泽（1977—），格鲁吉亚小说家、剧作家。其戏剧作品不乏有名之作，有讽刺战争英雄主义的《震惊的塔季扬娜》，还有《士兵》《爱》《保镖》《总统》等。

拉沙·布加泽

拉沙·布加泽，1977 年 11 月 16 日出生于第比利斯，先后毕业于雅各布·尼克罗兹艺术学院、绍塔·鲁斯塔韦利戏剧学院、格鲁吉亚国立大学电影戏剧系以及第比利斯国立大学艺术系。

布加泽创作了很多小说和戏剧，他的许多作品在欧洲多个城市上演过，也被翻译成法语和英语。布加泽批判地、讽刺地关注跨代人之间的关系，描述人们如何变成偏见、僵化的观念或刻板印象的牺牲品。

2002 年，他的短篇讽刺性小说《第一个俄罗斯人》聚焦于中世纪格鲁吉亚女王塔玛尔和她的俄国丈夫乔治沮丧的新婚之夜。小说的故事描述激怒了许多保守派，引发了全国性的争议，包括媒体的激烈讨论，格鲁吉亚议会的讨论，还有格鲁吉亚东正教教会主教的讨论。

2007 年，布加泽获得 BBC 国际广播剧本比赛的俄罗斯－高加索地区奖；2011 年，剧本《导航员》获得两项最高奖之一。此外，他为格鲁吉亚公共广播公司创作了不少在广播和电视上播放的文学节目。值得一提的是，他还是一位有天赋的漫画家。他的生活和工作基本都在第比利斯。

他的作品以格鲁吉亚语出版，也译成俄语、亚美尼亚语、法语、德语、英语和波兰语出版。1995年，其漫画和绘图作品个人展览在瑞士巴塞尔举办，1996年在第比利斯"巴维（Baia）画廊"举办。他曾多次主持不同频道的电视和广播节目。此外，他在报纸《24小时》上有自己的专栏"关于月球的评论"，在杂志《塔布拉》和《自由派》上有每周一期的文学专栏。

布加泽的小说有：《最后的钟声》（2004）；《黄金时代》（2006）；《漫画家》（2008）；《文学快报》（2009）；《一部关于现代人际关系和家庭生活最大问题的小说》（2013）等。

布加泽的短篇小说有：《盒子》（1998）；《世纪谋杀案》（戏剧小品，2000）；《3楼》（2003）等。

布加泽的戏剧包括：《奥塔尔》（1998）；《那把椅子这张床》（2001）；《喜剧演员弗朗索瓦》（2001）；《政治剧》（2001）；《卡普里奇奥》（2001）；《塔蒂亚娜的愤怒》（2003）；《努扎尔和墨菲斯托》（2003）；《总统和保镖男孩》（2006）；《动画人物，动画过程和无生命体》（2007）；《樟脑丸》（2008）；《导航员》（2011）；《七个小剧本》（2010）；《齐齐诺的世界》（2010）；《当主人公睡觉时》（2010）。

获奖包括：1989年，获"加布罗夫"（保加利亚）漫画家节奖；1999年，《奥塔》获得"齐南达利"文学奖、"年度最佳剧本奖"；2003年，《努扎尔和墨菲斯托》获"萨巴文学奖年度最佳剧本奖"；2005年，小说《最后的钟声》被评为书店连锁店"年度最佳畅销书"；2006年，小说《黄金时代》获得"萨巴文学奖"；2007年，小说《黄金时代》获得"年度最佳畅销书奖"；同年，《凯旋》获得"俄罗斯戏剧奖"，《当出租车司机遭到袭击时》在英国广播公司获奖；2010年，其个人在巴库·萨拉卡乌里出版比赛中获得"十五大短篇小说奖二等奖"；2011年，《导航员》获得"英国广播公司（BBC）国际广播剧作比赛一等奖"。

扎扎·伯楚拉兹（1973—），格鲁吉亚后现代小说家、戏剧家。

扎扎·伯楚拉兹

扎扎·伯楚拉兹，1973年9月9日出生于第比利斯，毕业于第比利斯国家艺术学院的纪念和装饰画学系。1998年以来，他一直在格鲁吉亚的报纸和杂志上发表原创故事。他曾是电台的自由撰稿人，也曾在高加索媒体学院教授文学和当代艺术。直到2001年，伯楚拉兹都以笔名格里高尔·萨姆沙（Gregor Samsa）发表作品，并将费奥多尔·米哈伊洛维奇·陀思妥耶夫斯基和丹尼尔·哈姆斯（Daniil Kharms）的作品译成格鲁吉亚语。

扎扎·伯楚拉兹的叙事常常以他的实验性写作方式和作者所采用的挑衅性主题而使观众大吃一惊，而且大部分被视为禁忌。他撰写有关政治整合、暴力与残暴的故事，论述思想和宗教话题以及性问题。他的作品已被翻译成多种语言。

他的小说（均由第比利斯的巴库·苏拉卡里出版社出版）包括：《游客早餐》（2015）；《充气天使》（2011）；《阿迪巴斯》（2009）；《速溶卡夫卡》（2005）；《矿物爵士乐》（2003）。

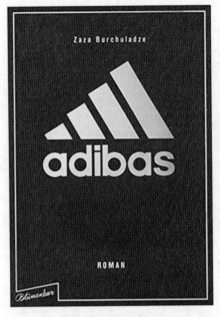 

小说《阿迪巴斯》封面　　　　　　　　小说《充气天使》封面

　　他获得的文学奖项有：2018年，《游客早餐》获"布鲁克柏林奖"；2011年，《充气天使》获年度最佳格鲁吉亚小说"伊利亚奖"；2003年，《矿物爵士乐》获年度格鲁吉亚最佳小说"齐南达利奖"。

格里高·查赫鲁哈兹（生卒年不详），是 12 世纪晚期 / 13 世纪初期的格鲁吉亚诗人。

格里高·查赫鲁哈兹

传统上认为格里高·查赫鲁哈兹写过诗集《塔玛莉安》（თამარიანი），其中包括 22 首颂歌和一首挽歌，通过他的描述使格鲁吉亚的塔玛尔女王神化[1]。

有人认为这位诗人与某个叫格里高·查赫鲁卡兹（Grigol Chakhrukhadze）的是同一个人，他的现存遗嘱揭示了他退居至耶路撒冷圣十字格鲁吉亚修道院的愿望。后来有说法称查赫鲁哈兹是土生土长的格鲁吉亚东北山区的赫维（Khevi）人，曾任塔玛尔女王的秘书。

以新的五音节诗歌形式（chakhrukhauli，ჩახრუხაული）为基础，查赫鲁哈兹的诗歌尤以音乐性和语言技巧胜出，诗中多以精妙的押韵形容词来赞美塔玛尔女王。

为了纪念格里高·查赫鲁哈兹，格鲁吉亚首都第比利斯的一条大街被命名为：查赫鲁哈兹。

---

1 塔玛尔女王从 1184 年至 1213 年统治格鲁吉亚，在其治下迎来格鲁吉亚的黄金巅峰时代。

伊拉克里·查克维亚尼

伊拉克里·查克维亚尼（1961—2006）有时以他的化名"国王"（Mephe，მეფე）而被大众所熟知。他是格鲁吉亚诗人、散文作家和音乐家，以其怪异的形象和诗歌，以及糅合了另类的摇滚、电子音乐和嘻哈音乐的折中音乐而闻名。

伊拉克里·查克维亚尼 1961 年 11 月 19 日出生于第比利斯的一个精英家庭。他的父亲，记者兼外交官格拉·查克维亚尼（Gela Charkviani）是格鲁吉亚前驻英大使，祖父坎迪德·查克维亚尼（Candide Charkviani）1938 年至 1952 年曾担任格鲁吉亚苏共中央委员会第一书记，他的曾祖父是格鲁吉亚的著名画家摩西·托兹（Mose Toidze）。

查克维亚尼毕业于第比利斯国立大学西欧－美国文学系。1976 年，在与独立摇滚也叫硬地摇滚的项目合作中首次亮相，起初并没引起人们的注意，后来的"Taxi"乐队取得成功，1988 年录制了同名专辑。1980 年代，查克维亚尼的几首歌词和短篇小说以主人公的叛逆著称，并在格鲁吉亚文学出版社出版。1990 年代初期，他成为格鲁吉亚新电子领域的主要艺术家之一。他带领"孩子们"（1991—1992）和"格鲁吉亚舞蹈"（1993）在全格鲁吉亚甚至国外演出，尤其在莫斯科和东欧巡演。他的首张个人专辑《天鹅之歌》于 1993 年在德国录制发行，对 1990 年代格鲁吉亚的新音乐有重大影响。1995

年，他为故事片《奥菲斯之死》
（*Orpheus's Death*）创作音乐，
并于 1997 年录制了他的第二张
专辑（*Ap'ren*），随后在 1999
年录制了单曲（*Sakartvelo*）。
随后，2001 年和 2004 年分
别录制了两张专辑（*Amo* 和
Savse）。同一时期，他选择了

伊拉克里·查克维亚尼的肖像剪影

假名"Mephe"为艺名，格鲁吉亚语意思是"国王"。

　　他的主要作品包括：《个人信件》（2015）；《平静的游泳》（2006，
2014）；《作者专栏访谈》（2011）；《旧玩具》（2009，2012）；《国王伊
拉克里的诗》（2008，2011）。

　　此外，查克维亚尼还撰写了几首诗、一些故事和一部小说。2006 年 2 月
24 日，因心脏病在第比利斯的公寓中去世。他留下了几首未发行的歌曲，这
些歌曲在 2007 年作为专辑《与国王同在》（*Dzirs Mephe*）发行。2013 年 5 月，
伊拉克里·查克维亚尼因"他对发展当代格鲁吉亚文化的重要贡献"而追授
其格鲁吉亚的"鲁斯塔韦利奖"。2016 年 11 月 19 日，查克维亚尼的纪念碑
在第比利斯中心靠近公共服务大厅（俗称"蘑菇楼"）附近的一处小公园落
成揭幕。

亚历山大·查夫恰瓦泽

亚历山大·查夫恰瓦泽（1786—1846），格鲁吉亚著名诗人，被誉为"格鲁吉亚浪漫主义之父"。他是格鲁吉亚的一位杰出贵族，还是俄罗斯帝国时期才华横溢的将军。

亚历山大·查夫恰瓦泽 1786 出生于贵族之家，此前，该家族 1726 年由格鲁吉亚国王卡赫季的康斯坦丁二世提升为郡主。据考究该家族源于赫夫苏尔，与其他格鲁吉亚军人家族和贵族有婚嫁血缘。

亚历山大·查夫恰瓦泽的实际出生地为俄罗斯的圣彼得堡，父亲加瑟万·查夫恰瓦泽亲王（Garsevan Chavchavadze）曾担任格鲁吉亚东部的卡特利和卡赫季国王希拉克略二世（Heraclius II）的大使。俄罗斯沙皇莎拉·凯瑟琳二世是亚历山大受洗的教母，以此显示对格鲁吉亚外交官宽仁。

亚历山大·查夫恰瓦泽的早期教育在俄国，13 岁时他才第一次见到他的家乡格鲁吉亚，并在 1801 年俄罗斯吞并格鲁吉亚东部后搬回了旧第比利斯。1804 年，他 18 岁，和被剥夺王位的帕尔纳奥斯王子（Prina Parnaoz）在格鲁吉亚山区姆蒂莱蒂（Mtiuleti）反叛俄国的统治。起义遭到镇压后，他被关进监狱一段时间，狱中他创作了他的第一部文学作品，包括一首用格鲁吉亚语写的激进诗《今世之祸》（ვაჰ, სოფელსა ამას და მისთა მღებმურთა）。

这首诗迅速流行，年轻作家声名远扬。他的手稿承继 18 世纪格鲁吉亚诗人贝西奇或者法国启蒙哲学家让·雅克·卢梭（Jean-Jacques Rousseau）的精神，写爱、写不满、写抗议，在第比利斯乃至全格鲁吉亚歌词广为传唱。

在坦波夫流放一年后，查夫恰瓦泽与新政权妥协，加入了轻骑兵团。具有讽刺意味的是，1812 年，下一次反俄罗斯斗争在卡赫季爆发时，他在侯爵菲利普·奥西波维奇·保鲁奇（Paulucci，1779.9.11—1849.1.25）麾下参加了俄方战斗，还受了伤。同年，他与莎乐美·奥贝里亚尼公主结婚，后者是格鲁吉亚望族，和巴拉吉季昂皇室有关联。1813 年至 1814 年针对法国拿破仑一世的第六联盟战争中，他担任俄国指挥官巴克莱·德·托利（Barclay de Tolly）的亲随，在 1814 年 3 月 31 日的巴黎战役中，他腿部受伤。作为俄罗斯特种部队的一名军官，他在巴黎待了两年，复辟的波旁王朝授予他荣誉勋爵的身份。他喜欢接受新思想尤其是早期的法国浪漫主义，拉马廷（Lamartine）、维克多·雨果（Victor Hugo）、拉辛（Racine）、科内耶（Corneille）等人的作品通过查夫恰瓦泽走进格鲁吉亚文学。

1817 年，查夫恰瓦泽成为俄罗斯军队的上校。1826 年晋升为少将，他的军旅生涯在 1820 年代后期的俄国对抗波斯和奥斯曼帝国的战争中取得了显著进步。1828 年被任命为亚美尼亚军事区的军事总督。1828 年至 1829 年俄土战争中，他用一小支队组织了一次成功的防御，不但抵制了库尔德人侵略埃里温省，还进攻了安那托利亚，1828 年 8 月 25 日至 9 月 9 日，20 天的时间内从土耳其军队手中完全夺得了巴哈泽的控制权。1829 年，他被派遣为卡赫季军事委员会的行政长官，那里是他的世袭遗产所在。

回到格鲁吉亚，亚历山大在格鲁吉亚贵族和人民中受到热烈欢迎，也得到了俄罗斯和格鲁吉亚军官的尊敬。他被视为 19 世纪格鲁吉亚最优雅、最有教养、最富有的贵族，他精通多种欧洲和亚洲语言，与格鲁吉亚和俄罗斯社会的精英阶层有着广泛而友好的联系，后者经常光顾他在第比利斯举办的著名沙龙。他的一个女儿尼诺 16 岁嫁给了曾在第比利斯短暂停留期间教她音乐的俄罗斯著名外交官兼剧作家、诗人亚历山大·格里博伊多夫

（Alexander Griboyedov）；另一个女儿凯瑟琳（Catherine）嫁给了明格里亚（Mingrelia）王子戴维·达迪亚尼（David Dadiani），从而使得尼古洛兹·巴拉塔什维利对爱情绝望，成为最伟大的格鲁吉亚浪漫主义诗人。

结合了欧洲百年酿酒技艺和格鲁吉亚酿酒传统，查夫恰瓦泽建立了格鲁吉亚最古老、规模最大的酿酒厂，现今那里仍然生产备受赞誉的干白齐南达利。其友人胡安·范·哈伦（Juan Van Halen）介绍说，他是"在欧洲受过

教育的格鲁吉亚王子，有上校军衔，却在履行其军事职责外发挥所长，格鲁吉亚贵族少有人能与他匹敌。"在位于卡赫季齐南达利（Tsinandali）的意大利式夏季豪宅中，他经常用音乐和在他的庄园酿酒厂（Marani）制作的佳酿来招

诗人在齐南达利的住所一角，仍在使用的著名酿酒厂，是卡赫季的主要旅游景点。

待外国客人。

尽管忠于俄国王冠，但对格鲁吉亚君权以及格鲁吉亚东正教的怀念再次使他参与了1832年的事件，并组织大规模的起义，反对俄国的霸权。遗憾的是政变失败，造成格鲁吉亚文学的灾难：他烧掉了1820年至1832年间创作的大部分受到浪漫主义和平等主义启发的诗歌，怕成为对他不利的证据。他被判处前往坦博夫流放五年，但由于持续的高加索战争，沙皇需要他的军事才能，便原谅了他。之后，查夫恰瓦泽加入了对抗北高加索地区叛乱的行列。像许多格鲁吉亚贵族一样，他找到了机会，报复过去由北高加索部落组织对格鲁吉亚的多次突袭，于1841年被提升为中将，并在1842年至1843年间短暂担任该地区民政主管，继续在高加索地区服役。1843年，他最后一次参战，成功指挥了对叛乱的达吉斯坦（Dagestani）部落的征讨。后来被任命为高加索行政总署理事会成员。

1846 年，他无辜受害致死：有天晚上骑马返回齐南达利的宫殿时，附近树林中有人靠近他，向他和马泼洒了热水。马失控坠入附近的沟中，他因头部重伤死亡。这起悲剧很可能是事故，但有传言称他被俄罗斯谋杀。1846 年 11 月 6 日，他被安葬在卡赫季的一所修道院。

他身后留下一子三女，分别是大卫、尼诺、凯瑟琳和索菲娅。儿子大卫在高加索战争期间还是俄罗斯中将。

查夫恰瓦泽对格鲁吉亚文学发展影响巨大。他使格鲁吉亚诗歌语言更接近白话，结合了形式元素和从 18 世纪格鲁吉亚文艺复兴文学中继承的假模假式的"高级"风格以及波斯抒情诗的旋律，特别是波斯诗人哈菲兹（1315—1390）和诗人兼散文家萨阿迪（约 1210—1292）的老第比利斯街头波希米亚语言以及欧洲浪漫主义的情绪和主题。他的作品主题由早期阿那克里翁[1]式的抒情逐渐成熟并富含哲理。

查夫恰瓦泽自相矛盾，他参加了反对俄罗斯控制格鲁吉亚的斗争，又对沙皇忠诚服务，包括对格鲁吉亚农民起义的镇压，都在他的著作中得到了明显的体现。以 1832 年为界，他的作品分为两个主要时期。此前，他的诗歌中充满了对格鲁吉亚前统治者的悲哀，对丧失民族独立性的不满以及与此有关的个人情绪；而俄罗斯帝国统治下的祖国对他来说似乎是一所监狱，他以极其阴沉的色彩描绘了它的现状。他的挚友兼女婿格里博耶多夫的去世，也增加了他当时作品的压抑特征。

这一时期，亚历山大·查夫恰瓦泽在他的浪漫主义诗歌中梦想着格鲁吉亚的辉煌历史，当时"生命的微风"将"呼吸的甜蜜"带入他"干燥的灵魂"。在诗歌《麻烦，时间，时间》（ვაჰ, დრონი, დრონი）、《听，听啊，那听者》（ისმინეთ მსმენნო）和《高加索》（კავკასია）等作品中，中世纪格鲁吉亚的"黄金时代"与其不显眼的现状形成了对比。作为社会活动家，

1　阿那克里翁（公元前 520—前 485），又译为亚奈科雷昂，生于小亚细亚沿岸的爱奥尼亚城邦提欧斯，希腊著名诗人，以饮酒诗与哀歌闻名。

亚历山大·查夫恰瓦泽的妻子莎乐美

他仍然主要是"文化民族主义者"、母语的捍卫者以及格鲁吉亚贵族和知识分子精英的利益维护者。亚历山大在信中严厉批评俄罗斯对待格鲁吉亚民族文化的态度,甚至将其与过去入侵格鲁吉亚的奥斯曼帝国和波斯人的掠夺相提并论。他在一封信中说:俄罗斯对我们国家造成的破坏是灾难性的,甚至波斯人和土耳其人也没有废除我们的君主制并剥夺我们的国家地位,我们用一条毒蛇换了另一条。

1832 年之后,他对民族问题的看法变得不同。诗人毫不含糊地指出了俄国吞并所带来的积极成果,尽管解放祖国仍然是他最珍惜的梦想。他后来的诗歌变得不那么浪漫,甚至多愁善感,但他从未放弃过乐观的态度,这使得他的作品与前辈的作品截然不同。他后期创作的诗歌中最具有代表性、原创性的包括:《哦,我的梦想,为什么你再次向我请求》(ეჰა, ჩემო ოცნებავ, კვლავ რად წარმომედგინე)和 1840 年代写的《耕种人》(გუთნის დედა)。前者是一首悲伤的诗,以诗人对未来的希望结尾。后者结合了他年轻时代的幽默式告别。此外,他还撰写了历史著作《1801 年至 1831 年的格鲁吉亚简史》。

亚历山大·查夫恰瓦泽获得过的奖项有:"圣安妮一等勋章""弗拉基米尔二等勋章""白鹰勋章"和"法国荣誉军团勋章"。

伊利亚·查夫恰瓦泽（1837—1907），格鲁吉亚作家、政治人物、诗人和出版工作者。他率先领导了19世纪下半叶俄罗斯统治下的格鲁吉亚民族运动的复兴，是格鲁吉亚"最受尊敬的英雄"。

伊利亚·查夫恰瓦泽

受当时欧洲自由主义运动的启发，伊利亚·查夫恰瓦泽致力于唤醒格鲁吉亚人的民族理想，并致力于在他的祖国建立一个稳定的社会。他最重要的文学作品包括《隐士》《鬼魂》《奥塔兰特寡妇》《劫匪强盗加可》《快乐民族》《旅行家的信》和《人一定是人吗？！》。他不但是期刊《格鲁吉亚之声》（*Sakartvelos Moambe*，1863—1877）和《伊维利亚》（*Iveria*，1877—1905）的主编，还为期刊撰写了许多文章。他是俄罗斯化时期格鲁吉亚语言和文化的忠实保护者，被认为是格鲁吉亚文化民族主义的主要贡献者。他认为格鲁吉亚身份的三个主要民族标记是国土（მამული）、语言（ენა）和宗教（სარწმუნოება）。今天，格鲁吉亚人尊他为"无冕之王"（Ugvirgvino Mepe）和"民族之父"。

伊利亚·查夫恰瓦泽1837年11月8日出生于时属俄罗斯帝国的卡赫季州阿拉扎尼（Alazani）谷地格瓦里（Kvareli）的一个叫卡瓦利（Qvareli）的村庄。伊利亚是格鲁吉亚15至18世纪封建社会上层阶级的代表，人们认为贵族查夫恰瓦泽家族来自格鲁吉亚的普沙夫·赫夫苏蒂（Pshav-Khevsureti）地区。1726 年，君士坦丁二世国王授予查夫恰瓦泽家族以大公身份，以表彰他们的骑士行为和英勇精神。之后，整个家族搬迁并定居在卡赫季的阿拉扎尼峡谷。伊利亚是格里戈·查夫恰瓦泽和玛丽亚姆·贝布鲁什维利（Beburishvili）的第三个儿子。格里戈及其父亲和他的祖先一样，都有军事背景。他与当地民兵一起保护该村庄，使其免受达吉斯坦人（Dagestani）的多次入侵。从格瓦里（Kvareli）的伊利亚·查夫恰瓦泽博物馆房屋的建筑中可以看到这一点，院子里的两层城堡采用了中世纪城堡风格，旨在保护房屋不受入侵。伊利亚·查夫恰瓦泽在 1848 年就读第比利斯著名的贵族学院之前，曾接受村庄执事的基础教育。从受过古典文学的教育、熟悉格鲁吉亚的历史和诗歌的父母那里，他从小学到了古典历史小说中关于格鲁吉亚英雄主义的鼓舞人心的故事。他在自传中提到他的母亲：她熟记大多数格鲁吉亚的小说和诗歌，鼓励孩子们学习小说和诗歌。伊利亚还描述了执事讲故事的情景，这种教育给了他艺术灵感，后来又运用到了他的小说创作中。

1848 年 5 月 4 日，伊利亚的母亲去世，当时他 10 岁，他的父亲请自己的姐姐马克琳（Makrine）帮他抚养孩子。马克琳姑妈对伊利亚的生活产生了重大影响。妈妈去世后，伊利亚被父亲送往第比利斯开始接受中学教育。他进入一所私立学校学习了三年，然后于 1851 年进入第比利斯第一中学。不久之后，1852 年，父亲去世，姑妈马克琳照顾了这个家庭。父亲的去世给他的中学生活带来压力。他家遭受了又一次毁灭性的打击：他哥哥君士坦丁在达吉斯坦对卡赫季的突袭中被杀。伊利亚在他的第一首短诗《一个可怜的人的悲伤》中表达了他的痛苦和悲伤。除了个人人生遭遇，在俄罗斯帝国的严厉统治下，格鲁吉亚的政治局势进一步恶化，普通民众的生活日益艰难。

从学院毕业后，伊利亚·查夫恰瓦泽决定在俄罗斯圣彼得堡大学继续学业。在前往圣彼得堡之前，他于 1857 年 4 月 15 日创作了他最杰出的诗作之一《致敬卡达纳克希村的克瓦雷利山》，表达了对大高加索山脉的终生敬佩以及离开家乡的悲痛。同年，他被圣彼得堡大学录取。那时，欧洲爆发了无数次革命，伊利亚对此兴趣浓厚，密切观察。他的注意力集中在意大利的事件和朱塞佩·加里波第（Giuseppe Garibaldi）的奋斗上，他对后者敬佩有加。在圣彼得堡期间，他遇见了凯瑟琳·查夫恰瓦泽公主，从她那里了解了格鲁吉亚浪漫主义者尼古洛兹·巴拉塔什维利的诗歌和歌词。

圣彼得堡的恶劣气候使伊利亚病重，1859 年期间，他回到格鲁吉亚疗养了几个月。1861 年，伊利亚完成学业后彻底回到格鲁吉亚。回程中，写下了他最伟大的杰作之一《旅行者日记》，概述了国家建设的重要性，并对格鲁吉亚赫维地区的卡兹别克雪山、特吉河进行了寓言性的比较。

伊利亚从根本上主张恢复格鲁吉亚语的使用、发展格鲁吉亚文学、复兴格鲁吉亚国家教会地位，以求最终实现格鲁吉亚的国家地位复兴，这一主张随着格鲁吉亚成为俄罗斯帝国一部分只能作罢。

除了以上提到的作品，伊利亚还是许多文化和教育组织的发起人和主席，例如格鲁吉亚扫盲协会和"贵族银行""戏剧社""历史学会"和"格鲁吉亚人种学会"等。此外，他还从事英国文学的翻译工作。他的主要文学作品以法语、英语、德语、波兰语、乌克兰语、白俄罗斯语、俄语和其他语言翻译并出版。1906 年至 1907 年期间，他是俄罗斯国家杜马[1]的成员。他折中的兴趣也使他成为俄罗斯地理学会高加索委员会、莫斯科大学民族志和人类学学会、俄罗斯东方主义者学会和伦敦英俄文学学会的成员。

他曾短暂地担任过年轻的约瑟夫·斯大林的文学导师，后者当时是第比利斯的东正教神学院学生。根据历史学家西蒙·塞巴格·蒙特菲奥雷（Simon Sebag Montefiore）的说法：诗人给他的孩子们留下深刻的印象，向他们展示了他的工作。他钦佩斯大林的诗句，选择了五首诗来出版，这是一个很大的成就。他称斯大林是"有远见卓识的年轻人"。

在第一届俄罗斯杜马的上议院担任议员之后，伊利亚决定于 1907 年返

1　国家杜马（Gosudarstvennaya Duma）是俄罗斯的下议院，为俄罗斯联邦会议两个构成机构之一，有 450 个议席。国家杜马是俄罗斯的常设立法机构，主要负责起草和制定国家法律。参加议员的资格为 21 岁以上的公民，任期五年。

在作家政治生涯中创办并编辑的报纸"*Iveria*"。该报纸聚焦1800年代后期格鲁吉亚的民族解放运动。

伊利亚·查夫恰瓦泽王子在第比利斯的葬礼。

回格鲁吉亚。同年8月28日,伊利亚·查夫恰瓦兹被六名刺客团伙伏击谋杀,9月12日去世。歹徒在从第比利斯前往姆茨赫塔附近的萨古拉莫[1]时伏击了他和他的妻子奥尔加(Olga)。伊利亚被谋杀可谓全国性的悲剧,格鲁吉亚社会各阶层对此表示哀悼。当时正遭受严重健康问题困扰的阿卡基·采列捷列出席葬礼并致辞,"伊里亚对格鲁吉亚民族复兴的巨大贡献是子孙后代的榜样"。

1921年后,伊利亚·查夫恰瓦泽成为格鲁吉亚自由与民族解放的象征。1987年,格鲁吉亚东正教正式将他封为"正义圣徒伊利亚",持不同政见的知识分子于1987年10月共同成立了伊利亚·查夫恰瓦泽协会,该协会致力于促进格鲁吉亚的文化复兴和政治自治。

---

1 萨古拉莫山脉(Saguramo Range)是位于格鲁吉亚东部的东西方向山脉,紧邻第比利斯市的北部。山脉的最高峰是萨古拉莫峰,海拔1,392米。萨古拉莫山脉是伊尔诺山脉(Ialno Range)的西部延伸。山脉的地质构成包括新近纪的砂岩、黏土和砾岩。

1989 年，在第比利斯举行的反苏抗议活动中，查夫恰瓦泽的诗歌、小说和政治生活成为格鲁吉亚独立斗争的推动力。

伊利亚·查夫恰瓦泽一生中在格鲁吉亚的各个社会中倡导的民族复兴思想在 1990 年得到了发展。2002 年，米哈伊尔·萨卡什维利创立了统一民族运动党，该党宣称拥有伊利亚·查夫恰瓦泽的政治遗产，并在其中发挥了重要作用。

1998 年，斯蒂芬·金策尔（Stephen Kinzer）撰写了关于伊利亚·查夫恰瓦泽在整个政治领域的广受赞誉的文章：今天，格鲁吉亚的左派人士因憎恨不公正行为而拥护伊利亚·查夫恰瓦泽，中间派人士因他的非暴力人文主义而热爱他，右翼民族主义者则采用了他的口号"国土、语言、宗教"。

伊利亚·查夫恰瓦泽留下的作品主要有：原创作品《格鲁吉亚诗人》（德语：*Georgische Dichter*）和《亚瑟·莱斯特》（*Arthur Leist*）；1887 年翻

第比利斯第一公立学校门前的伊利亚·查夫恰瓦泽（左）和阿卡基·采列捷列（右）雕像

伊利亚·查夫恰瓦泽在圣山万神殿的墓

位于第比利斯瓦盖区的作家同名大街街景

译和编译出版的德语版的《伊利亚·查夫恰瓦泽和其他格鲁吉亚诗人的诗歌》。此外，他的《隐士，伊利亚·查夫恰瓦泽王子》于 1895 年由玛乔里·斯科特·沃德罗普[1]从格鲁吉亚语翻译成英语在伦敦出版。

1　玛乔里·斯科特·沃德罗普是英国外交官和格鲁吉亚学者奥利弗·沃德罗普爵士的姐姐。她精通七种外语，还学习了格鲁吉亚语，1894 年至 1895 年和 1896 年曾前往格鲁吉亚。翻译并出版格鲁吉亚民间故事，包括《隐士》《圣尼诺的生活》等。

雷瓦兹·（雷佐）·切伊什维利
（1933—2015），格鲁吉亚作家、编剧。

雷佐·切伊什维利

雷佐·切伊什维利，1933 年 4 月 24 日出生于格鲁吉亚的西部城市库塔伊西，1954 年移居首都继续学习，1958 年从第比利斯国立大学毕业，获得格鲁吉亚语言和文学学位。1961 年至 1992 年，在"格鲁吉亚电影"工作室工作，担任编辑，是电影剧本管理委员会成员、创意协会成员和领导者之一。他编辑了各种格鲁吉亚文学期刊和报纸。2015 年 9 月 11 日去世。

雷佐·切伊什维利是特写电影《我的朋友诺达尔》的脚本作者，是《萨曼尼什维利的继母》以及广为人知的《蓝山》的编剧，该片由格鲁吉亚著名导演艾尔达·申格拉亚执导。

雷佐·切伊什维利的短篇和长篇小说在好几个国家如瑞典、德国、俄罗斯出版。

他的主要作品有：《啊，我的葡萄园》（1987，2003）；《第一》（1988）；《选集》（两册，1989—1993）；《我的朋友诺达尔》（1990）；《达利》（1992）；《彗星》《罗伯斯》（1999）；《三部小说》《成熟月》《短篇

剧本《蓝山》　　　　　　　　　《风中的音乐》

小说选》《第三种方式：关于库塔伊西和其他》（2003）；《野玫瑰红花》
（2010）；《七卷全集》（2010—2012）；《新库鲁病》（2011）；《蓝山》
（1980，2013）等，大部分由库塔伊西出版中心和梅拉尼出版社出版。

　　雷佐·切伊什维利获得的奖项包括：2012年，获得"萨巴文学奖"，以
表彰他对文学发展的贡献；1984年，影片《蓝山》的剧本获得"苏联国家奖"。
此外，曾获得"绍塔·鲁斯塔韦利国家文学奖"和"格鲁吉亚国家奖"。

西蒙·奇科瓦尼（1902—1966），格鲁吉亚诗人，格鲁吉亚未来主义运动的领袖，苏联的建国人物之一。

西蒙·奇科瓦尼

西蒙·奇科瓦尼（Simon Chikovani）1902年12月27日出生于阿巴沙镇附近，先在库塔伊西的德国学校（Realschule）上高中，后在第比利斯国立大学接受教育，1922年毕业。

在少年时期，他与一群年轻的格鲁吉亚象征主义者"蓝色号角"有联系。尽管他远离任何"无产阶级"主题，但还是加入了新"左派"诗人小组并成为他们的代言人。1924年，在格鲁吉亚叛乱苏维埃之后被捕，差点在前往卡赫季的徒步旅行中被枪杀。1924年至1929年，他创作了两本诗集《库拉河遐思》（ფიქრები მტკვრის პირას，1925）和《只有诗歌》（მხოლოდ ლექსები，1930），使他赢得了"20世纪格鲁吉亚最佳原创诗人之一"的美誉。

用现代英国学者唐纳德·雷菲尔德（Donald Rayfield）的话说，"大多数是充满活力和挑衅性的惠特曼式风格，质问和讽刺老一代诗人：奇科瓦尼挥舞着玛雅科夫斯基的斗篷。"1924年以来，他编辑了未来主义杂志（H_2SO_4），还掉头攻击"蓝色号角"集团的同事，主要是指提香·塔比泽[1]和保罗·伊什维利[2]。

从 1930 年开始，他远离创新的未来主义，使他的作品更加符合意识形态认可的爱国主义歌词和爱情诗，从而抑制了所有提及他多才多艺的早期作品的经历。

1930 年至 1932 年，西蒙·奇科瓦尼年担任格鲁吉亚作家联盟的秘书；1944 年至 1951 年，担任该联盟的主席；1950 年至 1954 年，担任最高苏维埃的代表。

1966 年 4 月 24 日，西蒙·奇科瓦尼去世。为了纪念他，格鲁吉亚首都第比利斯一条大道以他的名字命名。

---

1 提香·塔比泽（Titsian Tabidze），格鲁吉亚诗人，也是格鲁吉亚象征主义运动的领导人之一。大清洗的受害者，因叛国罪被捕并被处决。塔比泽是俄罗斯著名作家鲍里斯·帕斯捷尔纳克（Boris Pasternak）的密友，他将自己的诗歌翻译成俄语。
2 保罗·伊什维利（Paolo Iashvili），格鲁吉亚诗人，也是格鲁吉亚象征主义运动的领导人之一。苏联大清洗鼎盛时期他失去挚友，严重影响了在格鲁吉亚作家联盟自杀的伊什维利。

奥塔·奇拉泽（1933—2009），格鲁吉亚作家，在斯大林时代后的格鲁吉亚散文的复兴中发挥了重要作用。他的小说将苏美尔人和希腊神话与现代格鲁吉亚知识分子的困境融为一体。

奥塔·奇拉泽

奥塔·奇拉泽 1933 年 3 月 20 日出生于格鲁吉亚最东部省卡赫季的西格纳吉（Sighnaghi），1956 年从第比利斯国立大学毕业，获得新闻学学位。他的作品主要是诗歌，首次发表于 1950 年代。同时，奇拉泽也从事新闻编辑工作，在第比利斯的主要杂志社工作。他凭借其恢宏大气的小说系列而广受欢迎，例如《一个人沿路走下去》（1973）、《找到我的人》（1976）和《阿芙鲁姆》[1]（1995）等。1997 年后，他一直是文学杂志《纳托比》（*Mnatobi*）的负责人。他还出版了几本诗集和戏剧集。

2009 年 10 月 1 日，奥塔·奇拉泽因长期患病去世，逝世后葬在第比利斯的圣山万神殿，那里埋葬了格鲁吉亚最著名的作家、艺术家、学者和民族英雄。值得一提的是，他的哥哥塔玛兹·奇拉泽也是作家。

奥塔·奇拉泽不仅是格鲁吉亚的代表性作家，曾获得格鲁吉亚最高文学

1　奥塔·奇拉泽的第五本小说《阿芙鲁姆》（*Avelum*）是他第二本被翻译成英文的小说。

奖，还于1998年与其他五位作家一起获得诺贝尔文学奖提名。其作品被翻译成英语、俄语、亚美尼亚语、爱沙尼亚语、塞尔维亚语、法语、丹麦语、德语、保加利亚语、匈牙利语、捷克语、斯洛伐克语和西班牙语。其中，由唐纳德·雷菲尔德翻译的长篇《一个人沿路走下去》和《阿芙鲁姆》分别于2012年和2013年在英国出版。

奥塔·奇拉泽的主要作品有：《火车和乘客》（1959）；《黏土平板》（1963）；《儿童蒙蔽了客人》（1968）；《九首长诗》（1969）；《一个人沿路走下去》（1973，2007）；《心的另一面》（1974）；《找到我的每个人》（1975，2007）；《铁剧院》[1]（1981，2007）；《记住生命》（1984，2010）；《三月的公鸡》（1987，2007）；《阿芙鲁姆》（1995）；《楼梯》（2003）；《快乐殉道者》（2003）；《篮子》（2003，2006）；《采赛特的红色靴子》（2007）；《100首诗》（2009）；《永恒的未来》（2009）；《天空始于地球》（2010）；《诗选》（2010）；《云》（2014）。

他获得的奖项有：1983年，因《铁剧院》获得"绍塔·鲁斯塔韦利国家奖"；1993年，获"格鲁吉亚国家奖"，以表彰其对格鲁吉亚文学的贡献；1997年，获"伊利亚·查夫恰瓦泽国家艺术作品奖"；2003年，小说《篮子》获"萨巴文学奖最佳小说奖"。

1　《铁剧院》是由奥塔·奇拉泽于1981年出版的小说。写活了格鲁吉亚的19世纪末和20世纪初，探讨了新千年边缘的生活与艺术的冲突。小说的情节融合了历史事实、真实情况和作者的想象。作者经常打破时间顺序，以使读者能够从不同的角度想象不同的情况和事件，从而创建他想要代表的世界的完整图景。

塔玛兹·奇拉泽（1931—2018），格鲁吉亚作家、戏剧家、诗人。他是格鲁吉亚作家奥塔·奇拉泽的哥哥。

塔玛兹·奇拉泽

《勃鲁盖尔的月亮》小说封面

塔玛兹·奇拉泽于 1931 年 3 月 5 日出生在格鲁吉亚西格纳吉一个经济学家和作家的家庭。1954 年，毕业于第比利斯国立大学语言学系。同年出版了他的第一本诗集。《黎明》（Tsiskari）杂志印发了他的第一个故事《与小马辉腾同行》。1965 年，他的剧作《水族馆》在鲁斯塔韦利剧院上演。他被公认为格鲁吉亚古典戏剧选集的作者。根据他的自述，他的第一位读者是他母亲，她也是个诗人。

塔玛兹·奇拉泽的作品已被翻译成不同的语言，他凭借电台剧《天堂四重奏》获得了多个奖项，其中包括"绍塔·鲁斯塔韦利国家奖"和"西德广播电台一等奖"。

塔玛兹·奇拉泽创作的小说有：《浮筒车流浪》《冬天结束了》《池塘》

上映作家剧目的鲁斯塔韦利剧院

《夕阳的灯光》《勃鲁盖尔的月亮》。

诗歌有：《日晷》《记忆》《十二月的太阳》《正午》等。

戏剧有：《初次登台的角色》《八楼巢》《阿拉伯的香气草》《我们相遇的日子》《告别狮子》等。

塔玛兹·奇拉泽于 2018 年 9 月 28 日去世。

康斯坦丁·（科特）·克莱泽（1973—），格鲁吉亚著名电影导演。

康斯坦丁·克莱泽

康斯坦丁·克莱泽1973年1月31日出生在第比利斯作曲家乔治·克莱泽家中。1995年，毕业于格鲁吉亚国家电影和戏剧学院。1996年至1998年，任教育系统公共支持计划电视剧组负责人，同期还参加学习了高级电影指导课程。1998年至2000年，担任TBC电视台的导演。2002年至2004年，在第9频道担任相同的职位。2005年以来，一直在格鲁吉亚国家电影中心工作，担任以下职务：2005年至2008年任副主任；2008年至2010年任主任；2010年至2014年任电影委员会部门主管；2014年任区域项目总监。2010年，他发起并与他人合作起草了《格鲁吉亚电影发展战略》。

他的影视作品包括：《地段》；2013年由亚历山大·雷赫维阿什维利执导的全长纪录片《拉玛兹·奇克瓦泽》；2014年他担任制片人的电视系列节目《我的城市》。2002年作为导演和编剧拍摄的仅有2分钟的《赌注》；2011年他担任摄影的仅有8分钟的剧《米尔扎诞辰》。

奥塔·齐克黑泽（1920—），格
鲁吉亚作家、文学家。

奥塔·齐克黑泽

    1920年11月28日，奥塔·齐克黑泽出生在哥里附近的克尔克塞利
（Kelktseuli）村，1938年在第比利斯读完高中，1942年毕业于第比利斯国
立大学的语言文学系－西欧语言和文学系，1949年获得博士学位。

    奥塔·齐克黑泽起初在一个村子教书，从1948年起，在绍塔·鲁斯塔
韦利巴统国立学院任教，1949年在尼古洛兹·巴拉塔什维利哥里国立教育学
院做客座教授。1949年至1971年，担任俄罗斯语言和文学系主任；1971年
至1980年，担任外国语言和文学系主任；1950年至1951年；担任格鲁吉亚
作家联盟执行秘书；同时任文学杂志《纳托比》（*Mnatobi*）和《黎明》（*Tsiskari*）
编辑，此外，1940至1990年代，断断续续担任文学报纸《格鲁吉亚文学》
（*Literaturuli Sakartvelo*）的编辑。

    1940年，奥塔·齐克黑泽在《我们这一代》杂志上发表了他的第一个
故事。从那以后，他的作品陆续出版，包括：故事连载《我的乡村速写》；
小说连载《卡特里编年史》（格鲁吉亚编年史）；《提尼什基迪》（1—3，

1950—1955）；《薄雾》（1955）；《堤防》（1956）；《浅滩》（1958）；
《克韦纳克岭》（*Kvernaki*，1965）；《崛起与体面》（1967）；《幻影》
（1968）；《尘土飞扬的风》（1974）[1]；《察克拉斯卡罗山口》（1980）；
《山脉》（1984）等。

奥塔·齐克黑泽还创作了诸多戏剧作品：《谁是维西》（1964）；《旧
浪漫史》（1966）；《特维多》（1967）；《凯特万》（1970）。此外，他
还创作了传记：《小说与历史》（1965、1976）等。

奥塔·齐克黑泽在写文学评论的同时，近期还创作了众多小说：《艺术
革命》《白熊》《百慕大三角》《羞辱》和《激光秀》描述了格鲁吉亚后共
产主义时期发生的事件。这些作品都是在历史事件发生后立即创作的，实际
上是将真实事件写成艺术作品，并将其传给下一代。

他的作品被译成俄语，也译成苏联时期的各民族语言，其中包括保加利
亚语。因他杰出的文学贡献，2005 年获"萨巴文学奖"，2006 年获"伊利
亚·查夫恰瓦泽奖"。为纪念奥塔·齐克黑泽，第比利斯萨布塔洛区的一条
街道以他的名字命名。

1　乔治·申格拉亚（Giorgi Shengelaia）根据这部小说在 1985 年拍摄了电影《一个年轻作曲
家的旅程》，使后者在 1986 年 2 月的第 36 届柏林国际电影节上获得了"最佳导演银熊奖"。

基塔·彼得·切赫凯利[1]（1895—
1963），格鲁吉亚语言学家、词典编
纂者，长期在德国和瑞士生活。他因
编写《格鲁吉亚语－德语大辞典》闻名，
该词典被广泛认为是"任何西方语言
中最全面的格鲁吉亚词典。"

基塔·彼得·切赫凯利

《格鲁吉亚语德语词典》
（*Richard–Meckelein*）

基塔·彼得·切赫凯利 1895 年 11 月 8 日出
生于格鲁吉亚第二大城市库塔伊西，他是著名
的社会民主党政治家阿卡基·切赫凯利的弟弟。
1913 年至 1917 年，在莫斯科大学学习法律和
世界文学。1917 年俄国革命后，回到格鲁吉亚。
1920 年，获得国家助学金，前往德国继续接受教
育，就读于哈雷大学和汉堡大学。1921 年，格鲁
吉亚共和国成为苏联的一部分，他无法返回祖国，
选择在汉堡大学任教。第二次世界大战结束后，
移居苏黎世，教授格鲁吉亚语和俄语。1961 年，

---

1 西方文学中的岑可利，也译作詹谢利（Tschenkéli）。

获得苏黎世大学的荣誉博士学位。1963 年 10 月 22 日，基塔·彼得·切赫凯利因肺炎在苏黎世去世，如今后世无人知晓他葬于何处。

基塔·彼得·切赫凯利对格鲁吉亚文学的主要贡献包括一本《语法》（1958）、一本《名家文选》（1958）和一本巨著《格鲁吉亚语 – 德语词典》[1]。此外，他与露丝·诺伊科姆一起，编辑了中世纪格鲁吉亚史诗《维斯拉米亚尼》（维斯和拉敏的爱情史，1957）。同时，翻译出版德语版的《虎皮骑士》（1974）。

---

1 该词典在作者去世后于 1965 年至 1974 年期间出版。

戈德兹·乔赫利（1954—2007），格鲁吉亚小说家、编剧、电影导演。

戈德兹·乔赫利

戈德兹·乔赫利 1954 年 10 月 2 日出生在杜舍蒂地区的乔基村。在乡村学校读完八年级后，他在帕萨纳里中学继续学习。1972 年，进入绍塔·鲁斯塔韦利戏剧和电影国立大学电影学系。1974，转系至电影制作系，五年后的 1979 年毕业。毕业后开始在电影制片厂"格鲁吉亚电影"工作，担任电影导演。1980 年，成为电影联盟的成员。1981 年，成为作家联盟的成员。1997 年以来，他的短篇小说在期刊上发表。

他的第一本书于 1980 年出版，荣获"最佳处女作奖"。1981 年，该书以俄语出版。

戈德兹·乔赫利曾创作并发表了一些诗歌和短篇小说集，包括《暮色村庄》《追求者的命运》[1]和《黑色的阿拉格维河》[2]。此外，还有长篇小说《狼》

1　《追求者的命运》为诗集。
2　《黑色的阿拉格维河》是一部用意大利语写成的短篇小说，被翻译成多国语言。

和《牧师的原罪》等。

戈德兹·乔赫利还执导了几部电影：《被雷击的橡树》和《一地之母》。其中，电影《复活节》1982年在奥伯豪森国际短片电影节上获得了大奖。

戈德兹·乔赫利于2007年11月16日去世。其一生创作的主要作品如下：

小说有：《给云杉树的信》（1980年）；《暮色峡谷》（1981）；《人类的悲伤》（1984）；《狼，一本小说》（1988）；《鱼的来信》（1989）；《牧师的罪孽》（1990）；《祖国留下我》（1991）；《草的一生》（1997）。

影视作品有：《阿迪利斯妈妈》（1976）；《巴赫赫维（Bakhurkhevi）的赫夫苏里安（Khevsurian）》（1980）；《人类的悲伤》（1984）；《致云杉的信》（1986）；《复活节小羊》（1988）；《陌生人》（1988）；《白旗》（1989）；《罪孽之子》（1989）；《路加福音》（1998）；《天堂之鸽》（1997）；《锁链骑士》（1999）；《爱之火》（2003）等。

戈德兹·乔赫利曾荣获的奖项包括：1982年，电影《复活节》获（德国）奥伯豪森国际短片电影节大奖；1991年，影片《罪孽之子》获得蒙特卡洛电影节"银若虫奖"和"国际天主教教会奖"；1991年，获日本电影节特别奖；1992年，第比利斯"金鹰"电影节"最佳剧本和最佳电影制作奖"；1997年，电影《乌龟－鸽子的天堂》获得阿纳帕电影节大奖；1998年，电影《路加福音》获阿纳帕电影节"最佳剧本奖"。

丹尼尔·琼卡泽（1830—1860），
格鲁吉亚小说家，主要代表作为中篇
小说《苏拉米要塞》。

丹尼尔·琼卡泽

丹尼尔·琼卡泽 1830 年出生于杜舍蒂附近的一个农民家庭。他的家乡是格鲁吉亚 – 奥塞梯混合社区，因此作家对格鲁吉亚 – 奥塞梯民俗充满浓厚兴趣。

丹尼尔·琼卡泽曾先后在弗拉迪克奥克兹[1]和第比利斯的神学院接受教育，1850 年代在斯塔夫罗波尔[2]和第比利斯教授奥赛梯语。同时任职教堂，只不过后来放弃了其文书职务。其主要研究格鲁吉亚和奥塞梯民俗，编写了一部未完成的俄语 – 奥塞梯语词典，并使用安德烈亚斯·舍格伦[3]教授为奥塞梯

1　弗拉迪克奥克兹（Vladikavkaz）俄罗斯北奥塞梯 – 阿拉尼亚共和国的首府，城市位于共和国东南部高加索山脉的丘陵地带，横跨捷列克河。人口主要是由奥塞梯人、俄罗斯人、亚美尼亚人和格鲁吉亚人组成。

2　斯塔夫罗波尔（Stavropol）是俄罗斯斯塔夫罗波尔边疆区的首府。建于 1777 年。城名是"十字之城"的意思，来自建城时士兵发现的石制十字架。1843 年成为教区。

3　安德斯·约翰·斯约格伦（Andreas Johan Sjögren）是芬兰语言学家、民族志学家、历史学家和探险家。1794 年 5 月 8 日，出生在芬兰伊蒂（Iitti）。1855 年 1 月 18 日，在俄罗斯圣彼得堡去世。他因发现维普森人而闻名。

人发明的字母写下了一系列奥赛梯谚语。因此，有人认为他是"奥赛梯文学之父"。他的中篇小说《苏拉米要塞》获得了长期的成功，并在1859年至1860年期间发表在格鲁吉亚文学杂志《黎明》（*Tsiskari*）

丹尼尔·琼卡泽和他妻子在第比利斯维拉公园的墓

上，他的作品集民谣、历史、政治抗议、浪漫主义戏剧于一体，猛烈攻击农奴制。为防备审查，故事被赋予了充满寓言的中世纪环境——当代的社会政治体系以崩溃的苏拉米堡垒为标志，该堡垒要求将活人埋在墙壁内使其稳固。以小说为原型，1980年代亚美尼亚著名电影制片人谢尔盖·帕拉亚诺夫[1]执导拍摄完成电影《苏拉米要塞传奇》，并屡次获奖。

　　丹尼尔·琼卡泽1860年6月16日死于结核病，享年30岁，他的许多著作被其亲戚毁坏，因为怕成为潜在麻烦。

1　谢尔盖·帕拉亚诺夫（Sergei Parajanov），又译作谢尔盖·帕拉杰诺夫，电影导演，出生于苏联时期的格鲁吉亚首府，父母皆为亚美尼亚族。他的电影风格独具特色，不拍摄自然镜头，而是以一幕一幕的表演形式，让演员以不自然的动作做些稀奇古怪的事情，以此赋予电影强烈艺术性与诗意。他被认为是20世纪最伟大的电影导演之一。

安妮塔·（达迪亚尼）·达德斯
赫利阿尼（1872—1922），格鲁吉亚
诗人、教育家和社会改革者。

安妮塔·达德斯赫利阿尼

女作家夫家的纹章

安妮塔·达德斯赫利阿尼，1872
年出生在格鲁吉亚西北部的萨梅格列
罗 – 上斯瓦涅季州[1]（სამეგრელო-ზემო
სვანეთი）的贾瓦里（Jvari），年少时
就失去了母亲，后被诗人叔叔阿卡基·采
列捷列抚养长大。

1888 年，安妮塔嫁给了格鲁吉亚
西部山区斯瓦涅季州的贵族达德斯赫利
阿尼家族的扬苏格·达德斯赫利阿尼
（Jansug Dadeshkeliani），并育有两个

1　萨梅格列罗 – 上斯瓦涅季州（Samegrelo–Zemo Svaneti）是格鲁吉亚的一个州，位于该
国西部地区。面积 7,441 平方公里，首府祖格迪迪。该州与俄罗斯、南奥塞梯、阿布哈兹接壤。

儿子，后在第一次世界大战中不幸牺牲。

安妮塔的文学创作跟随叔叔的脚步，并写诗发表在期刊和报纸上。

她与丈夫一起努力改善农民的生活，她还是格鲁吉亚扫盲协会的活跃成员。在参加格鲁吉亚扫盲协会期间，她在社会工作中发挥了积极作用，极大促进了萨梅格列罗和斯瓦涅季农民的扫盲工作。在支持由她的小叔子塔塔尔坎·达德斯赫利阿尼（Tatarkan Dadeshkeliani）在埃特塞里（Etseri）建立学校后，她在自己位于伊万尼（Jvani）的住所开设了一所小型小学，大力推广格鲁吉亚语。

1922 年，安妮塔·达迪亚尼·达德斯赫利阿尼去世。根据遗嘱，她将部分遗产遗赠给了格鲁吉亚扫盲协会。

尼诺·达德斯赫利阿尼
（1890—1931），格鲁吉亚女
作家。

尼诺·达德斯赫利阿尼

尼诺·达德斯赫利阿尼，出生于 1890
年 6 月 17 日，是亚历山大·达德斯赫利阿
尼亲王和埃里斯塔维（Eristavi）公主的女儿。
她的父亲是国家森林的检查员，1909 年被
暗杀。

第一次世界大战期间，尼诺·达德斯赫
利阿尼加入俄罗斯陆军，在第 4 骠鞑兵团弹
药团服役。1916 年受伤之前，她在奥地利
战线上开救护车。战后，达德斯赫利阿尼定

达德斯赫利阿尼家族的纹章

居格鲁吉亚，在格鲁吉亚民主共和国制宪议会任职。1921 年 3 月，全家移居
巴黎。

1934 年，以尼诺·达德斯赫利阿尼的战时经历为原型创作的《穿制服的
公主》正式出版，倍受关注。

沙尔瓦·达迪亚尼（1874—1959），格鲁吉亚小说家、剧作家、戏剧演员、制片人、公关人员、政治人物和公众人物。

沙尔瓦·达迪亚尼

沙尔瓦·达迪亚尼 1874 年 5 月 9 日出生于格鲁吉亚西部的泽斯塔波尼（Zestaponi，当时属俄罗斯帝国的库塔伊西省）的作家兼翻译家达迪亚尼贵族家，父亲是尼古拉兹·达迪亚尼亲王（1844—1896），母亲是莱迪亚·祖鲁基泽公主。他有一个姐姐，玛丽亚姆·达迪亚尼公主（1870—1958）。

沙尔瓦·达迪亚尼娶了埃琳娜·安德罗尼卡什维利（Elena Andronikashvili，1879—1956）公主。

1892 年，他的第一本诗集问世，随后于 1890 年代后期发表了一系列短篇小说。1893 年，达迪亚尼开始创作戏剧，并很快成为库塔伊西剧院的拉多·阿列克西·梅什基什维利的紧密合作者。1908 年，他成立了革命宣传的剧场"机动团"（Modzravi Dasi），在格鲁吉亚的各个城市以及巴库和新罗西斯克[1]

1　新罗西斯克是俄罗斯南部的一座城市，位于克拉斯诺达尔边疆区，是该国在黑海的主要港口。新罗西斯克是苏联仅有的几个英雄城市之一。

进行了巡回演出，并由俄罗斯当局授权上演了马克西姆·高尔基的作品。

达迪亚尼的剧作在 1905 年至 1907 年的革命动荡中受高尔基作品的影响，同时，他在瓦西尔·巴诺维的爱国主义传统影响下从事历史散文创作，并撰写了令人难忘的《乔治·罗斯》（გიორგი რუსი, 1916—1926）和《献给尤里·博格柳比夫斯基》（*Yuri Bogolyubsky*）。1921 年后，达迪亚尼的作品要么对新政权默示敌对，要么保持非政治性。然而，达迪亚尼从未让自己的作品因思想敌对而引来危险，他在后来的小说和戏剧中还赞美了斯大林。

1923 年，达迪亚尼成为格鲁吉亚苏共人民艺术家，并得过许多苏联奖项，包括"列宁勋章"。1945 年，加入共产党，并当选苏联最高苏维埃。1950 年至 1959 年，任格鲁吉亚演员协会和格鲁吉亚戏剧学会主席。1959 年 3 月 15 日，沙尔瓦·达迪亚尼逝世于第比利斯。为了纪念他，第比利斯自由广场附近的一条大街以他的名字命名。

他作为编剧的电影有：《流放者》（1922，兼演员）和《飓风来临之前》（1924）。

大卫·德菲（1968—），也被称为大卫·德菲·戈吉贝达什维利，格鲁吉亚诗人、小说家、散文家、表演艺术家、多媒体艺术家、画家。

大卫·德菲

1968 年 6 月 21 日，大卫·德菲出生于第比利斯。1992 年，在第比利斯国立美术学院的建筑学院获得了本科学位。毕业后，开始从事印刷、广播和电视工作，他为格鲁吉亚电视台第二频道（Meore Archi）制作了节目" მზ-RA（Mze—Ra）"。从 1995 年到 2000 年，他在电影院工作，与国际著名电影导演奥蒂亚·约瑟利亚尼（Otar Ioseliani）和娜娜·裘杨兹等人有多次合作。

2008 年，德菲加入了对抗俄罗斯的志愿者队伍，并以口号"阻止俄罗斯"建立了民间团结总部。

2010 年至 2011 年间，他成为纽约根特作家协会莱迪格之家（Ledig House）的驻场艺术家。2011 年，他的短篇小说《末日之前》入选达尔基档案出版社的"最佳欧洲小说"系列；同年，文学作品集《当代格鲁吉亚小说选集》出版，该书由伊丽莎白·海威（Elizabeth Heighway）担任编辑和翻译。同年，德菲受邀参加纽约市的笔友会（PEN）世界之声节，与劳瑞·安德森（Laurie Anderson）、尤塞夫·科穆尼亚卡（Yusef Komunyakaa）和萨尔曼·拉什迪（Salman Rushdie）在纽约市第 92 街的山下（Unterberg）诗歌中心举办了一场名为"第二种皮肤"的现场诗歌分享活动。德菲的许多作品收进诗歌和散文集，已在美国、墨西哥、德国、巴西、格鲁吉亚出版。

2014 年，德菲的第一本英文作品小说《世界的奥秘》出版。2019 年春季由位于马萨诸塞州剑桥市的美国和国际图书出版公司（MadHat Press）发行，并由来自伦敦的作家翻译家阿德汗·斯马特（Adham Smart）译成格鲁吉亚语。

2015 年至 2017 年，他担任格鲁吉亚大学诗歌与散文创意顾问。2017 年，他被朱利叶斯·梅尼埃[1]选为诗歌大使，在格鲁吉亚和平大教堂和格鲁吉亚福音派浸信会的现场表演《诗人之王——复活节诗歌》，此后，他的诗歌正式被纳入神曲礼仪。目前，大卫·德菲在与格鲁吉亚摇滚乐队（The Sanda）合作中致力于英语/格鲁吉亚双语多媒体项目。

大卫·德菲写过 10 本小说和 12 本诗集。他的短篇小说《终结之前》入选由亚力山大·黑蒙（Aleksandar Hemon）主编、由美国女作家妮可·克劳斯作序的《2012 年最佳欧洲小说选》，并由达尔基档案出版社[2]在美国出版。

大卫·德菲的主要作品包括：散文集《死亡时间》（1994）；故事集《怪诞故事》（1995）；故事和随笔《故事和构想》（1996）；小说《十二月护符》《期待黎明奇迹》《让我的双胞胎找到我》，诗歌《翡翠和蓝宝石》《对话》（2003）；《破坏三部曲》，诗集《那里，天堂》（2004）；诗歌《珠宝》（2007）；小说《德姆娜·格德瓦尼施维利》（*Demna Gedevanischvili*, 2008）；诗歌《闪闪发光》（2009）；诗歌《达伊沙》（*Da Iq Tsa*）、《DNA 交响曲》，小说《花园与祭恶魔坛》（2010）；诗歌《塞维达》（*Sevdya*, 2011）；小说《终

1　朱利叶斯·梅尼埃（Julius Meinl International，也简称为 Julius Meinl），是咖啡、美食和其他杂货产品制造商和零售商。该公司位于奥地利维也纳，以其创始人朱利叶斯·梅尼埃一世（Julius Meinl I）和朱利叶斯·梅尼埃二世（Julius Meinl II）的名字命名。

2　达尔基档案出版社（Dalkey Archive Press）是小说、诗歌和文学评论的出版机构，专门出版、重印鲜为人知的、通常是先锋派的作品。该公司位于伊利诺伊州香槟市，都柏林和伦敦均设有办事处。该出版机构以爱尔兰作家弗兰恩·奥布莱恩（Flann O'Brien）的小说《达尔基档案》命名。

结之前》[1]，小说《德姆娜》（Demna），诗歌《我们都会活着从这里出去》（2012）；小说《世界所有奥秘》（2014）；《终结与开始》，诗歌《上帝在你们中间 》，诗集《复活节诗歌》《绝对纽约》（2015）；诗歌《诗人国王》，小说《加冕》（2016）；诗集《同一个寓言》（2018）等。

　　大卫·德菲是格鲁吉亚屡获殊荣的诗人和小说家，是美国文学网站"Spillwords"最佳网站诗歌奖得主，也是"阿德莱德文学奖"的最佳诗歌类别的决赛入围者。他被鲍威利诗社[2]提名为文学艺术家，并被"Statorec"网站评为无与伦比的诗人。他的作品已在美国、英国以及世界各地的许多文学杂志、期刊和出版社出版和发行。大卫·德菲现在定居纽约。

1　《终结之前》曾入选当代格鲁吉亚小说和最佳欧洲小说。
2　鲍威利诗社（Bowery Poetry），诗歌俱乐部。该诗社是由鲍勃·霍尔曼（Bob Holman）于2002年创建的纽约市诗歌表演空间，是诗人和有抱负的艺术家的热门聚会场所。

德米特里一世（约 1093—1156），
巴格拉季昂王朝[1]国王，1125 年至 1156
年间格鲁吉亚在其治下，被认为是格鲁
吉亚的"王中之王"，因其诗作闻名后世。

德米特里一世

　　德米特里一世是德米特里国王大卫和他的首任妻子鲁苏丹（Rusudan）的长子。他在库塔伊西长大。作为指挥官，参加了父亲与塞尔柱[2]人的战斗，特别是在迪高里（1121）和希尔万（1123）。1117 年，被父亲大卫以格鲁吉亚军队负责人身份派往舍尔文（Shirvan），在那里德米特里削弱了卡拉德佐尔（Kaladzor）要塞的军事力量，并赶跑了"波斯部队的总指挥官"苏克曼的士兵——据一位格鲁吉亚编年史家记载。这个苏克曼可能是亚美尼亚王朝沙阿曼王子，后掌权成为统治者苏克曼二世，阿塞拜疆希尔万王阿夫里登

1　巴格拉季昂王朝中世纪至 19 世纪初统治格鲁吉亚，是当时世界上历史最悠久的基督教统治王朝。一些学者认为它与亚美尼亚的巴格拉提德王朝有相同起源。
2　塞尔柱王朝（Seljuq dynasty）是中世纪时期由乌古斯突厥人建立起的逊尼派穆斯林王朝，后期王朝成员逐渐波斯化，为中世纪时期西亚及中亚地区突厥－波斯文化的发展打下了基础。塞尔柱王朝曾建立大塞尔柱帝国以及罗姆苏丹国，统治区域东起波斯、西达安纳托利亚高原，王朝的扩张使安纳托利亚、高加索等地突厥化，也间接地引发了第一次十字军东征。

一世可能曾向他求助过。1125年1月24日父亲去世后，德米特里继任王位。

他登上王位后，邻近的穆斯林统治者开始从各方面进攻格鲁吉亚。塞尔柱苏丹为恢复希尔万王的统治而战。当时，希尔万穆斯林人口数量上升。大约是在1129年或1130年，德米特里将希尔万王的政权恢复为希尔万政权，将其女儿鲁苏丹的丈夫玛努奇二世（Manuchihr II）送上王位宝座。

德米特里一世的加冕，马茨赫瓦里希教堂[1]的壁画，1140

此后，希尔万王必须在格鲁吉亚国王要求时向其提供军事力量。1130年，格鲁吉亚遭到阿赫拉苏丹（Shah-Armen Sökmen II）的进攻（约1128—1183年）。这场战争是阿尼传到格鲁吉亚人手中引发的。德米特里一世不得不妥协，放弃阿尼给法德尔·本·马哈茂德，条件是成为基督教教会的附庸并承诺永不侵犯格鲁吉亚。1139年，德米特里突袭了阿兰（Arran）的甘贾市。他将战败之城的铁门带到了格鲁吉亚，捐给了库塔伊西的盖拉蒂修道院。尽管取得了这一辉煌的胜利，德米特里只能拥有甘贾几年。1143年，夏姆苏丁·伊尔德古兹苏丹数次袭击后，拿回了甘贾。根据姆希塔尔·戈什（Mkhitar Gosh）的说法，德米特里最终获得了甘贾的所有权，却在女儿嫁给苏丹时，把甘贾作为嫁妆，苏丹任命了自己的酋长来统治它。

1130年，德米特里发现一些贵族的密谋可能涉及他同父异母的兄弟瓦

1　救世主的马茨赫瓦里希（Matskhvarishi）教堂，也称为马茨赫瓦（Matskhvar）教堂，是中世纪的格鲁吉亚东正教教堂，位于格鲁吉亚西北高地省的上斯瓦涅季（Samegrelo-Zemo Svaneti），现隶属于梅斯提亚市（Mestia Municipality）。

赫坦。国王于 1138 年（或 1145 年）逮捕了密谋者，处决了为首之一的约安·阿布勒蒂斯泽（Ioanne Abuletisdze）。 法德勒（Fadl）的继任者，阿尼（Shadadid）酋长国的阿卜杜勒·埃米尔（Fakr al-Din Shaddad）想要娶萨尔图克（Saltuk）的女儿，却遭到拒绝，这使沙达德对萨尔图克仇恨加深。1154 年，他策划了一个阴谋，与德米特里一世结成了秘密同盟。当一支格鲁吉亚军队在伏击时，他向伊泽勒姆的统治者萨尔图基兹投诚，并要求后者接纳他的臣服。1153 年至 1154 年，埃米尔·萨尔图克二世（Emir Saltuk II）在阿尼游行期间沙达德（Shaddad）将此事告知了他的宗主格鲁吉亚国王。德米特里前往阿尼，击败并俘虏了埃米尔·萨尔图克。应邻国穆斯林统治者的要求释放了他，条件是萨尔图克的儿子支付 10 万第纳尔的赎金，此外，萨尔图克发誓返回家园后不与格鲁吉亚人作战。1154 年，德米特里的大儿子大卫五世迫使其退位成为僧侣，还获得了修行名——达米安（Damianus）。可惜六个月后，大卫去世，德米特里国王复辟。而大卫留下儿子德姆纳（Demna）被贵族反对派视为合法王位继承人。尽管德米特里的成就不及其父建设者大卫，但他统治下的格鲁吉亚仍具有强大的封建势力，军事和政治体系井井有条，文化和经济生活发达。

1156 年，德米特里一世去世，葬于盖拉蒂[1]修道院。东正教教会认为他是圣徒，并确定每年 5 月 23 日东正教礼拜日为其纪念日。

德米特里一世留下为数不多的诗作，主要是宗教主题的。其中，最著名的是称颂圣母玛利亚的赞歌《你是葡萄园[2]》"。

---

1 盖拉蒂（Gelati, გელათის მონასტერი），是格鲁吉亚西部伊梅列季地区库塔伊西附近的中世纪修道院建筑群。建于格鲁吉亚黄金时代，由格鲁吉亚国王大卫四世于 1106 年建立，并被联合国教科文组织列入世界遗产。
2 格鲁吉亚语：შენ ხარ ვენახი，英语：*Thou Art vineyard*。

古拉姆·多卡纳什维利（1939—2021），格鲁吉亚文学家、历史学家。1970年代以来，他的短篇小说广受欢迎。

古拉姆·多卡纳什维利

古拉姆·多卡纳什维利1939年3月26日出生在第比利斯。1962年，毕业于第比利斯国立大学，曾在历史、考古学和人种学研究所工作。1962年至1975年，曾多次参加考古学研究。1975年至1985年，主管文学杂志《纳托比》（Mnatobi）的散文部。1985年，担任格鲁吉亚（Gruziya）电影制片厂的总导演。1961年首次以作家身份亮相，因拒绝接受苏联社会主义、现实主义的文学教条和持不同政见而立即受到关注。此后，发表了数十个故事和中篇小说，以其童话般的轻巧和创新赢得了全国赞誉。他最受欢迎的作品是1975年的小说《第一套服装》（სამოსელი პირველი），本作品内容基于《圣经》，并以1895年至1898年巴西最残酷的内战——卡努多斯战争为背景。

他的代表作品有：短篇小说或小说集《跨山》（1966）；《台阶》（1969）；《格拉德·希尔》（1971）；《事务》（1974）；《短篇小说》（1976）；《站台》（1988）；《两篇短篇小说》（1984）；《四篇短篇小说》（1991）；《直到时间合适》（1991）、《就一个人》《兄弟的》《他在寻找：某种短篇小说》

《第一套服装》作品封面

（似侦探故事）、《五篇短篇小说》《滑铁卢或重建工程》《难》（2002）、《故事集》四卷本（2003）；《克泽拉德兹人》（四个短篇小说）（2005）等。

长篇小说有：《第一套服装 1》（1975）；《第一套服装 2》（1978）；《第一套服装 3》（1980）；《第一套服装 4》（1990）。小学生童话有：《最佳祖父》（1976）；《曾经有教堂的博尔德》（2002年）；《西奥马拉、吉维亚和好莱坞星球》（2005）；《热爱文学的人》（2001）；《无言之歌》（1983）；《我回忆越来越多》（2010）等。剧本有：《赫鲁米（Khorumi）是格鲁吉亚舞蹈》（2003）。

2010 年，因古拉姆·多卡纳什维利对格鲁吉亚文学发展的贡献获得"萨巴文学奖"；2013 年，因建立道德价值观获得格鲁吉亚教宗（颁发）的"圣乔治勋章"。

古拉姆·多卡纳什维利去世于 2021 年 4 月 3 日，享年 82 岁。

所罗门·杜达什维利（1805—1836），也叫所罗门·伊万诺维奇·多达耶夫－莫加尔斯基（Solomon Ivanovich Dodaev-Mogarsky），是格鲁吉亚的哲学家、新闻工作者、历史学家、语法学家、美文作家和启蒙者。

所罗门·杜达什维利

所罗门·杜达什维利的纪念碑

1805 年，所罗门·杜达什维利出生于格鲁吉亚卡赫季的马加罗（Magharo）。1827 年，从圣彼得堡大学毕业。1828年，获得哲学硕士学位。在俄罗斯首都生活期间，他接近"十二月党人"思想并目睹了 1825 年的兵变。1828 年，返回第比利斯担任教师，为小学生们编写历史、语法和哲学课本。他的理想主义教育教学影响了格鲁吉亚许多知识分子和诗人，包括尼古洛兹·巴拉塔什维利，他们将现代民族主义与欧洲浪漫主义结合。

1828 年至 1832 年，他编辑了第一本格鲁吉亚语文学杂志《第比利斯笔记》（ტფილისის უწყებანი），以此作为《第比利斯公报》的增刊。

1832 年，因参与反俄国霸权的阴谋失败，而使他的职业生涯惨遭终止。当同谋者大多转而附和恢复格鲁吉亚君主制时，他却提议建立共和国作为一种新的政府形式。此后，他被警察逮捕，被驱逐回俄罗斯，并被囚禁至维亚捷 [1]，1836 年因肺结核逝于狱中。1994 年，重葬于第比利斯圣山万神殿。

所罗门·杜达什维利的主要作品包括：专著《逻辑》（1828，俄语；1949，格鲁吉亚语）、《近看格鲁吉亚文学》（1832，俄语）和《逻辑方法论》（1829，俄语）。

1　维亚捷（Vyatka），是俄罗斯基洛夫州的首府，原名维亚捷／维亚特卡，得名于流经该市的维亚特卡河。始建于 1374 年，1934 年改名基洛夫（Kirov Oblast）以纪念布尔什维克领袖之一的谢尔盖·基洛夫。

诺达·邓巴泽(1928—1984),
格鲁吉亚著名作家。

诺达·邓巴泽

1928 年 7 月 14 日,诺达·邓巴泽出生于第比利斯。1950 年,毕业于第
比利斯国立大学经济学院。他的第一首诗和幽默故事出现在同年的格鲁吉亚
报刊。1967 年至 1972 年,编辑了讽刺杂志《鳄鱼》(*Niangi*)。1972 年,
成为格鲁吉亚作家联盟的秘书、苏联作家联盟主席团的一员。他的文学声望
主要来自作品《奶奶、伊里科、
伊拉里奥尼和我》(მე, ბებია,
ილიკო და ილარიონი,
1960)、《我能看见太阳》
(მე ვხედავ მზეს, 1962)、
《阳光之夜》(მზიანი ღამე,
1967)、《妈妈别怕》(ნუ
გეშინია, დედა! 1971)、《白
旗》(თეთრი ბაირაღები,

2018 年发行的格鲁吉亚邮票上的邓巴泽

1973）和《永恒之律》（მარადისობის კანონი, 1978）。他的作品以行文简洁、抒发真情、充满幽默且忧郁中带有乐观而著称。1975 年，诺达·邓巴泽被授予"绍塔·鲁斯塔韦利国家奖"。1980 年，被授予"列宁奖"。他的很多作品都已拍成电视剧或电影。1984 年 9 月 14 日，诺达·邓巴泽于第比利斯去世，逝世后葬在第比利斯姆齐里（Mziuri）公园，该公园于 1982 年为首都的孩子们建立。2009 年 9 月，他的遗骨迁移到圣山圣父大卫教堂万神殿。

诺达·邓巴泽的第一部作品出版于 1956 年至 1957 年期间，由三个幽默的故事组成。1957 年，他辞去了实验室工作，全心投入文学生涯。曾在各种杂志期刊的录音部门和格鲁吉亚电影公司的编剧部门工作。后来又发表不少幽默故事，例如 1959 年的"乡村男孩"系列，他的半自传体小说《奶奶、伊里科、伊拉里奥尼和我》于 1960 年发行，取得巨大成功。故事讲述了在第二次世界大战期间的格鲁吉亚村庄，所有身体强壮的男人都去打仗，只剩下女人和上了年纪的男人。有一个叫祖里凯拉的小孤儿，他的祖母，以及两个刀子嘴豆腐心、聪明慷慨的老邻居共同照看着这个男孩，并陪伴他成长的故事。

邓巴泽的下一部小说《我能看见太阳》（1962）也是自传。故事发生在战争期间，描述了村庄的艰难处境以及人们对在前线战斗的亲人的担心。主人公索索亚（Sosoia）深爱着盲人卡蒂亚（Khatia），他们经历了重重困难。故事结尾，卡蒂亚的瞎眼治愈，少年和爱人幸福地生活在了一起。

邓巴泽 1967 年出版的小说《阳光之夜》讲述了主人公努力寻找方法与他的母亲建立联系，并最终与流放十二年的母亲再次团圆的故事。其戏剧冲突是，英雄必须决定是否要挽救造成其家庭破产的恶棍的性命。《妈妈别怕》（1971）描绘了苏联边防军的生活。男人间的友谊、失去战友的悲伤以及单相思的痛苦都以邓巴泽的典型抒情方式表达出来。值得一提的是，在准备该小说时，邓巴泽被特许在边境巡逻队服役。

邓巴泽 1973 年的小说《白旗》（*The White Flags*）讲述了一个男子并未杀人却被判谋杀罪的故事。书中许多角色都是罪犯，作者着重描写他们在与社会和自己的关系中挣扎的心理状态。邓巴泽的最后一部小说是 1978 年创作的《永恒之律》。这部作品主要讲述一名身患重病的住院病人面对善与恶并与其斗争的故事。此外，短篇小说《海拉多斯》（*Hellados*）讲述了一个希腊男孩想要前往历史悠久的故国家园，但在梦想即将实现的最后时刻，他缺乏勇气难以与苏呼米还有那里的朋友告别。为了回到苏呼米，他跳下了汽船，最终葬身大海。

作品《库卡拉查》电影海报

邓巴泽的最后短篇小说《库卡拉查》（*Kukaracha*）中讲述了一名警察怜悯罪犯，结果后者开枪杀死了警察的故事。《血结》则讲述了一个男孩的故事，他像邓巴泽一样，出生于 1928 年，在 1937 年失去双亲，并和作者一样，被送去村子里和亲戚生活。

邓巴泽 1964 年加入共产党，并在职业生涯中获得了无数奖项，包括格鲁吉亚最高艺术奖"绍塔·鲁斯塔韦利奖"（Shota Rustaveli Prize，1975），"列宁·科莫索尔奖"（Lenin Komsomol Prize，1966）和"列宁奖"（Lenin Prize，1980）。他曾担任格鲁吉亚最高苏维埃（1971—1978）和苏联最高苏维埃（1979—1984）的代表。1974 年，他被任命为格鲁吉亚作家联盟书记，直到去世一直担任该联盟的主席。

娜娜·埃克蒂姆什维利（1978—），

格鲁吉亚作家、导演。

娜娜·埃克蒂姆什维利

娜娜·埃克蒂姆什维利 1978 年 7 月 9 日生于第比利斯。她曾先后在第比利斯国立大学学习了哲学，在德国波茨坦－巴伯斯贝格电影电视学院（HFF）主攻编剧和戏剧。她的故事曾在 1999 年格鲁吉亚文学杂志（*Arili*[1]）上发表过。

除了写散文和剧本，她在 2011 年执导了短片《等待妈妈》。2012 年，她与西蒙·格罗斯合作完成了首部长片《豆蔻年华》[2]（*In Bloom*）。此片在 2013 年第 63 届柏林国际电影节上首映，并获得了国际艺术电影联合会奖。此片还在其他国际电影节上赢得了无数奖项，包括在香港、东京、巴黎、洛杉矶和萨拉热窝国际电影节在内，并且成为 2014 年奥斯卡最佳外语电影奖

1　含义为"有蜜蜂的地方"。
2　《豆蔻年华》是 2013 年由娜娜·艾克提米什维利（Nana Ekvtimishvile）和西门·格罗斯（Simon Groβ）执导的格鲁吉亚戏剧电影，又译为《格罗兹利·纳特利·德吉比》（*Grdzeli Nateli Dgeebi*，გრძელი ნათელი დღეები）。这是一部讲述 1992 年格鲁吉亚脱离苏联独立后的两名少女之间的友谊与成长的小说。

的入围作品。2013 年，她和西蒙·格罗斯共同被第 48 届卡罗维发利电影节[1]评选为"十个最有前途的欧洲导演"之一。同年的柏林国际电影节上，《豆蔻年华》被称为"新格鲁吉亚风潮诞生的标志"。在香港，这部电影被称为"格鲁吉亚电影之春"。国际影评人协会[2]将该电影称为"格鲁吉亚电影重生的标志"。2015 年，她的第一本小说《梨园》由巴库·苏拉卡乌里出版社出版。

小说《梨园》2016 年获"萨巴文学奖"；2014 年至 2015 年获"伊利亚大学文学奖"和"最佳格鲁吉亚小说奖"。2018 年，《梨园》德译本由德国出版社（Suhrkamp Publishing）出版，名称为 *Das Birnenfeld*。

此外，娜娜的电影作品有：《我的幸福家庭》（2017）；《失去内地》（2008）；《海市蜃楼》[3]（*Fata Morgana*，2007）。

电影获奖有：第 63 届柏林国际电影节"C.I.C.A.E. 国际艺术电影院联合会奖"；第 37 届香港国际电影节"青年电影竞赛奖"；第 37 届国际电影节"国际影评人协会奖"；第 13 届中央和东方电影节"斯柯达电影奖"（德国威斯巴登）；第 21 届斯洛伐克艺术电影节"蓝天使最佳导演奖"；巴黎电影国际电影节"《红秀》（*Grazia*）杂志奖"；欧洲银幕上的"第 4 种声音大奖赛"，此奖项由伏洛加独立电影院评审团主席贝拉·塔尔（BélaTarr）颁发；第七届德国五湖电影节"青年电影奖"；第十九届萨拉热窝电影节最佳影片"萨拉热窝之心"；米兰电影节"观众奖"；米兰电影节"学生奖"；摩洛哥地中海电影节"最佳电影脚本奖"；加拿大蒙特利尔第 42 届电影节"特别评委会奖"；伊拉克杜霍克国际电影节"最佳影片"；欧洲大奖赛"评审团特别推荐奖"；白俄罗斯明斯克国际电影节"最佳电影奖"；美国洛杉矶

1　卡罗维发利国际电影节（Karlovy Vary Film Festival），国际电影制片人协会认可的国际电影节之一，每年在捷克的卡罗维发利举行一次。该电影节现已成为整个中欧以及东欧最具影响力的电影盛事。

2　国际影评人协会（International Federation of Film Critics，简称 FIPRESCI），亦称为费比西国际影评联盟，该协会于 1930 年 6 月在比利时布鲁塞尔学院宫成立。目前成员遍及 50 多个国家，秘书处设在德国慕尼黑。

3　也译作《法塔·摩根娜》。

美国电影学会电影节（AFI FEST）"新叙事者个人故事特别奖"；波兰波兹南国际青年观众电影节"最佳青年全长电影山羊奖"；马其顿斯科普里电影节"最佳电影金星奖"；土耳其马拉蒂亚第四届电影节"最佳电影水晶杏"奖；第十六届第比利斯国际电影节"最佳格鲁吉亚电影"奖；以色列雷霍沃特国际妇女电影节"长篇电影导演二等奖"；埃及卢克索和欧洲电影节"杰德铜奖"等。

其中，《等待妈妈》（2011—2012）获得意大利特里雅斯特电影节[1]"最佳短片"和第比利斯国际电影节"特别提名奖"。

---

1 特里雅斯特电影节，始于 1989 年，每年一月的第三个星期在的里雅斯特举行，此国际电影节现已成为意大利中欧和东欧电影的主要节日。

安德鲁·埃努奇泽（1965—），格鲁吉亚剧院导演、剧作家。曾在绍塔·鲁斯塔韦利戏剧和电影学院学习，师从铁穆尔·齐克黑泽（Temur Chkheidze）。

安德鲁·埃努奇泽

1965年1月9日，安德鲁·埃努奇泽出生于第比利斯。1987年毕业后开始了自己的艺术生涯，曾在科特·马尔贾尼什维利剧院演出，也与其他剧院合作，导演了大约40场演出。2014年以来，担任巴统伊利亚·查夫恰瓦泽国立剧院的艺术总监，他还和罗伯特·斯图鲁阿（Robert Sturua）一起在安卡拉的毕尔肯大学创立了土耳其历史上第一个导演系。作为导演，他也曾在波兰和罗马尼亚的剧院工作。

安德鲁·埃努奇泽也写剧本，有时会与剧作家米苏·莫苏里什维利一起创作剧本，这些剧本在格鲁吉亚的剧院里上演，也在文学杂志上出版。

安德鲁·埃努奇泽搬上舞台的主要剧目有：2007年上演的大卫·克迪亚什维利（David Kldiashvili）的《伊琳娜的幸福》，2009年与罗伯特·斯图鲁阿一起导演的《斯特林堡》，这两部剧都在鲁斯塔韦利剧院上演。此外，还有莎士比亚的《麦克白》，该剧2014年在巴统的伊利亚·查夫恰瓦泽国家剧院上演。

另外包括：1998 年在格鲁吉亚电视第一频道播出的改编自阿根廷作家豪尔赫·路易斯·博尔赫斯[1]的同名剧《小人》；1999 年和米苏·莫苏里什维利共同搬上舞台的日本作家三岛由纪夫[2]的同名小说《我的朋友希特勒》；2000 年与另外几位剧作家米苏·莫苏里什维利、科巴·茨卡卡亚（Coba Tskhakaya）、索索·姆切利什维利（Soso Mchedlishvili）和亚历山大·科克拉什维利(Alexander Kokrashvili)一起创作的 45 集电视连续剧《小星星之夜》。

安德鲁·埃努奇泽所获奖项有：1989 年和米苏的戏剧《明天首演》获格鲁吉亚文化部颁奖；1991 年和米苏的剧作《第十三次实验》获格鲁吉亚文化部颁奖；1988 年和 2000 年，分别在 "格鲁吉亚戏剧节" "金面具" 国际艺术节上获得 "最佳执导奖"；2005 年，根据菲多尔·米哈伊洛维奇·陀思妥耶夫斯基《死屋笔记》改编的表演 "*Dostoevsky.ru*" 在旧鲁萨[3]的陀思妥耶夫斯基音乐节上获得大奖。

1　豪尔赫·路易斯·博尔赫斯，阿根廷作家、诗人、翻译家。其作品涵盖包括短篇小说、短文、随笔小品、诗、文学评论、翻译文学在内的多个文学范畴，以隽永的文字和深刻的哲理见长。博尔赫斯出生于布宜诺斯艾利斯，父亲是心理学教师。博尔赫斯自幼沉浸在西班牙文和英文的环境中，爱好文学、哲学和伦理学。

2　三岛由纪夫（Yukio Mishima）本名平冈公威，日本小说家、剧作家、记者、电影制作人、电影演员与日本民族主义者。三岛由纪夫是日本战后文学的大师之一，在日本文坛拥有高度声誉。

3　旧鲁萨，俄罗斯诺夫哥罗德州的一个城市，位于该州的西部，伊尔门湖以南，是该州第三大城市。1076 年首见于文献。1478 年被莫斯科大公国并吞。在伊凡四世年间，曾经是继莫斯科、普斯科夫、诺夫哥罗德的俄罗斯第四大城。

乔治·埃里斯塔维（1813—1864），
格鲁吉亚剧作家、诗人、记者，也是
格鲁吉亚现代戏剧创始人之一。

乔治·埃里斯塔维

乔治·埃里斯塔维 1813 年出生于杜舍蒂附近奥泽西（Odzisi）村一个著名贵族家庭，该家族曾为格鲁吉亚国王担任过萨尼（Ksani）的"公爵"。乔治·埃里斯塔维曾在第比利斯和莫斯科接受教育，毕业后回到格鲁吉亚加入地下组织，策划了反对俄国帝国统治的政变。

1832 年，他的第一首诗《奥塞梯的传说》（ოსური მოთხრობა）出版。1853 年，《扎尔和卡尼玛特》（ზარე და ყანიმათ）修订并重新发行。故事以 17 世纪格鲁吉亚和奥塞梯山里的人共同对抗伊朗萨菲王朝的阿巴斯一世[1]的波斯军队为背景，讲述了一对恋人的爱情悲剧。

1832 年反俄国密谋失败后，埃里斯塔维被监禁一年，后又被流放威尔诺（今立陶宛维尔纽斯）做步兵四年，在那里他掌握了波兰语，并受到亚当·米

1　阿巴斯一世，伊朗萨非王朝的王。在他统治时期，萨非王朝国力达到了巅峰，后世称其为大帝。阿斯巴一世特别重视巩固中央集权和发展经济力量，为此长期同有分裂倾向的土库曼游牧部落进行斗争，而这些部落曾是萨非王朝得以建立的武力支柱。

基维奇（Adam Mickiewicz）浪漫主义的影响。1842 年终获自由，返回格鲁吉亚后结婚，并加入了俄罗斯公务员行列，不久成为高加索米哈伊尔·沃龙佐夫总督的助手。在总督赞助下，他掌管了自 1795 年以来处于休眠状态的提夫利斯（第比利斯旧称）格鲁吉亚剧院。

1851 年 1 月 1 日剧院恢复运营，并在该市中央广场（今自由广场）的新剧院大楼中进行首映表演。乔治·埃里斯塔维几乎单枪匹马地组织和指挥了一个剧团，并写了第一部具有实际意义的喜剧片（无论是原版还是翻译版），并且他本人兼做主演。他还创作并编辑了文学期刊《黎明》（*Tsiskari*）的 24 期，并以化名格鲁哈里奇（Glukharich）[1] 撰写了第一篇文学评论。尽管埃里斯塔维忠于俄国政府，但在他最佳剧本中体现了对帝国政府及格鲁吉亚贵族制的侵蚀体系愤慨和讽刺，例如《诉讼》（ღაჯა，1840）和《家庭和解》（გაყრა，1849）。埃里斯塔维借助文学创作大胆地攻击一个堕落的格鲁吉亚贵族，此人失去所有理想，徒有妒忌和愤怒，剥削农户。此外，他还创作了如：腐败的俄罗斯官僚、亚美尼亚放债人以及新一代受俄国教育理想主义者和自由主义者等形象。这些戏剧获得了大众的支持。1854 年，沃龙佐夫离开格鲁吉亚，埃里斯塔维被迫辞职。此后，他退居到哥里附近的基迪萨维（Khidistavi）村。他的门生和继任者伊凡·克里塞里兹（Ivane Kereselidze）只将公司维持了两年，1856 年，剧院解散。除了喜剧、歌词和新闻，埃里斯塔维还记录了他 1862 年前往伦敦检查机械的旅程。1864 年 9 月 9 日，乔治·埃里斯塔维在哥里去世，被葬在伊科塔[2]教堂。

1　俄语意思为"聋人的儿子"。也可作卡佩卡利（capercaillie）。
2　大天使的伊科塔（Ikorta）教堂，俗称伊科塔，是一座12世纪的格鲁吉亚东正教教堂，位于格鲁吉亚东部什达卡特利（Shida Kartli）地区的伊科特（Ikorta）村郊。教堂最初是伊科塔城堡的一部分，仅保留了城堡和教堂。

拉斐尔·埃里斯塔维（1824—
1901），格鲁吉亚的诗人兼剧作家。

拉斐尔·埃里斯塔维

1824 年，拉斐尔·埃里斯塔维出生在卡赫季（Kakheti）。1845 年，就读于第比利斯的一家贵族子女学校。1846 年，担任公务员职位。1901 年与世长辞。

拉斐尔擅长用格鲁吉亚语写作，通过诗歌、短篇小说、戏剧和民族志散文描述了格鲁吉亚人民的生活和举止，其作品倍受欢迎。1895 年，格鲁吉亚人举国上下为他庆祝，并且他受到约瑟夫·斯大林的敬佩，埃里斯塔维将自己的诗《早晨》献给了后者。

拉斐尔·埃里斯塔维的姐姐芭芭拉·乔贾泽（Barbare Jorjadze）被认为是格鲁吉亚的第一位女权主义者，也是受欢迎的烹饪书《格鲁吉亚美食和居家整理》的作者。

多米尼卡·埃里斯塔维（1864—
1929），笔名"甘德吉莉"（განდეგილი）
是格鲁吉亚著名的作家、翻译家。

多米尼卡·埃里斯塔维

1864年10月28日，多米尼卡·埃里斯塔维出生在伊梅列季瓦尼（Vani）区。
她的第一首诗为《巴拉塔什维利的遗体要被埋葬》（ბარათაშვილის
ნეშთის გადმოსვენების გამო），1893年在《伊维里亚》杂志上发表。后
来写的诗文曾多次在各种期刊和报纸上发表。1904年，担任杂志《诺巴蒂》
（Nobati）的编辑。1914年，成为格鲁吉亚妇女协会的创始成员之一。1897年，
短篇小说《海军》出版，其讲故事能力得到了广泛认可。

此外，多米尼卡·埃里斯塔维还翻译了海因里希·海涅（Heinrich
Heine）、伊凡·屠格涅夫（Ivan Turgenev）和马克西姆·高尔基（Maxim
Gorky）等作家的文学作品。

1910年，多米尼卡·埃里斯塔维以笔名"甘德吉莉"（Gandegili）出版
了诗集和短篇小说集，并于1918年出版了另一本诗集。

多米尼卡是妇女权利的坚决捍卫者。1916年，文化协会会议上没有女性
的席位，对此她评论说：格鲁吉亚妇女在任何领域，即使不优于男性，也与

多米尼卡·埃里斯塔维和所罗门·姆迪瓦尼

男人有同等能力，但是文化协会并没有给予格鲁吉亚女性一个显示尊严的位子，我们的祖先比我们的同时代人更欣赏她们。

1929年1月24日，多米尼卡·埃里斯塔维在第比利斯去世。

阿纳斯塔西亚·埃里斯塔维·科斯塔里亚（1868—1951），格鲁吉亚女性小说家。

阿纳斯塔西亚·埃里斯塔维·科斯塔里亚

1868 年 2 月 3 日，阿纳斯塔西亚·埃里斯塔维·科斯塔里亚出生在斯大林故乡哥里（Gori）的一个贵族家庭。1951 年 5 月 1 日去世。

作家故乡哥里一角，拍摄于 2019 年

最初，她在出生地哥里任教，为农民儿童建了一所免费学校。1913 年至 1914 年期间，建立了一个妇女组织"曼迪洛萨尼"（მანდილოსანი，意思是"女人"）。

1885 年，阿纳斯塔西亚首次在格

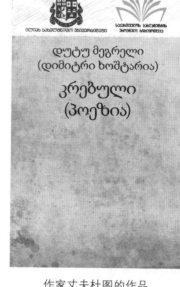

作家丈夫杜图　　　　　　　　　作家丈夫杜图的作品

鲁吉亚文学界崭露头角，发表了她翻译的奥塞梯古老传说《是这样》(ზესო)。1890 年代，受格鲁吉亚著名作家阿卡基·采列捷利（Akaki Tsereteli）鼓励，她搬到第比利斯继续她的创作。她的第一批小说《溜滑的道路》(მოლიპულ გზაზე，1897) 和《命运之轮》(ბედის ტრიალი，1901) 获得了公认的成功。作为第一位格鲁吉亚女性作家，她的小说和故事遵循女性主义的观点，面向受过教育的成年人，主人公遵循一种模式：她们以格鲁吉亚贵族女性的传统要求自己，但在旧经济秩序轰然倒塌和面对社会的动荡时，继而追求自由的工作和真诚的爱情。1921 年后，阿纳斯塔西娅退出文学创作和社会活动，除了重印本外，几乎没有创作新作品。

　　值得一提的是，阿纳斯塔西娅·埃里斯塔维·科斯塔里亚与著名的爱国主义诗人和儿童故事作家杜图·麦格雷利 [1]（Dutu Megreli，1867—1938）是夫妻。

1　杜图·麦格雷利，也称迪米特里·科斯塔里亚（Dimitri Khoshtaria）。

提摩太·加巴什维利（1703—1764），格鲁吉亚旅行作家、旅行者、外交官、制图师、备受关注的宗教人物。他是第一位在 1750 年代访问圣地时描述耶路撒冷格鲁吉亚文物的人。

提摩太·加巴什维利

根据艾奥娜·巴托尼什维利（Ioane Batonishvili）在其作品《格鲁吉亚作家》中的记载可知：埃里斯塔维家族大主教提摩太（Timothy），一位探险者。他曾经去过第比利斯，并到达了伊斯坦布尔；他曾去过穆尼，并在耶路撒冷及其周围地区的圣所祈祷；他曾去过圣山，并在圣修道院祈祷。

根据现有资料，可以假定提摩太在前往伊梅列季之前曾在卡赫季的加里

提摩太·加巴什维利的格鲁吉亚沿海防御工事地图上的细节（1737 年）

提摩太·加巴什维利画的耶路撒冷

吉浸信会修道院（Gareji Baptist Monastery）工作。

　　1737 年，提摩太首次在历史文献中出现，这一年他被伊梅列季国王亚历山大五世任命为俄罗斯外交使节。此前，在 1730 年至 1735 年的波斯－奥斯曼帝国战争中，格鲁吉亚人站在伊朗一边，并成功将奥斯曼帝国从卡特利－卡赫季驱逐出境。

　　提摩太出发前一年（1737 年）绘制了著名的格鲁吉亚西部地图（Likht-mereti），该地图描绘了格鲁吉亚西部的主要山脉、水文网络、植被分布、主要住区、船只往来、矿产资源、历史古迹（尤其是城堡和间谍塔）。他绘制的地图充分反映了格鲁吉亚西部的地理、地质、历史和建筑材料。地图上大约有 150 个地理名称，还显示了丰富的矿石燃料，包括硫、铁、银矿石，世俗建筑和庙宇。此外，提摩太还在图中特别标注了军事要塞和通往它们的行径道路，如苏呼米和库塔伊西要塞等，使该地图具有特殊的军事意义。

　　1738 年，提摩太带着特殊的秘密任务抵达圣彼得堡。除了执行政治任务外，提摩太还接受了伊梅列季国王的其他任务。他在亚历山大国王的命令下，对已故的瓦赫坦六世的家人提起了诉讼——他们指控他隐藏了亚历山大给彼得大帝的礼物（金冠和珍珠）。此举破坏了瓦赫坦六世的家人与提摩太之间的关系。

　　1740 年，提摩太收到了一封信，其中包括俄国政府送给伊梅列季国王的礼物。从莫斯科到格鲁吉亚的途中，他被切尔克斯人俘虏并被关押六个月后才成功逃离回到家乡，之后他成为教区主管，直到 1747 年。1753 年，他被奉为卡特利（格鲁吉亚）大主教。然后，他积极参与埃雷克勒二世（Erekle II）和安东一世（Anton I）的文化活动。在他们的支持下，提摩太开始了他的旅程。这次

伊梅列季（Imereti），
1737 年编制的地图

旅行历时四年（1755—1759），目的是看到包括巴勒斯坦在内的各个地方。在耶路撒冷，他兴致勃勃地参观格鲁吉亚人建造的教堂以及其他圣地。

他从第比利斯出发，经过阿哈尔齐赫（Akhaltsikhe），到达港口城市巴统。从巴统起航，沿着土耳其黑海的南部海岸，到达了特拉布宗，然后开始陆路行进，深入土耳其领土。经过漫长的旅程，他到达了科尼亚市，又走过几个城市后，抵达海军城市伊兹密尔（爱琴海沿岸）。之后，再次乘船旅行，越过爱琴海的岛屿。经过一段距离后，抵达查尔西迪斯（Chalcidice）半岛的阿索斯山。他从这里驶向君士坦丁堡，沿着从君士坦丁堡到耶路撒冷的路走了几十公里（海上），参观了爱琴海沿岸的城镇和岛屿（即地中海东部），最终到达了著名的耶路撒冷（巴勒斯坦）。之后，参观了地中海东部的沿海城市（拿撒勒、提尔、西顿、贝鲁特、的黎波里等）。他还从圣城耶路撒冷起航，来到塞浦路斯岛（塞浦路斯），从这里到阿拉亚（Alaia）的海滩。从海上到达罗得岛。向西行驶到达科林斯和雅典。继而北上横跨爱琴海至阿索斯山（第三次）。然后去君士坦丁堡。再乘船航行，穿过黑海沿岸的几个城市，深入内陆（在土耳其境内），并到达梅利泰内斯（Melitenes），然后到达迦勒底（Chaldea）、阿兹鲁姆（Arzrum）、奥尔蒂斯（Oltis）和阿哈尔齐赫（Akhaltsikhe），从阿哈尔齐赫前往卡特利。他写了一篇旅行回忆录类型的文章，侧重于描述该地区的宗教场所，还包含值得注意的地理和人种学参考。他沿途描述了定居点：米蒂利尼、伊兹密尔、希俄斯、君士坦丁堡、塞浦路斯和阿索斯山等，还对地名起源、格鲁吉亚人和西班牙人为何被称为"伊比利亚人"以及格鲁吉亚名称的含义"格鲁吉亚"做了饶有兴趣的研究。

叶卡捷琳娜·加巴什维利（1851—1938），格鲁吉亚作家、女权主义者，因其呼吁进行社会改革以支持妇女的解放而备受关注。

叶卡捷琳娜·加巴什维利

叶卡捷琳娜·塔赫尼什维利（Ekaterine Tarkhnishvili）1851 年 6 月 16 日出生于哥里的一个贵族家庭，1938 年 8 月 7 日去世。

她是雷瓦兹·塔赫尼什维利（Revaz Tarkhnishvili）和索皮奥·巴格拉顿－达维塔什维利（Sopio Bagraton-Davitashvili）的女儿。完成初等教育后，就读于该市最好的学校，这是一所由法夫尔（Favre）夫人经营的私立寄宿学校。17 岁时，叶卡捷琳娜开办了一所私立学校，专门为农民子女，这与她对农民状况的关注有关。19 岁时，她与亚历山大·加巴什维利（Aleksandre Gabashvili）结婚，养育有 11 个孩子。

她的著作受到格鲁吉亚出版的两部关于妇女解放的著作的影响：哈里特·泰勒·米尔（Harriet Taylor Mill）的《妇女的特权》和范妮·莱瓦尔德（Fanny Lewald）的《支持和反对妇女》（德语：Für und wider die Frauen）。她通过在第比利斯、库塔伊西、哥里和科尼建立妇女圈子来动员格鲁吉亚妇女，并出版有关妇女的文学和翻译作品。1897 年，叶卡捷琳娜建立了一所女子职业学校，并在全国范围内引领了开办女子学校的风潮。

叶卡捷琳娜是格鲁吉亚学习促进协会的积极成员。1890 年，与阿纳斯塔西娅·图曼尼什维利·塞雷特利 / 采列捷列（Anastasia Tumanishvili-Tsereteli）共同创立了《杰吉里》（*Jejili*）——一本儿童文学的杂志，鼓舞了人们对格鲁吉亚文学的兴趣。

此外，她撰写了多部关于乡村教师和农民生活的悲伤的情感小说和故事。小说《大科瓦（Big Kheva）峡谷中的爱》和《分拣玉米》反思当时的社会规范，呼吁个人自由和浪漫爱情。1900 年代，她开始写自传小说。

叶卡捷琳娜被称为格鲁吉亚最早的女权主义者和妇女维权人士之一。1958 年，根据叶卡捷琳娜小说改编并由滕吉斯·阿布拉泽和露华兹·齐克黑泽执导的电影《玛格达娜的驴子》[1] 在戛纳和爱丁堡国际电影节上获奖。

1　《玛格达娜的驴子》（Magdanas lurja），创作于 1956 年，是一部关于格鲁吉亚社会题材的黑白剧情片，由里瓦兹·切克海兹（Revaz Chkheidze）和坦吉兹·阿布拉泽（Tengiz Abuladze）共同执导，改编自叶卡捷琳·加巴什维利的同名短篇小说。

列瓦兹·（雷佐）·莱瓦诺维奇·加布里阿泽，也译作雷佐·加布里亚兹（1936—2021），格鲁吉亚戏剧和电影导演、剧作家、作家、画家、雕塑家。他的儿子列万·加布里阿泽（Levan Gabriadze）也是一名演员和电影导演。

雷佐·加布里阿泽

雷佐·加布里阿泽 1936 年 6 月 29 日生于库塔伊西，毕业于莫斯科的高级编剧培训班，曾任《格鲁吉亚青年报》的记者。后来开始担任导演乔治·丹妮莉亚（Georgiy Daneliya）的编剧，并合写了他最受欢迎的电影剧本，包括《雀鹰》（*Mimino*）和《金扎扎星系》（*Kin-dza-dza*！）

雷佐·加布里阿泽还担任过场景设计师、画家、雕塑家和书籍插图画家。 1981 年，他在库塔伊西建立了一个木偶剧院。1989 年，获得"苏联国家奖"。

为雷佐·加布里阿泽而建的第比利斯的木偶剧院

如今，雷佐·加布里阿泽已撰写了 35 部电影剧本，其中有影响力的电影包括：《不要悲伤》《鹰雀》《怪人》和《金扎扎星系》。因对苏联时期的文学创作自由感到沮丧，加布里阿泽转而使用不受重视的木偶剧院讲述他的戏剧故事，并于 1981 年成立并负责第比利斯的木偶剧院。从一开始，观众就对剧院中的表演充满了热情。他的作品《阿尔弗雷德和维奥莱特》《我们春天里的秋天》《雷蒙娜》和《斯大林格勒战役》使剧院获得了来自全球各地的观众和评论家的认可。1990 年代以来，他开始在国外工作，上演了许多作品。该剧院在世界各地进行了广泛的巡回演出，包括纽约市的林肯中心音乐节、爱丁堡音乐节、西班牙圣塞瓦斯蒂安音乐节、多伦多世界舞台节、巴黎德拉维尔剧院、伦敦巴比肯中心（Barbican Center）。

作为画家，他参与了许多展览，他的众多作品保存在博物馆和私人收藏中。其中，他的插图绘画作品超过 50 本。

主要作品有：《医生和病人》（2003）；《怪人》（1983，2002）；《Magti》（2014）；《库塔伊西是座城》（2002）；《白桥》（1987）。

获奖包括：1969 年南高加索和乌克兰第三届电影节，获"最佳剧本非凡展证书"；1970 年，剧本《不要悲伤》荣获"十月国际电影节特别奖"；1987 年"格鲁吉亚奖获得者"；1989 年"苏联国家奖"获得者和格鲁吉亚"绍塔鲁斯塔韦利国家奖"获得者；1997 年"俄罗斯金拱腹剧院奖"获得者、"俄罗斯金面具奖"获得者、"俄罗斯凯旋奖"得主；1991 年《护照》获得"妮卡奖最佳剧本奖"。此外，还被授予"法兰西共和国艺术与文学勋章"。

他的主要剧本有：《不要悲伤》（1969）；《鹰雀》（1977）；《金扎扎星系》（1986）；《护照》（1990）。

康斯坦丁·加姆萨赫迪亚（1893—
1975），格鲁吉亚作家、公众人物，
与米哈伊尔·雅瓦希什维利一道被认
为是 20 世纪最具影响力的格鲁吉亚小
说家。

康斯坦丁·加姆萨赫迪亚

康斯坦丁·加姆萨赫迪亚生于 1893 年 5 月 3 日，去世于 1975 年 7 月 17
日。他在德国受的教育，最初出版也是在德国。康斯坦丁·加姆萨赫迪亚结
合西欧的影响和纯粹的格鲁吉亚主题创作了他最好的作品，例如《大师的右
手》和《建设者大卫》。他对苏联统治怀有敌意，是幸免于斯大林时代镇压
的少数格鲁吉亚作家之一。即使如此，他仍被流放到白海[1]岛，且几次被逮
捕。他的作品以其对人物心理塑造的深邃而著称。他作品的另一个主要特点
是他为格鲁吉亚语措辞带来的新的精妙之处，作品模仿古老的格鲁吉亚语言，
读来又有新意又古色古香。

康斯坦丁·加姆萨赫迪亚的儿子兹维亚德（Zviad）是苏维埃时代的著

---

1 白海是巴伦支海的延伸部分，位于俄罗斯境内，为俄罗斯内海。西面为卡累利阿共和国，
北面为科拉半岛，东面为卡宁半岛。面积 8.9 万平方公里。包括四大海湾：梅津湾、德维纳湾、
奥涅加湾、坎达拉克沙湾。主要港口有阿尔汉格尔斯克，主要岛屿有索洛韦茨基群岛，岛上
有潮汐发电厂。此外，白海－波罗的海运河通往波罗的海。

康斯坦丁·加姆萨赫迪亚在第比利斯的家

名人士，后于 1991 年当选格鲁吉亚第一任总统，在 1993 年的内战中莫名死亡。

康斯坦丁·加姆萨赫迪亚出生于格鲁吉亚西部明格里亚省阿巴沙的一个小贵族家庭，在俄罗斯帝国统治时，在库塔伊西文理中学接受早期教育，后前往圣彼得堡学习，曾与尼古拉斯·马尔[1]发生争吵。第一次世界大战期间，他在德国、法国和瑞士游学，1918 年在柏林大学获得博士学位。他曾在德国巴伐利亚的特劳恩施泰因（Traunstein）短暂实习过一段时间，托马斯·曼[2]给他送过巧克力。

1910 年代初，康斯坦丁·加姆萨赫迪亚发表了他的第一首诗和短篇小说，作品受德国表现主义和法国后象征主义文学的影响。在德国期间，他定期就格鲁吉亚和高加索地区相关话题给德国媒体撰稿，并参与组织格鲁吉亚解放委员会。1918 年，格鲁吉亚宣布独立后，他成为格鲁吉亚驻柏林大使馆的随员，负责遣返格鲁吉亚第一次世界大战的囚犯并将格鲁吉亚学生安置在德国大学中。

康斯坦丁·加姆萨赫迪亚对 1921 年布尔什维克（Bolshevik）接管格鲁吉亚充满敌意。他编辑了第比利斯的文学期刊，并在短时间内领导了一个作

---

1 尼古拉·马尔（Nicholas Marr），格鲁吉亚历史学家、语言学家。20 世纪 10 年代，因提出有关语言起源的雅弗理论而知名。1920 年代至 1930 年代马尔的理论被苏联关注，为其实行小民族的语言拉丁化提供了理论基础。他还是俄罗斯苏联东方学者、高加索学者、语文学家、历史学家、民族学者和考古学者。
2 保罗·托马斯·曼（Thomas Mann），德国作家，1929 年获得"诺贝尔文学奖"。

家"学术团体"，此团体将艺术价值置于政治正确性之上。康斯坦丁克服日益增长的意识形态压力发表他的著作，并在1922年苏维埃周年纪念日期间领导了一场和平的抗议集会。1925年出版了第一本也是他最令人印象深刻的小说——他花费八年时间写成的《狄俄尼索斯[1]的微笑》（ღიონისოს ღიმილი）。小说讲述了一个身处巴黎的年轻格鲁吉亚知识分子，远离祖国社会，却在自己的理想之城中倍感陌生。这部小说与他的早期作品一样，或多或少受到"颓废主义运动[2]"的影响。

　　1924年格鲁吉亚起义失败后，他被任教德国文学的第比利斯国立大学开除。不久，被捕流放到白海的索洛维茨基群岛，在那里过了几年后释放。在自杀的边缘，作家通过翻译但丁文学来对抗自己的沮丧。1930年代初期，他获得了拉夫伦第·帕夫洛维奇·贝利亚（Lavrenti Beria）的保护，并得以恢复写作，尝试创作社会主义小说《偷月》（მთვარის მოტაცება，1935—6）。小说讲述了阿布哈兹集体生活的故事。接下来创作了中篇小说《我要霍盖》（ხოგაის მინდია，1937年）。而贝利亚对这些作品持批评态度。不久，他因与托洛斯基派年轻迷人的国家出版社主任利达·加斯维亚尼（Lida Gasviani）出轨而被捕，贝利亚审问后释放了他。

　　斯大林时期，康斯坦丁·加姆萨赫迪亚转向了更为受青睐的历史和爱国

1　狄俄倪索斯（Dionysus；古希腊语：Διόνυσος，Dionysos），古希腊神话中的酒神，与古罗马人信奉的巴克科斯（拉丁语：Bacchus）相对应。狄俄倪索斯是古希腊色雷斯人信奉的葡萄酒之神，不仅握有葡萄酒醉人的力量，还以布施欢乐与慈爱在当时成为极有感召力的神。传说中，他推动了古代社会的文明并确立了法则，维护着世界的和平。此外，他还护佑着希腊的农业与戏剧文化。在奥林匹亚圣山的传说中他是宙斯与塞墨勒之子，又有人说是宙斯与普西芬妮之子。古希腊人对酒神的祭祀是秘密宗教仪式之一，类似对于得墨忒耳与泊瑟芬的厄琉西斯秘仪。在色雷斯人的仪式中，身着狐狸皮，据说是象征新生。而专属酒神的狄俄倪索斯狂欢仪式是最秘密的宗教仪式。
2　颓废主义运动是19世纪起源于法国、之后扩展到整个西欧的一场艺术和文学运动，在当代的美国也有一定的影响力。最初是评论家们对一些赞美人工事物、反对早期浪漫主义的作家给出的贬义称呼，之后一部分作家，如泰奥菲尔·戈蒂耶和夏尔·波德莱尔反而接受了这样的称呼，开始自称"颓废派"。

散文体裁，着手创作了他的巨著——小说《大师的右手》（დიდოსტატის მარჯვენა，1939）。故事背景设定在 11 世纪初期，注重描写生命之柱大教堂[1]的修建传说与 11 世纪格鲁吉亚的广阔全景，讲述了忠实的建筑师康斯坦丁·阿尔萨基泽（Konstantine Arsakidze）的悲惨命运，乔治国王乔治一世委托他修建这座大教堂，但阿尔萨基泽变成了国王的情敌，因为他们同时爱上一个反叛贵族的女儿——美丽的肖蕾纳（Shorena）。激情、爱与义务之间强烈冲突，最终导致了乔治一世处决阿尔萨基泽。小说引人入胜，传达了一个微妙的寓言信息。

第二次世界大战后，康斯坦丁·加姆萨赫迪亚的主要作品有《葡萄藤蔓之花》（ვაზის ყვავილობა，1955），该书与战前不久的格鲁吉亚村庄有关；此外，具有纪念意义的小说《建设者大卫》（დავით აღმაშენებელი，1942—1962），一部关于受尊敬的建设者大卫王（1089—1125 年统治格鲁吉亚）的四部曲。该书使他赢得了 1962 年"绍塔·鲁斯塔韦利塔国家奖"。他还写了一部关于歌德的传记小说，以及对格鲁吉亚和外国作家的文学批评。他的回忆录《与鬼魂调情》（ლანდებთან ლაციცი，1963）和《遗嘱》（1959）未能出版。

康斯坦丁·加姆萨赫迪亚于 1975 年去世，逝世后葬在他称为"科尔琴塔"的豪宅中，只因拒绝葬在圣山万神殿中——他不愿"耶稣和犹大并排葬在那儿"。暗指作家伊利亚·查夫恰瓦泽（Ilia Chavchavadze）和政敌布尔什维克菲利普·马哈拉泽（Filipp Makharadze）的墓近在咫尺。

康斯坦丁·加姆萨赫迪亚主要作品包括：《狄俄尼索斯的微笑》（დიონისოს ღიმილი，1925）；《歌德生活小说》（გოეთეს ცხოვრების რომანი，1930）；《绑架月球》（მთვარის მოტაცება，1935—1936）；《笼中的欧洲》（ევროპა გალიაში，1937 年，未完成）；《领导者》（ბელადი，

1　生命之柱大教堂（Cathedral of Living Pillar），是一座东正教大教堂，位于格鲁吉亚西北部历史悠久的小镇姆茨赫塔，被联合国教科文组织列为世界遗产，是继圣三一大教堂之后的格鲁吉亚第二大教堂建筑。

1938—1939，未 完 成)；《大 师 的 右 手》(დიდოსტატის კონსტანტინეს მარჯვენა, 1939)；《建 设 者 大 卫》(დიდოსტატის კონსტანტინეს მარჯვენა, 1946—1958)；《葡 萄 藤 开 花》(ვაზის ყვავილობა, 1956)；《塔 玛尔》(თამარ, 未完成)。还有短篇小说或短篇小说集:《小时》(საათები)；《妈 妈，贤 哲 的 女 人!》(დედავ, მისტიურო !)；《破 碎 的 Chonguri》(დამსხვრეული ჩონგური)；《拿 破 仑》(ნაპოლეონი)；《谎 言 的 智 慧》(სიბრძნე სიცრუისა)；《禁 忌》(ტაბუ)；《女 人 的 牛 奶》(ქალის რძე)；《大约瑟夫》(დიდი იოსები)。

兹维亚德·加姆萨赫迪亚

兹维亚德·加姆萨赫迪亚（1939—1993），又译作加姆萨胡季阿，格鲁吉亚政治家、学者、作家，后苏联时代首位民选格鲁吉亚总统。

兹维亚德·加姆萨赫迪亚1939年3月31日出生在格鲁吉亚首都第比利斯。他的父亲康斯坦丁·加姆萨赫迪亚（1893—1975年）是格鲁吉亚20世纪最著名的作家之一。在父亲的影响下，兹维亚德接受了语言学方面的培训，开始了翻译和文学评论家的职业生涯。

1972年，兹维亚德发起了一场反腐运动，与格鲁吉亚东正教会任命新天主牧首有关，他本人对东正教充满狂热。

1976年，兹维亚德与他人共同创立了格鲁吉亚赫尔辛基集团并担任负责人。同时还活跃于萨米兹达[1]地下网，为各种各样的地下政治期刊写稿：其中包括《金羊毛》《格鲁吉亚先驱》《格鲁吉亚》和《西方格鲁吉亚》等。他

1　萨米兹达又称萨密兹达或萨米亚特，是一种秘密地写作、印刷和发行，被苏联政府禁止的文学创作的方式，也指文学作品本身。该秘密出版物始于20世纪50年代，先在莫斯科和列宁勒出现，后来遍及整个苏联。该秘密出版物一般都是以打字复写稿的方式出版，并在读者中间传阅。

也为总部在莫斯科的地下期刊《时事纪事》（1968.04—1982.12）写稿。

他曾经担任：格鲁吉亚科学院格鲁吉亚文学研究所的高级研究员（1973—1977，1985—1990），第比利斯国立大学的副教授（1973—1975，1985—1990），格鲁吉亚作家联盟成员（1966—1977，1985—1991）。兹维亚德曾先后获语言学领域的博士学位（1973）和科学博士学位（1991年，全职）。他撰写了许多重要的文学作品，翻译了英国、法国和美国文学专著，包括威廉·莎士比亚、查尔斯·鲍德莱尔和奥斯卡·王尔德的作品。此外，他还是12世纪伟大的格鲁吉亚诗人绍塔·鲁斯塔韦利的资深学者以及伊比利亚-高加索文化历史研究者。

当苏联领导人米哈伊尔·戈尔巴乔夫（Mikhail Gorbachev）推行新政时，兹维亚德·加姆萨赫迪亚在组织1987年至1990年期间在格鲁吉亚举行的大规模支持独立的集会中发挥了关键作用。1990年10月28日举行的格鲁吉亚第一次民主多党选举中，他与其他反对派团体一起组建了"圆桌会议—自由格鲁吉亚"改革派联盟。该联盟以64％的选票赢得了绝对胜利。1990年11月14日，兹维亚德·加姆萨赫迪亚以压倒性的票数当选为格鲁吉亚共和国最高委员会主席。

1991年3月31日格鲁吉亚举行了独立公投，90.08％的投票者赞成国家独立。格鲁吉亚议会于1991年4月9日通过独立宣言，恢复了1918年至1921年的格鲁吉亚主权国家。兹维亚德·加姆萨赫迪亚在5月26日当选总统，获86.5％的选票。

上任之初，兹维亚德面临重大经济和政治困难，之后又是内部斗争、外部干预，又是政变、又是流放、又是动乱……

1993年12月31日，兹维亚德·加姆萨赫迪亚死亡，细节不详。都说他逝世于格鲁吉亚西部萨梅格列罗地区的吉卜拉（Khibula）村，后来又被安葬在萨梅格列罗的吉卡什卡里（Jikhashkari）村。据英国媒体报道，发现尸体头部有一颗子弹。死因解释多种多样，争议颇多，未有定论。实际上，尸体头部有2个子弹伤。人们猜测他被暗杀，也有说他自杀，还有说他死在战斗中。

兹维亚德的墓碑，第比利斯　　2019 年纪念兹维亚德 80 岁生日的邮票

　　1994 年 1 月 5 日，格鲁吉亚政府宣布兹维亚德·加姆萨赫迪亚死亡。有人拒绝相信他已逝世，直到 1994 年 2 月 15 日见到其遗体。1994 年 2 月 17 日，其遗体被重新埋葬在了车臣首都格罗兹尼。

　　2007 年 3 月 3 日，新当选的车臣总统拉姆赞·卡德洛夫（Chechnya Ramzan Kadyrov）宣布，在城市中心发现了 1994 年 2 月 17 日的因格罗兹尼战争和混乱而丢失的坟墓。俄罗斯专家在顿河畔的罗斯托夫发现了兹维亚德·加姆萨赫迪亚的遗体，并于 2007 年 3 月 28 日送达格鲁吉亚进行重葬。2007 年 4 月 1 日，他被埋葬在圣山万神殿。当天，格鲁吉亚成千上万的人来到姆茨赫塔的中世纪大教堂纪念他。

　　死因调查：2018 年 12 月 14 日，前总统的两个儿子君士坦丁·加姆萨赫迪亚和托斯通·加姆萨赫迪亚宣布绝食，因格鲁吉亚法律规定严重犯罪调查的有效期为 25 年，而对其父死亡的潜在调查同年年底将到期。不到一周后，君士坦丁·加姆萨赫迪亚住院，议会批准了一项法案，将重罪的时效法规从犯罪后的 25 年延长至 30 年。

　　2004 年 1 月 26 日，在第比利斯圣乔治卡舒蒂（Kashueti）教堂举行的仪式上，新当选的总统米哈伊尔·萨卡什维利正式恢复了兹维亚德·加姆萨赫迪亚的地位，并评论兹维亚德为"结束了我们社会的不团结"，有挥之不去的政治影响，称赞其作为"伟大的政治家和爱国者"的作用。并颁布了一项法令，准许将加姆萨赫迪亚的遗体重新埋葬在格鲁吉亚首都，宣布"将一个格鲁吉亚总统埋葬在战区……是对逝者的不尊重，对自己的国家不尊重。"他还以兹维亚德·加姆萨赫迪亚重命名了第比利斯的一条主要道路。2013年，正式追授兹维亚德"格鲁吉亚国家英雄"称号和勋章。兹维亚德·加姆萨赫迪亚的支持者继续通过许多公共社团推广他的想法。

兹维亚德·加姆萨赫迪亚主要作品包括：《20世纪美国诗歌》（1972）；《虎皮骑士》（1984，格鲁吉亚语，英语摘要）；《从人智论的角度来看歌德的世界观》（1985）；《寓言和故事》（1987）；《月亮的订婚》（诗，1989）；《加亚提（Gayati）学院的精神理想》（1989）；《格鲁吉亚的精神使命》（1990）；《虎皮骑士的人类学（形象语言）》（1991）；《论文和散文集》（1991）；《荒漠之间》（关于托尔斯泰的创作，1993，俄语）。此外，他在媒体报刊上发表过很多文章，此处不一一列举。

奈拉·格拉希维里（1947—），也译作内拉·格拉什维利，格鲁吉亚的小说家、语言学家、德语专家和民间社会活动家。

奈拉·格拉什维利

格拉什维利1970年毕业于第比利斯国立大学西欧文学系。曾出版长篇小说《母亲的房间》（დედის ოთახი，1985）。

格拉什维利是格鲁吉亚现代文学中欧洲存在主义散文的最狂热追随者之一。格拉什维利还研究了高加索民族的民俗，并领导了非政府文化组织"高加索之家"。

格拉什维利的小说和短篇小说集有：《我就是她》[1]（2017）；《母亲的房间》（1987）；《月光花园》（1990）；《悲剧的等级》《点点小屋》《破碎的镜子》（2006）；《安布里，翁布里亚和阿拉伯》（1982）；《短篇小说集》；《我就是那一个》（2012）。

诗集有：《关于和平、悲伤和慰藉》（四首诗，1997年）；《时间、面

1　《我就是她》，本书由利亚·维特克（Lia Wittek）从格鲁吉亚语翻译成德语，并于2017年在柏林的罪犯出版社出版。

包和酒》(诗、散文和歌词集，2006年)。

获得的奖项有：2013年，《我就是那个人》被评为年度最佳小说，获"萨巴文学奖"；《前两个圈子和其他所有圈子》（2010）被评为年度最佳小说，获"萨巴文学奖"与"伊利亚·查夫恰瓦兹州艺术作品奖"；2007年，《雷纳·玛丽亚·里尔克》（*Rainer Maria Rilke*，五卷，并附有评论）获得"最佳文学作品年会奖"；1999年，因翻译莱纳·玛利亚·里尔克的作品获"奥地利文化部奖"。

短篇小说集《月光花园》封面

米尔扎·格洛瓦尼（1913—1944），格鲁吉亚诗人。

米尔扎·格洛瓦尼

米尔扎·格洛瓦尼生于 1917 年 3 月 2 日，1944 年 7 月第二次世界大战期间在苏联军队穿越白俄罗斯的西德维纳河时战斗牺牲，年仅 27 岁。

格洛瓦尼的诗歌充满了孩子般对自然的欣喜之情，16 岁时便引起人们的注意。但直到他去世后，他的大部分诗歌才得以出版，使他成为格鲁吉亚年轻一代最受欢迎的诗人之一。

格洛瓦尼战时的大多数诗作都是以爱国英雄主义为主题，而诗作中纯真的快乐超越了战争的恐怖。

1975 年，他被追授"绍塔·鲁斯塔韦利国家奖"。为了纪念米尔扎·格洛瓦尼，第比利斯的一条街道以他的名字命名。

乔治·夏格诺（1009—1065），
格鲁吉亚修士、书法家、宗教作家、
翻译，他是拜占庭帝国的格鲁吉亚修
道院社区活动的带头人。

乔治·夏格诺

带有阿赫塔拉[1]
修道院格鲁吉亚铭文
的 13 世纪壁画

乔治·夏格诺（乔治·哈吉欧瑞特），又称阿索斯（Athos）的乔治、乔治·姆塔斯敏德利（გიორგი მთაწმინდელი，Giorgi Mtatsmindeli）或乔治·阿托尼（გიორგი ათონელი，Giorgi Atoneli），是中世纪格鲁吉亚最有影响力的基督教教徒之一，是其祖国与拜占庭帝国之间跨文化交往的中间人。他翻译了教会先贤的著作以及《诗篇》，他从希腊语翻译训诂释义，在其词形学作品中，其中一些在以前格鲁吉亚语中是不存在的。他对他的前辈之一阿索斯的尤西缪斯（Euthymius）的翻译进行修正。他帮助格鲁吉亚规范了法律法规，并将年

1　阿赫塔拉（又名 Pghindzavank），是 10 世纪的亚美尼亚使徒教会修道院，位于埃里温以北 185 公里处洛里（Lori）的阿赫塔拉（Akhtala）镇。该修道院目前已无宗教活动。该堡垒在保护亚美尼亚西北地区方面发挥了重要作用，是现代亚美尼亚保存最完好的堡垒之一。

轻同胞带到阿索斯接受教育。受到安提阿族长的质疑时，他为格鲁吉亚东正教教会的独立辩护，使他成为格鲁吉亚最受尊敬的圣徒之一。此外，乔治·夏格诺在东西方基督教界大分裂期间有突出表现。

1009 年，乔治出生于格鲁吉亚南部的特里亚莱蒂[1]的贵族家庭，父亲雅各布是格鲁吉亚国王巴格拉特三世时派往伊朗的特使，母亲是马丽亚姆。七岁时，乔治被送到塔德里西（Tadzrisi）当地的修道院接受教育，三年后又转到了卡胡里（Khakhuli）。1022 年左右，乔治被派往君士坦丁堡，他在那里掌握了希腊语，并对拜占庭神学有了深刻的了解。1034 年返回格鲁吉亚后，在卡胡里修道院进行了剪发礼[2]，然后前往耶路撒冷朝圣，后又在安提阿（Angoch）附近的黑山（Black Mountain）担任格鲁吉亚修士乔治（George the Recluse）的门徒。1040 年，乔治在希腊阿索斯山的伊维龙（Iviron，意思是"格鲁吉亚的"）修道院得道。1044 年，在修道院长[3]斯蒂芬诺斯（Stephanos）死后，乔治成为继任者，他对伊维龙修道院进行了改建和翻新，使其成为格鲁吉亚东正教文化生机勃勃的中心。

在 1052 年至 1057 年之间的某个时间点，乔治离开了伊维龙修道院，与同行乔治·奥尔蒂西出发前往安提阿。为了捍卫格鲁吉亚教会的独立，乔治提到了圣安德鲁对古代科尔基斯和伊比利亚的使命。11 世纪初期，独立的天主教徒麦基齐德克）（Melchizedek I，1012—1030）想要主教头衔，但是安提阿不愿意承认，理由是十二使徒中没有一个来自格鲁吉亚。最后，乔治说

1　特里亚莱蒂（Trialeti）是格鲁吉亚中部的山区，在格鲁吉亚语中，它的名字的意思是"流浪的地方"。

2　剪发礼（Tonsure）或作剃发礼，一种宗教仪式，修剪在头皮上的部分或全部头发，以表示献身于信仰。这个仪式盛行于天主教中，特别是在中世纪修道院中的修士。在 1972 年的教宗上谕中，废除了这项仪式。正教会中也采用这种仪式。这种仪式类似于佛教在出家时举行的剃度仪式。

3　修道院长（Hegumenos 或 Igumen），是东正教和东天主教教堂的修道院院长的头衔，类似于方丈的头衔。修女修道院的头被称为"Hegumenia"或"Ihumenia"。该术语的意思是"一个负责人"，在希腊语中意为"领头羊"。最初，该称谓适用于任何修道院的院长。

服安提阿的狄奥多西三世，给予格鲁吉亚教会独立地位。拜占庭政府终于放弃了强迫格鲁吉亚臣服，并与格鲁吉亚国王巴格拉特四世和解。

随着罗马和君士坦丁堡的两极分化逐渐加剧，格鲁吉亚教会的信徒，尤其是伊维龙修道院的信徒的地位比希腊人高，乔治成为拜占庭世界中为数多的牧师之一。

乔治之前拒绝了巴格拉特四世一再敦促其领导格鲁吉亚教会的要求，直到 1057 年至 1058 年期间接受皇家邀请。回到格鲁吉亚五年后，乔治发起了格鲁吉亚教会的改革，以促进洁净的教会等级制的发展，并与日益增强的王室权威进行调节。返回希腊途中，他访问了君士坦丁堡，获得了在阿索斯接受格鲁吉亚学生受教育的帝国令。1065 年 6 月 29 日，乔治在雅典去世。随后，他被格鲁吉亚东正教教会封为圣徒，每年 7 月 10 日是他的纪念日。

乔治对格鲁吉亚宗教传统的影响是巨大的。他曾从事福音书的更新和翻译工作，更确切地说，他翻译了凯撒利亚的罗勒、尼萨的格里高利、阿塔纳西修斯、大马士革的约翰、君士坦丁堡的大主教圣多罗修斯（Saint Dorotheus）的蒂尔（Tyre）主教等人的著作。他的翻译和原创作品为中世纪的格鲁吉亚赞美诗、礼拜仪式和卫生学设定了标准。他的作品可以被视为对圣尤西缪斯[1]作品的延续，并且在某种程度上对其进行纠正和改正，使得格鲁吉亚文学传统在其国内修道院得到蓬勃发展。

《我们的圣父约翰和欧西米乌斯的生平及其成就的记述》是乔治最重要的原创作品。作品将圣徒传记[2]与宗教、政治宣传、历史记录相结合，是对格鲁吉亚爱国主义文学的贡献，对拜占庭修道院的维护意义重大。除了政治、神学，作品还因其描述在花园和葡萄园中工作的僧侣的生动韵律散文而著称。1066 年，在他去世一年后，乔治本人也被后世列传。

1　圣尤西缪斯（Saint Euthymius，约 955—1028）；也译作欧西米乌斯，是巴勒斯坦的主教。他在罗马天主教和东正教教堂中都享有崇高的敬意。

2　圣徒传记（Hagiography）是圣人或教会领袖的传记，并且从广义上讲，是世界任何宗教中的创始人、圣人、僧侣、尼姑或偶像的奉承和理想化的传记。基督教圣徒传记主要关注罗马天主教会，记录东方东正教和东方教会人们生活的较少。

雅各布·戈格巴什维利（1840—1912），格鲁吉亚教育家、儿童作家和新闻工作者，被认为是格鲁吉亚科学教育学的奠基人。他编写的儿童读物《母语》，经修订至今一直在格鲁吉亚的学校中作为教科书使用。1880年以来，每个格鲁吉亚人都通过《母语》学习用格鲁吉亚语进行读写。

雅各布·戈格巴什维利

雅各布·戈格巴什维利 1840 年 10 月 15 日出生在格鲁吉亚哥里附近瓦里阿尼（Variani）村牧师西蒙·戈格巴什维利的家中，少时家庭贫困。1861年进入基辅神学院之前，雅各布曾在哥里神学院和第比利斯神学院学习。他参加了基辅大学的自然科学讲座，熟悉了俄国启蒙者如赫尔岑、贝林斯基和切尔尼雪夫斯基的政治思想。与同时代许多格鲁吉亚知识分子不同，他受到俄罗斯激进思想的影响比受到哥里和第比利斯神学院的基督教思想的影响要小。1863 年，他回到格鲁吉亚，在第比利斯神学院教授算术和地理，后来成为这里的督学。他的家很快就成为讨论艺术和政治的天堂。因此，他于 1874年因来自圣彼得堡大教堂神圣宗教会议的命令被解雇。

从那时起，雅各布·戈格巴什维利成为一位自由职业者，致力于在同胞中促进教育。1879 年，他帮助建立了格鲁吉亚扫盲协会，通过该协会，致力于反对俄国化，特别是在学校系统中的俄国化，并扭转了俄国统治对格鲁吉亚语言的侵蚀。他迅速在伊利亚·查夫恰瓦泽亲王[1]周围的知识分子群体中获得影响。1912年6月1日，雅各布·戈格巴什维利去世。

雅各布·戈格巴什维利最具影响力的著作《母语》（დედა ენა）是格鲁吉亚儿童的母语启蒙书。本书自 1876 年首次出版，经历了无数次修订，在接下来的一百年里，格鲁吉亚语广泛使用。他的另一部代表作品是《通往自然的门》（ბუნების კარი，1868 年）。本书将自然科学入门知识融入寓言故事，堪称儿童版的百科全书。他还为儿童撰写了许多童话故事和历史小说，并为捍卫格鲁吉亚

作家在第比利斯圣山万神殿的墓

的文化和身份撰写了数篇新闻文章。他编写儿童读物的方法于 2013 年列入格鲁吉亚非物质文化遗产目录。

1　他曾率领格鲁吉亚民族复兴运动直到 1907 年被暗杀。

伊凡·戈马泰利（也称伊万·戈玛特利，1875—1938），是格鲁吉亚的医师、政治人物，也是 20 世纪初期参与社会民主运动的作家。

伊凡·戈马泰利

伊凡·戈马泰利 1875 年 10 月 2 日出生于格鲁吉亚西部伊梅列季省的戈里萨村（当时是俄罗斯帝国的库塔伊西省的一部分）。1899 年从莫斯科大学医学院毕业后，他在家乡行医。大约同时，他加入了俄罗斯社会民主工党，后来加入了孟什维克派。

他定期在格鲁吉亚媒体上发表医学文章、政治评论和文学评论，撰写散文和小说。 1906 年，他当选为库塔伊西省的俄罗斯帝国第一杜马。杜马解散后，伊凡·戈马泰利因签署"维堡宣言"而被判入狱三个月。1907 年，他到第比利斯工作。1913 年，他与孟什维克保持距离，批评他们在民族问题上对俄国社会民主党的服从，并像孟什维克同胞记者弗拉基米尔·达尔基亚什维利一样，支持格鲁吉亚的领土自治构想。1917 年俄国革命后格鲁吉亚独立，戈马泰利当选为格鲁吉亚国民议会议员，后又当选为格鲁吉亚制宪议会议员。1921 年苏联接管格鲁吉亚后，他退出了政治舞台。此后，他的主要身份是医生和文学评论家。

1938 年 4 月 19 日，伊凡·戈马泰利去世，现葬于第比利斯的瓦盖公墓。

帕萨丹·高尔吉亚尼泽（也称戈
尔吉雅尼兹，1626—约1696），格鲁
吉亚人文、历史学家。

帕萨丹·高尔吉亚尼泽

　　帕萨丹·高尔吉亚尼泽曾在卡特利总督府瓦利（vali）府工作，后来在
伊斯法罕（Isfahan）的萨非王朝[1]任职。主要以翔实的编年史《格鲁吉亚历史》
（საქართველოს ისტორია）而著称。

　　帕萨丹·高尔吉亚尼泽生于哥里，在第比利斯罗斯塔姆（Rostom /
Rostam）的萨非王朝卡特里总督府邸长大。早期专注格鲁吉亚－伊朗外交，
1656年由罗斯塔姆推荐，被任命为萨法维（Safavid）首府伊斯法罕（Isfahan）
的达鲁格（知事）。当时皈依伊斯兰教，加入了古拉姆军团，并打算在国王
沙阿（shahs）阿巴斯二世（1642—1666年）和苏莱曼一世（1666—1694年）
的军队中服役四十年。

1　萨非王朝，因为翻译的不同又称萨法维帝国、沙法维帝国、萨菲帝国、波斯第四帝国，
中国明朝称之为巴喇西，是从1501年至1736年统治伊朗的王朝。这个王朝将伊斯兰教什叶
派正式定为伊朗国教，统一了伊朗的各个省份，由此引发了人们对古代波斯帝国的文化遗产
的再次关注，是伊朗从中世纪向现代时期过渡的中间时期。

三十年来，帕萨丹一直担任伊斯法罕执事职务。但实际的行政管理由副执事米尔·卡塞姆·贝格负责。米尔·卡塞姆·贝格最终沦为大牧师穆罕默德·贝格（Mohammad Beg，1654—1661）策划的阴谋受害者被处决。米尔·卡塞姆·贝格和穆罕默德·贝格之间的仇恨源远流长。后者对复仇的渴望并没有随着米尔之死结束，只因阿巴斯二世国王未下令没收前者的财产而感到愤怒，穆罕默德·贝格试图通过利用新任执事帕萨丹·高尔吉亚尼泽和现任法院大法官乌格鲁鲁·贝格（Ughurlu Beg）来抚平自己的怨恨。据说他鼓励高尔吉亚尼泽受贿索贿。他想要表明，如果新任执事可以在短时间内积累大量财富，那么米尔·卡塞姆·贝格在任 30 年中一定会"积蓄巨额资金"。高尔吉亚尼泽很快听从了这大导师的建议。

帕萨丹·高尔吉亚尼泽严厉的行政重组和新法律引起了伊斯法罕主义者以及他的上级乌格鲁鲁·贝格的反对，后者收到了对高尔吉亚尼泽管理不善的投诉。

后面的事情有点复杂，总之，帕萨丹发现自己卷入了萨法维德政府的阴谋，并两次与沙阿[1]为敌。他的职务还使他介入家乡格鲁吉亚的国内政治，与卡特里统治者罗斯通的继任者瓦赫唐五世为敌致使他前途尽毁。1666 年至1671 年间，他被放逐到舒什塔尔（Shustar）。当地的总督瓦赫舒蒂·汗（Vakhushti Khan）是沙赫纳瓦兹汗（Shah Navaz Khan）妻子的近亲罗丹。

1841 年，格鲁吉亚学者普拉顿·奥塞利亚尼（Platon Ioseliani）发现了帕萨丹·高尔吉亚尼泽无题的编年史手稿，并由 19 世纪的格鲁吉亚学者玛丽·费利西蒂·布罗塞特（George Marie-Félicité Brosset）和特穆拉兹·巴格拉季（Teimuraz Bagrationi）按惯例将其命名为《格鲁吉亚历史》。这是一部庞大的著作，据推测是作者于 1694 或 1696 年居住在伊斯法罕期间完成的。该编年史涉及从 4 世纪基督教在格鲁吉亚的出现到 17 世纪后期格鲁吉

1　沙阿或沙赫（Shah）是波斯语古代君主头衔的汉译名。"沙阿"在中文文献中又简称为"沙"，如"花剌子模沙"等。波斯语的头衔"沙阿"在历史上为波斯语民族和很多非波斯语民族所使用。尼泊尔国王也叫沙阿。伊朗最后一任沙阿为穆罕默德－礼萨·巴列维。

亚的历史。帕萨丹·高尔吉亚尼泽对其当代事件的叙述具有特殊价值。他广泛使用了外国的、主要是波斯的历史作品，以确认或补充来自格鲁吉亚本土的信息。编年史还包含自传信息，并且用格鲁吉亚白话写成，显然是因为作者对格鲁吉亚文学语言的当代标准了解不足。帕萨丹·高尔吉亚尼泽还积极参与了著名史诗（*Shahnameh*）的格鲁吉亚版本的创作和改写。在他翻译成格鲁吉亚语的几本主要著作中，有《贾梅–阿巴西》（*Jāme-eabbāsi*）。此外，帕萨丹还编纂了格鲁吉亚语–阿拉伯语–波斯语三语字典。

莱万·高图亚

莱万·高图亚（也称莱文·戈图亚，
1905—1973），格鲁吉亚著名作家。

杂志封面上的高图亚

莱万·高图亚 1905 年 3 月 10 日出生
于第比利斯，1973 年 1 月 30 日去世。莱
万·高图亚以其历史小说闻名。他最著名
的作品之一是《格米塔·瓦拉米》，作品
充满作家对他的祖国和格鲁吉亚悠久的历
史的热爱。

特伦蒂·格拉尼利（1897—1934）
此为笔名，他是著名的格鲁吉亚诗人。

特伦蒂·格拉尼利

萨伦吉卡的特伦蒂·格拉尼利故居

特伦蒂·格拉尼利 1897 年出生在萨伦吉卡（Tsalenjikha），在一个贫穷的农民家庭中长大。在故乡的小学毕业后，他继续在第比利斯的萨尔瓦·努特比泽组织的短期课程中学习。做过几份工作，包括火车站的工人和报纸的文员。

1918 年，格拉尼利出版了他的第一本诗集。1924 年，第二本诗集《勿忘你终有一死》（*Memento mori*）出版。从 1928 年初开始，格拉尼利的健康状况恶化，1934 年去世。

他的作品包括诗歌、散文。此外，他给姐姐的信也很有名。

约瑟·格里沙什维利（1889—1965）是约瑟·马穆里什维利（იოსებ მამულიშვილი）的笔名，他是格鲁吉亚著名的诗人、历史学家。

约瑟·格里沙什维利

约瑟·格里沙什维利 1889 年 4 月 12 日出生在第比利斯，1965 年 8 月 3 日去世于第比利斯。第比利斯的一所历史博物馆"第比利斯约瑟·格里沙什维利历史博物馆"[1]以他的名字命名。该博物馆收藏着代表第比利斯历史、日常生活和文化的藏品 5 万种。这里有考古、人种学、文献、民间艺术和应用艺术的收藏，藏品包括从青铜时代开始的独特物品，武器、各种陶瓷、瓷器、乐器、钱币、纺织品和家居饰品，还收藏了拉多·古迪阿什维利（Lado Gudiashvili）、摩西·托泽（Mose Toidze）和埃琳娜·阿赫弗莱迪亚尼（Elene Akhvlediani）的画作以及格鲁吉亚其他著名艺术家的杰作。

1946 年，格里沙什维利成为格鲁吉亚国家科学院的成员。

---

1 第比利斯约瑟·格里沙什维利历史博物馆成立于 1910 年，当时是市博物馆。1943 年，更名为第比利斯国家历史民族志博物馆。目前，博物馆以格鲁吉亚诗人约瑟夫·格里沙什维利的名字命名。

彼得·（彼得雷·泽·巴格拉季）·格鲁津斯基（1920—1984）是格鲁吉亚诗人，苏维埃荣誉艺术家（1979）。

彼得·格鲁津斯基

彼得·格鲁津斯基出生于 1920 年 3 月 28 日，是巴格拉季王朝的卡赫季分支格鲁津斯基的后裔。他的祖父亚历山大·巴格拉季·格鲁津斯基是巴格拉特亲王的儿子，乔治十二世国王的四儿子。

彼得·格鲁津斯基的文学生涯始于 1933 年，笔名为塔玛拉什维利。他为雷瓦兹·拉吉泽（Revaz Lagidze）、乔治·萨巴泽（Giorgi Tsabadze）和吉娅·坎切利（Giya Kancheli）的歌曲作词而为人所知，其中包括格鲁吉亚最著名的歌曲之一的拉吉泽的《第比利斯之歌》，还有著名的苏联喜剧《米米诺》[1]也由其作词。1945 年，格鲁津斯基因参与反苏活动和君主制阴谋被捕受审，并被关进精神病院，直到 1948 年被释放。此后，他的许多文学作

1　《米米诺》（Mimino，მიმინო）是苏联导演格奥尔基·达涅利亚（Georgy Daneliya）于 1977 年制作的喜剧电影，由莫斯科电影公司（Mosfilm）和格鲁吉亚（Gruziya）电影公司制作，瓦赫坦·基卡比泽（Vakhtang Kikabidze）和弗伦齐克·姆克尔强（Frunzik Mkrtchyan）等人主演。剧情片时长 1 小时 37 分。

品都以妻子莉亚·米格拉泽（Liya Mgeladze）和记者伊拉克利·哥西里兹（Irakli Gotsiridze）的名字出版。1979 年，彼得·格鲁津斯基荣获"敬业的艺术工作者"称号。

1984 年 8 月 13 日，彼得·格鲁津斯基去世，被葬在姆茨赫塔的生命之柱[1]教堂。他的第一本诗集在 17 年后于 2001 年出版。

彼得·格鲁津斯基有两次婚姻。1939 年与菲利蒙·西拉泽（Filimon Siradze）的女儿凯特万·西拉泽（Ketevan Siradze，1915 年 4 月 9 日出生）结婚，婚后育有一女：达利·巴格拉季·格鲁津斯基。[2]

1944 年，彼得·格鲁津斯基与第二任妻子曼格里西的莉娅·米格拉泽[3]（Liya Mgeladze）结婚。他们有两个孩子：生于 1945 年的姆西亚·巴格拉季·格鲁津斯基（Mzia Bagration-Gruzinsky）和生于 1950 年的努扎尔·巴格拉季·格鲁津斯基[4]（Nugzar Bagration-Gruzinsky）。

1　生命之柱教堂（Svetitskhoveli）音译"斯维茨霍夫利"。

2　达利·巴格拉季·格鲁津斯基生于 1939 年，先在第比利斯嫁给了布鲁诺·巴布诺什维利（Bruno Babunoshvili, 1938—1993），后嫁给了生于 1950 年的祖拉布·瓦赫坦戈维奇·库拉什维利（Zurab Vakhtangovitch Kurashvili）。

3　莉娅·米格拉泽，1925 年 8 月 19 日出生。其父是文学家、前格鲁吉亚民主共和国政府的前任成员迪米特里·米格拉泽（Dimitri Mgeladze, 1889—1979）。

4　努扎尔·巴格拉季·格鲁津斯基，剧院导演。

滕吉斯·古达瓦（1953—2009），
格鲁吉亚作家、人权活动家。

滕吉斯·古达瓦

滕吉斯·古达瓦 1953 年 11 月 28 日出生于格鲁吉亚的萨姆特雷迪亚[1]，毕业于莫斯科第二医学研究所，获得生物物理学学位。他的兄弟爱德华与其持不同政见，前者组建了一支摇滚乐队"幻影"，组织了未经批准的音乐会来吸引公众对人权问题的关注，还参加了由格鲁吉亚年轻异见人士在 1970 年代组建的格鲁吉亚赫尔辛基小组。

1982 年，滕吉斯·古达瓦被苏联当局逮捕，被调查拘留一年，然后因组织"反苏活动"被判处 7 年监禁，后又流放 3 年。1987 年，获释后被苏联驱逐，去了美国，成为美国公民。同年移居欧洲，并在电台工作了 17 年。先为当时在慕尼黑的 RFE / RL 服务，后来自 1995 年起在布拉格工作。在职业生涯早期，古达瓦曾与格鲁吉亚异见人士兹维亚德·加姆萨赫迪亚联系密切，

---

1 萨姆特雷迪亚（Samtredia， სამტრედია），位于格鲁吉亚西部，距库塔伊西 27 公里，由伊梅列季州负责管辖，始建于 1921 年。

最终却因后者的民族主义言论而决裂。

在欧洲，他与弗拉基米尔·布科夫斯基（Vladimir Bukovsky）和尤里·雅里姆·阿加耶夫（Yuri Yarim-Agaev）等苏联持不同政见者在移民非政府组织中合作，并定期出版有关苏联以及独联体各县，特别是中亚和高加索地区的政治、经济和文化问题的报告。2004 年，他们与塞尔吉·欧里宁（Serge Iourienen）和马里奥·科蒂（Mario Corti）一起离开了 RFE／RL，以抗议后者对俄罗斯的日趋遵从。他后来做起了独立记者。

滕吉兹·古达瓦写过多篇文章，也写诗，还有两本用俄语写的小说（*Ego zvali Anzhelika*，2003；*Gelgoland*，2008）。

根据 2009 年 4 月 20 日 RFE／RL 报告，在"不清楚的情况"下，滕吉兹·古达瓦在布拉格去世。4 月 15 日晚，古达瓦步行离开了他在布拉格的公寓买烟，之后未返回。在距离他家 20 分钟车程的僻静的地方，一位驾车者发现他失去知觉并打电话给急救服务，但他未能恢复知觉，在去医院的途中死亡。对此，警方未提供更多细节，只说在离他家不远的太平间里看到了他的遗体，身上没钱包，说他是死于车祸。

瓦莱里安·瓦里科·古尼亚（1862—
1938），格鲁吉亚戏剧家、演员、导演、
评论家、翻译。他对格鲁吉亚风光的
贡献为他赢得了 1934 年的"人民艺术
家"称号。

瓦莱里安·瓦里科·古尼亚

瓦莱里安·瓦里科·古尼亚 1862 年 1 月 21 日生于库塔伊西的埃基（Eki）
村，即现在的塞纳基市（Senaki）的一个名气不大的明格里亚贵族家庭。他
在第比利斯德语学校读书，1881 年因为参加抗议活动被开除。然后他在莫斯
科的彼得罗夫斯科·拉祖莫夫斯基农业学院学习。

1882 年，他加入了第比利斯的格鲁吉亚戏剧团，作为一名演员，曾在欧
洲主要戏剧中扮演主角。他还培训了许多才华横溢的演员，并组织了季节性
旅行公司。他是现实主义戏剧的坚决拥护者，他的戏剧在格鲁吉亚剧院的剧
目中占有重要地位。

他还翻译了俄罗斯和西欧作家的几部戏剧，并撰写了格鲁吉亚剧院的历
史。从 1913 年开始，他还出现在几部格鲁吉亚电影中。

1938 年 7 月 31 日，瓦莱里安在第比利斯去世，埋葬于迪杜拜的万神殿
公墓[1]。

1　迪杜拜的万神殿公墓（Didube Patheon，დიდუბის პანთეონი），位于格鲁吉亚首都第比利斯，
墓地 1939 开始使用，是格鲁吉亚最著名的作家、艺术家、学者、科学家和政治活动家安葬之地。

尼诺·哈拉蒂施维利（1983—），
格鲁吉亚小说家、剧作家和戏剧导演，
现居于德国汉堡，用德语写作。

尼诺·哈拉蒂施维利

尼诺·哈拉蒂施维利 1983 年 6 月 8 日出生于第比利斯。

尼诺·哈拉蒂施维利获将众多，其中包括"阿德尔贝特·冯·沙米索[1]
奖"[2]"克拉尼希施泰纳文学奖"和德国"经济文化团体文学奖"[3]。

尼诺·哈拉蒂施维利的主要作品有：《表亲与贝基纳兄弟》（2001）；两
个剧《格鲁吉亚》《丽芙·斯坦》（2009）；小说《朱贾》（*Juja*，2010）；小说
《我的灵魂双胞胎》（2011）；电影剧本《愤怒》（2011），小说《第八人生》（*For*

1　阿德尔贝特·冯·沙米索（Adelbert von Chamisso，1781.1.30–1838.8.21）最有才能的柏
林浪漫派抒情诗人之一，生于法国，长于德国，用德语写作，参加过俄国人组织的环球远航，
因写有类似《浮士德》的《彼得·施莱米尔的奇妙的故事》（1814）而闻名。
2　阿德尔贝特·冯·沙米索奖（德语：Adelbert-von-Chamisso-Preis）是 1985 年设立的德
国文学奖，授予母语非德语的创作者，阿德尔贝特·冯·沙米索就是这种情况，它是由罗伯
特·博世·施蒂夫通（Robert Bosch Stiftung）提供的。
3　以上两个奖项克拉尼希施泰纳文学奖和德国经济文化团体文学奖的德语分别是：
"Kranichsteiner Literaturpreis"和"Literaturpreis des Kulturkreises der deutschen Wirtschaft"。

《我的灵魂双胞胎》封面　　　　《第八人生》封面　　　　　《朱贾》封面

Brilka，2014）；小说《猫和将军》（2018）；英译本《第八人生》（2019）；意
大利语译本《第八人生》（2020）。

保罗·伊什维利（1894—1937），
是格鲁吉亚诗人，也是格鲁吉亚象征
主义运动的领导人之一。

保罗·伊什维利

1894 年 6 月 29 日，保罗·伊什维利出生于格鲁吉亚西部的库塔伊西附近，曾分别在库塔伊西、阿纳帕和巴黎受过教育。1915 年，保罗·伊什维利返回格鲁吉亚，成为格鲁吉亚象征主义组织"蓝色号角"的创始人及发言人之一，编辑了文学杂志《蓝色号角》[1]。

1920 年代初期，保罗成为格鲁吉亚后象征主义和实验诗歌的领袖。他的密友、诗人、小说家、翻译鲍里斯·帕斯捷尔纳克[2] 形容他"优秀、有教养、有文化、说话风趣、很欧洲、颜值高"。

1920 年代末期，苏联的意识形态压力使他对神秘主义和"纯艺术"的热爱逐渐消失。此时，许多主要作家都保持沉默。拉夫伦蒂·贝里亚上任后

---

1 格鲁吉亚语为 "ცისფერი ყანწები"，英语为 *Tsisperi Qantsebi*，意思 "蓝色号角" 或 "蓝号角"（Blue Horns）。
2 鲍里斯·列昂尼多维奇·帕斯捷尔纳克（Boris Pasternak），苏联作家，诺贝尔文学奖得主，以小说《日瓦戈医生》闻名于世。

恢复了对许多格鲁吉亚作家的青睐，伊什维利最终不得不适应苏联的学说，他的诗歌越来越趋于意识形态化。贝里亚甚至让他成为高加索中央委员会的成员。

1930 年代大清洗的高峰期，伊什维利承认自己的"判断错误"并重申他对斯大林和贝里亚忠诚。他目睹甚至参加公开审判，把朋友从作家协会中赶出去。在贝里亚施压下，他将法国作家和前朋友安德烈·基德[1]说成"奸诈、黑面的托洛茨基派特人"。理想的背叛彻底使诗人丧气。贝里亚提出要么他亲自谴责他一生的朋友——象征主义诗人提香·塔比泽[2]，要么后者被内务人民委员会[3]逮捕和折磨。1937 年 7 月 22 日，保罗·伊什维利前往作家协会办公室并开枪自杀。但联盟议会继续并通过一项决议，指出伊什维利在从事叛国和间谍活动时假扮成文学家，坚持认为他在会议期间的自杀是"煽动性行为，旨在引起厌恶和愤慨"。

1　安德烈·保罗·吉约姆·基德（André Gide），法国作家，1947 年诺贝尔文学奖得主。纪德的早期文学带有象征主义色彩，直到两次世界大战的战间期，逐渐发展成反帝国主义思想。纪德擅长虚构和自传书写，在文字间展露他的人格中，因拘谨保守的教育和狭隘的社会道德主义分裂而成的两面：冲突和至终和谐。

2　提香·塔比泽（Titsian Tabidze）是格鲁吉亚诗人，也是格鲁吉亚象征主义运动的领导人之一。他成为"大清洗"的受害者，因叛国罪被捕并被处决。塔比泽是俄罗斯著名作家鲍里斯·帕斯捷尔纳克（Boris Pasternak）的密友，他曾将自己的诗歌翻译成俄语。

3　内务人民委员部（NKVD）是苏联在斯大林时代的主要政治警察机构，也是 1930 年代苏联大清洗的主要实行机关。内务人民委员部所下辖的国家安全总局是克格勃的前身。该组织除担任常规警察的角色外，其属下部门也负责其他事务，如交通管制、消防、国境警备和国家档案管理等。

约阿诺·佐西姆（Ioane-Zosime）
也被称为约翰·佐西莫或约翰·佐姆
斯（John Zosimos），是 10 世纪的格
鲁吉亚基督教修士、宗教作家、书法家，
以其礼仪汇编和赞美格鲁吉亚语的赞
美诗而著称。

约阿诺·佐西姆

约阿诺·佐西姆的生平记录很少，只知道他是活跃于巴勒斯坦玛尔萨巴
修道院[1]的众多格鲁吉亚修士之一。他于 970 年从那里逃离阿拉伯统治前往
西奈山。他的大量著作可追溯到 949 年至 987 年之间。在约阿诺·佐西姆玛
尔萨巴时期的三本尚存手稿中，于 949 年至 954 间创作的两本赞美诗集价值
最高。在西奈山上他主要从事装订、整理和抄写工作。在他的赞美诗汇编和
年代论专著中提供了详细的来源清单及圣典的盛宴和格鲁吉亚礼仪年表百科
全书式的日历。约阿诺·佐西姆还收集了经常引用的过时文本，比较了不同
教会中心的用法，并将格鲁吉亚语与希腊语资料区别开来。他的一首圣诗选
集的结尾是约阿诺·佐西姆的"遗嘱"，这是一部精美的离合赞美诗[2]，并且

---

1 圣萨巴修道院的阿拉伯语称为玛尔萨巴（Mar Saba），是巴勒斯坦西岸伯利恒省的一个
东正教修道院，在耶路撒冷旧城和死海中间，俯瞰汲沦谷。修道院始建于 483 年，如今修道
院约有 20 名修士，是世界上最古老的有人居住的修道院之一，仍保留着许多古老的传统，
特别是限制妇女进入。修道院每星期三五对游客关闭。
2 离合赞美诗，一种短诗类型，由单一字或多字或字母，以逻辑方式来组成诗文的某部分。

读到每节的首字母和最后字母都是圣乔
治[1]。

约阿诺·佐西姆最著名的赞美诗是
《格鲁吉亚语言的赞美与喜悦》（ქება
და დიდება ქართულისა ენისაჲ）。
这首诗，充满了命理学的象征意义和圣
经的典故，认为作者的母语是深奥的，
格鲁吉亚语与希腊语（拜占庭帝国的官
方语言）并列，并为其赋予了独特而神
圣的作用。此外，他为格鲁吉亚语赋予
宗教色彩，作为审判日[2]的语言。

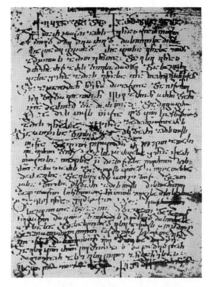

约阿诺·佐西姆采用中世纪格鲁
吉亚字母努斯胡里[3]（Nuskhuri）写
作的手稿。

---

1 圣乔治斯拉夫化称为圣尤里，著名的基督教殉道圣人，英格兰的守护圣者。经常以屠龙
英雄的形象出现在西方文学、雕塑、绘画等领域。
2 "最后的审判"是《新约圣经·启示录》中的故事，描绘世界末日来到时，耶稣再临，
并亲自审判世间善恶。意大利文艺复兴盛期画家和雕塑家米开朗琪罗于1534年至1541年为
西斯汀小堂绘制了一幅巨型同名的祭坛画。
3 格鲁吉亚字母努斯胡里（Nuskhuri），大约公元430年，格鲁吉亚语第一次以书面形式
出现在巴勒斯坦一座教堂的碑文中，其字母表被称为"Asomtavruli"。此前，格鲁吉亚使用
的主要书面语言是一种阿拉姆语，被称为阿玛祖利（არმაზული დამწერლობა）。另外，
两种字母也可被用来书写格鲁吉亚语："Nushkhuri"和"Mkhedruli"。9世纪，Asomtavruli
逐渐被更有棱角的字母表 Nuskhuri（"极小，小写"）所取代，一直使用到11世纪。而
Mkhedruli 字母表是在11世纪和13世纪之间 Nuskhuri 改的。Mkhedruli 来自 mkhedari，意
思是"骑士"。起初，Mkhedruli 只用于世俗写作，而对于宗教写作，则混合使用两种较旧
的字母。最后 Nuskhuri 成为宗教文本的主要字母表，Asomtavruli 仅用于标题和句子的首字母。

奥蒂亚·约瑟利亚尼（1930—2011），格鲁吉亚散文作家、戏剧家。其戏剧曾在格鲁吉亚及苏联和东德等其他国家成功上演，并获得过"格鲁吉亚荣誉勋章"。

奥蒂亚·约瑟利亚尼

奥蒂亚·约瑟利亚尼 1930 年 6 月 16 日出生于格鲁吉亚中西部的茨卡尔图博（Tskaltubo）区的格维什比（Gvishtibi）村。他于 1950 年代中期开始写作，并于 1957 年出版了第一本故事集。他的第一部小说《流星》（ვარსკვლავთცვენა，1962）在全国范围内得到认可，该小说像他许多早期作品一样，以第二次世界大战为主题，以不同的艺术风格处理了各种各样的人物关系。1960 年代至 1970 年代，他出版了一些著名的小说，例如《曾经有一个女人》（იყო ერთი ქალი，1970）和《囚犯被俘》（ტყვეთა ტყვე，1975 年），此外还有许多短篇故事。

1960 年代，他首次尝试创作电影剧本和戏剧，其中包括喜剧《直到牛车翻车》（სანამ ურემი გადაბრუნდება，1969）和《六个老女佣和一个男人》（ექვსი შინაბერა და ერთი მამაკაცი，1971），成功地填补了东柏林剧院的空档。

2011 年 7 月 14 日，奥蒂亚·约瑟利亚尼去世，享年 81 岁。根据作家自己的遗嘱，他被埋葬在故乡格维什比自家院子里。

瓦赫坦·贾贾尼泽（1987—），
格鲁吉亚的电影导演、编剧。

瓦赫坦·贾贾尼泽

1987 年 7 月 16 日，瓦赫坦·贾贾尼泽出生于格鲁吉亚西部的奇阿图拉[1]。2010 年毕业于第比利斯国立大学国际贸易与法律学院。后在绍塔·鲁斯塔韦利戏剧和电影学院学习。2010 年，在读一年级年仅 23 岁的他拍摄了他的第一部学生短片。

2010 年至 2015 年期间，瓦赫坦·贾贾尼泽制作了几部短片。最成功的电影是《出埃及记》（*Exodus*），该电影曾在许多主要电影节上放映，其中包括第比利斯国际电影节和德累斯顿电影节。该电影讲述了两个生活在格鲁吉亚的一个小镇上的中年姐妹塔蒂亚娜（Tatiana）和莉莉（Lili）的故事。

主要短片：《出埃及记》（2015）；《第比利斯从黎明到黄昏》（2013）；《曾经在公园》（2012）；《从星期一到星期一》（2012）；《人权宣言》（2011）；《陶－克拉杰蒂的学生考察》（2011）。

1　奇阿图拉位于格鲁吉亚西部，距离首都第比利斯 220 公里，由伊梅列季州负责管辖，海拔高度 149 米，该镇附近有大型锰矿，2014 年人口 12,803。

米哈伊尔·雅瓦希什维利（1880—1937），格鲁吉亚小说家，被认为是20世纪格鲁吉亚顶级作家之一。

米哈伊尔·雅瓦希什维利

对于米哈伊尔·雅瓦希什维利，用研究俄国和格鲁吉亚文学的英国当代学者唐纳德·雷菲尔德（Donald Rayfield）的话来说，"他叙事生动，直面媒体，轻快幽默，微妙讽刺，有勇气有担当，可与司汤达[1]、莫泊桑[2]相提并论。在现代格鲁吉亚散文中，只有康斯坦丁·加姆萨赫迪亚才有同样的国际水平。"

米哈伊尔·雅瓦希什维利原名米哈伊尔·亚当什维利，1880年11月8日出生在格鲁吉亚东南部的克维莫－卡特利州地区的采拉克维（Tserakvi）村。作家本人解释了他真实姓氏的误解。他的祖父母姓雅瓦希什维利，是卡特利的贵族，杀了人，不得不逃往卡赫季，改姓托克利基什维利（Toklikishvili）。

1　马利－亨利·贝尔，笔名司汤达（Stendhal），19世纪的法国作家。他以准确的人物心理分析和凝练的笔法而闻名，被认为是最重要和最早的现实主义的实践者之一。作品有《红与黑》和《帕尔马修道院》等。
2　亨利－勒内－阿尔贝－居伊·德·莫泊桑（Guy de Maupassant），法国批判现实主义作家，作品以短篇小说为主，被誉为"世界短篇小说之王"，名作有《项链》《羊脂球》《俊友》等。

他祖父亚当回到卡特利，给儿子萨巴（Saba）登记的姓氏是亚当什维利。作家年轻时也曾使用这个姓，但后来他恢复了祖辈姓氏。他曾报考雅尔塔园艺与葡萄栽培学院，但家庭悲剧迫使他放弃了学业：强盗杀死了他的母亲和妹妹，而父亲不久之后就去世了。1901 年，米哈伊尔返回格鲁吉亚，在卡赫季的一家铜冶炼厂工作。

1903 年，他的第一本小说以雅瓦希什维利之名出版，随后发表了一系列批评俄罗斯当局的新闻文章。1906 年，沙皇的政治压迫使他退到法国，在巴黎大学学习艺术和政治经济学。1908 年至 1909 年期间，前往瑞士、英国、意大利、比利时、美国、德国、土耳其，之后秘密返回自己的家乡，到 1910 年在格鲁吉亚被捕、流放。1917 年，从流放地返回，在停滞了将近 15 年后恢复了写作。1921 年，加入了格鲁吉亚国民民主党，反对同年在格鲁吉亚成立的苏维埃政府。1923 年，雅瓦希什维利被捕并被判处死刑，但在格鲁吉亚作家联盟的调解下被赦免，监禁六个月后获释。

米哈伊尔·雅瓦希什维利巧妙地将民间用语融入规范的叙事语言。他的佳作中，结合了毁灭性的现实主义和极具特征的幽默感，外加隐约可见的悲观主义和无政府状态，并将城乡生活、沙皇和苏联时代进行对比。故事情节有时是明显的反叛、暴力和性激情，与传统的禁忌相交，掩盖了与新世界妥协，作品关注格鲁吉亚的富农[1]的崛起及其 1917 年后对格鲁吉亚的贵族知识分子和散居者的生活的影响。

米哈伊尔·雅瓦希什维利的中篇小说《雅各的无神论》（ჯაყოს ხიზნები，1924 年首版）很有代表性和影响力，书中描写了刻薄、贪婪的骗子贾库（Jaqo）和被他残害的特穆拉兹·赫维斯塔维（Teimuraz Khevistavi）王子之间的故事。特穆拉兹是一位亲和的知识分子和软弱的慈善家，被他的

---

1 富农（kulak），是指在俄罗斯帝国后期至苏联初期，一些相对富裕的农民阶级的称呼。他们有自己的土地自己耕作，农忙时也会雇人耕作，也有自己的耕牛。1906 年至 1914 年期间，他们在斯托雷平改革期间变得更加富有。富农虽然不是地主，但是根据马列主义理论，他们被视为小资产阶级。

受托人贾库抢走了财产、夺走了美丽爱妻玛格（Margo），并逼疯了他。读着特穆拉兹的故事，我们读出的是古老贵族的衰落，及短暂独立的格鲁吉亚的失落感。另一部重要作品讽刺性小说《克瓦契·夸尚蒂拉泽》（*Kvachi Kvachantiradze*，კვაჭი კვაჭანტირაძე，1924），1927年由桑德罗·阿赫梅特利（Sandro Akhmeteli）的鲁斯塔韦利剧院改编成剧本，但由于被批评为色情作品，项目被中止（此剧消失）。

米哈伊尔·雅瓦希什维利在其1926年的小说《白领》中描述了热爱自由和热心的格鲁吉亚登山者赫夫苏尔（Khevsurs）在新的苏联现实中的命运。第比利斯人叶利兹巴尔（Elizbar）受到性欲高涨却愚蠢的大城市妻子楚斯基亚（Tsutskia）的鄙视而感到恼火，他退回赫夫苏蒂安（Khevsuretian）高地，在探寻铜矿时坠入爱河，另娶了一位坚强、传统却又充满爱心和活力的赫夫苏尔家族的女孩卡图纳（Khatuna）。尽管在当地山区受到欢迎，人们对他很友善，但叶利兹巴尔仍渴望返回城市生活，并将卡图纳带到第比利斯，后来面临灾难时，他却抛弃了高地的朋友和姻亲。

米哈伊尔·雅瓦希什维利巅峰之作《马拉布达的兵工厂》（არსენა მარაბდელი）创作于1933年至1936年间。作者花了很多年的时间研究和重写小说的俄文和格鲁吉亚文版本，情节根据一个真实的历史人物的生活改编而来。

米哈伊尔·雅瓦希什维利因其对格鲁吉亚民族独立自强的见解，在俄罗斯时代也被逮捕和流放了好几次。1930年，他被怀疑是托洛茨基主义，与作家联盟和人民教育委员会主席玛拉齐亚·托罗什利泽（Malakia Toroshelidze）发生冲突，因为后者禁止格鲁吉亚文学经典。贝利亚上台后，禁令被撤销，米哈伊尔·雅瓦希什维利在短时间内获得了青睐。重新出版了他的《马拉布达传奇》，作品还被改编成剧本。

即使他在1936年出版了温和的《女人的负担》（ქალის ტვირთი），也未能逃脱布尔什维克的严厉批评，这是一部尝试社会现实主义小说，却遭到批评。有人怀疑他给作家格里戈尔·罗巴基泽透露抓捕消息并协助后者

1930 年叛逃到德国。

1937 年 7 月 22 日，诗人保罗·伊什维利在作家联盟大楼自我枪击身亡，联盟会议继续，并通过一项决议，谴责诗人的举动是反苏联的挑衅，当时米哈伊尔·雅瓦希什维利是唯一赞美诗人勇气的人。同年 7 月 26 日，联盟主席团投票表决："人民公敌、间谍、异己分子米哈伊尔·雅瓦希什维利被开除出作家联盟……"他的朋友和同事，包括已经入狱的朋友和同事，被迫将他当成反革命恐怖分子。只有评论家吉伦蒂·科科泽（Geronti Kikodze）离开工会会议

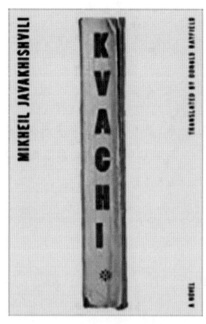

讽刺小说《克瓦契》封面

并进行抗议。1937 年 8 月 14 日，米哈伊尔·雅瓦希什维利被捕，并在贝里亚（Beria）在场的情况下遭受酷刑，直到他签署"认罪书"。同年 9 月 30 日，米哈伊尔·雅瓦希什维利被枪杀，财产被充公，档案被摧毁，兄弟被枪杀，遗孀被放逐。

娜娜·约雅泽又称娜娜·裘杨兹（1948—），电影导演、编剧和演员。

娜娜·裘杨兹

娜娜·裘杨兹 1948 年 8 月 24 日出生于第比利斯，1966 年从第比利斯国立艺术学院毕业，1972 年从第比利斯国家美术学院建筑系毕业。1968 年至 1974 年期间担任建筑师，之后进入第比利斯国家剧院学院学习，并于 1980 年毕业。娜娜曾获"奥斯卡最佳外语片奖"和"欧洲电影将最佳编剧奖"提名。

娜娜·裘杨兹首次亮相是 1977 年的电影《个人问题上的某些采访》，1979 年担任《索波特之旅》的导演。她 1987 年的作品《罗宾逊娜达或我的英国祖父》是一个突破，在 1987 年的戛纳电影节上赢得了"金摄影机奖"，还赢得广泛好评。她在 1990 年代初移居法国，并执导了多部电影，其中包括《爱情大厨》（1996），这是第一部也是迄今为止唯一一部获得"奥斯卡金像奖"提名的格鲁吉亚电影。她与格鲁吉亚作家兼导演伊拉克里·科维里卡泽（Irakli Kvirikadze）结婚，后者以前被称为伊拉克里·米哈伊洛维奇·科维里卡泽（Irakli Mikhailovich Kvirikadze）。

娜娜·约雅泽担任导演出品的作品有：《索波特之旅》（1979）；《亚特兰大》（1979）；《莫斯科电视台》（1981）；《埃罗西》（1984）；《罗宾逊纳或我的英国祖父》（1987）；《偶遇》（1993）；《拿破仑城堡》（*Châteaude la Napoule*）(1993)；《关于格鲁吉亚》（1993）。另外，她在《恋爱中的厨师》（1996）中饰演娜娜·裘杨兹。之后担任导演的作品有：《27个错过的吻》（2000）饰演娜娜·裘杨兹；《托尔科·泰勒（电视迷你系列）》（2004）；《彩虹创造者》(2008)；《莫斯科，我爱你！》（2010年）；《我的美人鱼》《我的洛雷莱》（2013）；纪录片《格鲁吉亚葡萄酒的发源地》（2016）。

《彩虹创造着》海报

她作为作家的作品包括：《索波特之旅》（1979）；《亚特兰大》（1979）；《帮我爬上雅卢布》（მომეხმარეთ იალუბუზე ასვლაში，1981，电视片）；《埃罗西》（1984）；《偶遇》（1993）；《拿破仑城堡》（*Châteaude la Napoule, 1993*）；《27岁的达喀尔古里·科茨纳》（2000）。

格鲁吉亚电影可以大致分为五个历史时期。1. 初创时期：1912 年至 1921 年。2. 前苏

《27个错过的吻》海报

联早期：1921 年至 1956 年，国家电影机构的建立以及卡拉托佐夫、申格拉亚等导演创作的《雁南飞》在戛纳电影节获奖。3. 格鲁吉亚新浪潮：1956 年至 1980 年，钦吉兹·阿布拉泽和雷佐·齐克黑泽的《玛格达娜的毛驴》在戛纳电影节获奖，约瑟里亚尼、阿布拉泽等人开始创作。4. 新一代电影人：1980 年至 2003 年，特穆尔·巴布鲁阿尼，娜娜·裘杨兹等导演开始拍摄自己的作品。5. 复兴时期：2003 年"玫瑰革命"之后，电影产业的改革。

伊拉克利·卡卡巴泽(1982—),
格鲁吉亚作家、表演艺术家以及和
平与人权活动家。

伊拉克利·卡卡巴泽

伊拉克利·卡卡巴泽 1982 年出生。早年(1987—1990)积极参与反苏运动及格鲁吉亚民族解放运动。1989 年,他是由格鲁吉亚第一任总统兹维亚德·加姆萨赫迪亚组成的民族解放委员会中最年轻的成员。1990 年,年仅 21 岁的他当选为格鲁吉亚全国论坛(National Forum)的成员,该论坛包括 9 个最强政党。由于年龄原因没有参加竞选的资格,但他帮助解放运动大获全胜,赢得了 1990 年 10 月的选举。兹维亚德·加姆萨赫迪亚当选总统后,他退出政治活动,投身文学和艺术创作。

1990 年伊拉克利·卡卡巴泽移居美国,用双语写作,还从事和平研究和解决冲突领域的工作。二十多年来他从事非暴力社会变革和解决冲突的实践。他是 1989 年(作为学生运动的领导人之一)和 2003 年(作为公民抗命委员会的领导人之一)两次和平革命的积极参与者。1997 年至 2002 年间,他担任华盛顿特区多轨外交学院的协调员。因他对格鲁吉亚东正教教会伊拉克里的批评而不得不离开格鲁吉亚并居住在土耳其伊斯坦布尔。

伊拉克利·卡卡巴泽用格鲁吉亚语和英语在报纸杂志上发表了 50 多篇短篇小说和散文。他的小说《快板或一年纪事》获得格鲁吉亚杂志《黎明》（Tsiskari）颁发的 1990 年"最佳文学创作奖"。剧作《候选人乔科拉》在格鲁吉亚引起争议，故事讲述的是格鲁吉亚总统候选人和一名阿布哈兹妇女之间的爱情故事。

转型表演风格什马齐（Shmazi）这个词出现于 1990 年代中期，"Shmazi"表演艺术风格将表演与问题解决研讨结合在一起。1998 年至 1999 年间，伊拉克利·卡卡巴泽与亚娜·金（Yana Djin）、基克·阿维莱斯（Quique Aviles）、歌手露西·墨菲（Luci Murphy）、音乐家艾莉森·沃尔夫（Allison Wolfe）和娜塔莉·艾弗里（Natalie Avery）等美国作家一起参加了"Shmazi"的演出。"Shmazi"成为政治表演艺术的代名词，挑战了阶级统治的经济秩序。伊拉克利·卡卡巴泽开发了复音话语，在同一艺术作品中包含不同的叙述。

2001 年至 2004 年，伊拉克利·卡卡巴泽担任第比利斯的双语（格鲁吉亚－英语）文学社会科学杂志《和平时报》的主编。他从这里开始探索多语言和多话语的写作风格。该杂志将创意多媒体艺术与多学科和平科学相结合。正是在这本杂志上，卡卡巴泽开始出版格鲁吉亚语、俄语、英语和德语文本。作为一种方法，复音话语源于传统的格鲁吉亚民间音乐以及俄罗斯文学科学家米哈伊尔·巴赫金（Mikhail Bakhtin）的著作。他与同事祖拉布·特维利亚什维利（Zurab Rtveliashvili）一起使用了这项技术，将其用于写作和表演。在他们的联合作品《二十一世纪的格鲁吉亚人道主义宣言》（2005）和《当代达达宣言》（2009）中，他们展示了两种截然不同的叙述同时和谐地存在于同一表演中。分散的表演形式和艺术表现风格成为这些艺术家的标志性特征。许多评论家将这些复音表演与西方多元文化后现代叙事的发展联系在一起，但据作者称，这一概念的根源远比 21 世纪初的简单趋势更深远。2010 年纽约"笔世界声音"音乐节上，卡卡巴泽将其表演搬上舞台。

2009 年，他获得了"乐施会言论表达自由奖[1]"。他的文章和故事曾发表在格鲁吉亚语、俄语和英语的报纸和杂志上。

2007 年，他获得了人权观察组织[2]的资助。2008 年至 2012 年，他常驻纽约州伊萨卡，在那里开发了一种将表演艺术与社会科学相融合的新方法，称为"重新思考悲剧"或"变革性表演"。他还率先提出了多语言和多叙事的表演风格，并将其称为"复调话语"。伊拉克利·卡卡巴泽作为艺术家活动家的作品是部纪录片《我大声说》（*At the Top of My Voice*）。

伊拉克利·卡卡巴泽的著作包括以格鲁吉亚语出版的《时代广场——时光之环》（1998）以及以英语出版的《鲜花之地——解放神学》（2010）。

1　乐施会言论表达自由奖（Oxfam/Novib PEN）是与 PEN 国际笔会监狱委员会、PEN 紧急基金会和荷兰乐施会合作颁发的文学奖。该奖项旨在表彰因其作品而受到迫害并继续从事创作的作家。获奖者可获得 €2,500。该奖项是由国际笔会分支机构在全球 145 多个笔会中心赞助的众多笔会奖项之一。

2　人权观察（Human Rights Watch）是一个国际非政府组织，总部设在美国纽约，在阿姆斯特丹、贝鲁特、柏林、布鲁塞尔、芝加哥、日内瓦、约翰内斯堡、伦敦、洛杉矶、东京、巴黎、莫斯科、内罗毕、旧金山、雪梨、多伦多、华盛顿特区和苏黎世均设有办事处。该组织以调查、促进人权问题为主旨。

安娜·卡兰达泽（1924—2008），
格鲁吉亚诗人，也是现代格鲁吉亚文
学中最具影响力的女性人物之一。

安娜·卡兰达泽

安娜·卡兰达泽的画像

安娜·卡兰达泽 1924 年 12 月 15 日出
生在格鲁吉亚西部古里亚省乔哈陶里[1]附近
的基迪萨维（Khidistavi）村。1946 年毕业
于第比利斯国立大学语言学院，同年发表
了她的第一首诗。用唐纳德·雷菲尔德教
授的话说："她错综复杂、微妙的节奏和
个人抒情风格广受欢迎。"

　　她已出版的 700 余首诗中，可以提取
出某种一贯的哲学，沉默且坚忍。引用唐
纳德·雷菲尔德教授在其格鲁吉亚文学史

1　乔哈陶里（Chokhatauri），是格鲁吉亚的城镇之一，位于该国西部，由古利亚州负责管辖，
是乔哈陶里市的首府，处于第比利斯以西 310 公里，海拔高度 150 米，2014 年人口 1,815。

中的话：罕见的反抗爆发在一首诗中从来没有超过两句，足够微妙不致引起苏联权威的反对。

此外，卡兰达泽的许多关于爱国和浪漫主题的诗都被制作、改编成流行歌曲。她还是俄罗斯和欧洲诗歌的多产译者。

2008年3月11日，安娜·卡兰达泽死于脑血管意外，葬在圣山万神殿。

米哈伊尔·卡拉托齐什维利（1959—2009）是自 1980 年代初以来一直活跃于格鲁吉亚 – 俄罗斯的电影导演、制片人、编剧。

米哈伊尔·卡拉托齐什维利

1959 年 5 月 19 日，米哈伊尔·卡拉托齐什维利出生于第比利斯。2009 年 10 月 12 日，因心脏病发作去世于莫斯科。他祖父是通常被称为米哈伊尔·卡拉托佐夫（Mikhail Kalatozov）的世界著名苏联电影制片人。

米哈伊尔的影视作品有：《梅哈尼克》（1981）；《史嘉本的诡计》（1985）；《挚爱》（1991）；《谜》（2000）；《关于米哈伊尔·卡拉托佐夫的电影》（2006）；《荒野》（2008）。其中，1991 年的电影《挚爱》参加了第 42 届柏林国际电影节。

米哈伊尔·卡拉托佐夫又称米哈伊尔·康斯坦丁诺维奇·卡拉托佐夫（Mikhail Konstantinovich Kalatozov, 1903—1973），格鲁吉亚导演。

米哈伊尔·卡拉托佐夫

1903 年 12 月 28 日米哈伊尔·卡拉托佐夫生于第比利斯，起初攻读经济学，后成为电影摄影师、电影演员和制片人。1933 年就读于俄罗斯国立表演艺术学院，1936 年主管格鲁吉亚电影制片厂，然后在苏联国家摄影委员会任职。1939 年移居列宁格勒，在列宁格勒电影制片厂担任导演。第二次世界大战期间执导了几部宣传片并在苏联驻美国大使馆担任文化专员。1950 年代执导了其他几部电影。他的最后四部作品《雁南飞》[1]（1957）、《没有寄出的信》（1959）、《我是古巴》[2]（1964）和《红帐篷》（1969）是他最著名的作品。1969 年获得了"苏联人民艺术奖"。此外，还执导了多部纪录片，包括《他

1　《雁南飞》（*The Cranes Are Flying*）是一部关于二战的苏联电影，描绘了战争的残酷和卫国战争结束后给苏联人留下的心灵创伤。米哈伊尔·卡拉托佐夫 1957 年执导。该片获 1958 年"戛纳电影节金棕榈奖"，这是苏联电影第二次获此殊荣。
2　《我是古巴》是 1964 年由米哈伊尔·卡拉托佐夫在莫斯科电影制片厂执导的实验电影。它是苏联和古巴之间的国际合拍片，但无论是俄罗斯还是古巴公众都没有很好地接受它。

们的王国》[1]和无声纪录片《斯瓦涅季的盐》（1930）。

米哈伊尔的家人属于贵族阿米瑞吉比（Amirejibi）家，其历史可追溯到13世纪。米哈伊尔的一个叔叔曾在俄罗斯帝国军队中担任过将军，另一位是第比利斯国立大学的创始人之一。

米哈伊尔娶了意大利领事的女儿詹娜·瓦拉基（Zhanna Valachi）。他们在度假期间在巴统相遇。1929年，詹娜诞下了他们的儿子乔治，入籍苏联。乔治跟随父亲的步伐，在格鲁吉亚电影制片厂担任摄影师和电影导演，卡拉托佐夫的孙子（Mikhail Kalatozishvili）也是如此，他也成了成功的电影导演和制片人。

米哈伊尔·卡拉托佐夫第七次心脏病发作后于1973年3月27日在莫斯科去世，葬在新圣女公墓。他的孙子米哈伊尔·卡拉托齐什维利创立了以祖父名字命名的非商业性米哈伊尔·卡拉托佐夫基金，以帮助电影保存和对新电影的资助。

格鲁吉亚盛产电影大师，有卡拉托佐夫（Mikheil Kalatozov）、约瑟里亚尼（Otar Ioseliani）、阿布拉泽（Tengiz Abuladze）、达涅利亚（Georgi Daneliya）、申格拉亚父子[2]、天才导演科巴希泽（Mikheil Kobakhidze）、女导演娜娜·裘杨兹（Nana Jorjadze）和近来获得广泛国际关注的巴布鲁阿尼父子[3]。还有米哈伊尔·齐阿乌列里（Mikheil Chiaureli）、娜娜·梅切莉泽（Nana Mchedlidze）、拉娜·戈戈别里泽（Lana Gogoberidze）、雷佐·齐克黑泽（Rezo Chkheidze）等。

---

[1] 此片与第一位格鲁吉亚女导演奴萨·高高贝雷泽（Nutsa Gogoberidze）共同创作。

[2] 即尼科洛兹·申格拉亚（Nikoloz shengelaya）及他的两个儿子艾尔达（Eldar）和乔治（Giorgi）。

[3] 即格拉·巴布鲁阿尼（Géla Babluani）及他的父亲铁木尔·巴布鲁阿尼（Temur Babluani）。

杰马尔·卡克哈泽（1936——1998），格鲁吉亚作家。

杰马尔·卡克哈泽

杰马尔 1936 年 5 月 13 日生于格鲁吉亚西部瓦尼的乌库蒂（Ukhuti）村。1998 年 11 月 8 日在第比利斯去世。1960 年毕业于第比利斯国立大学的杰马尔获格鲁吉亚语言和文学学位。1977 年，发表短篇小说《他》（ იგი）。紧随其后的是他最重要的小说《大篷车》（ქარავანი，1984）、《安东尼与大卫》[1]（1987）和《斑马龙》（ზებულონი，1988）。杰马尔·卡克哈泽写过六本小说，一些短篇小说和散文。其余作品包括：《王子与龙》（2014）；《短篇小说全集》（2012）；《维度》（2008，2012）；《寄宿者》（2008，2011）；1984 年《大篷车》（2012）；1994 年《木星之悔》（2009）；《木兰花或祖母安之死》（1999）。

杰马尔·卡克哈泽被授予三项文学奖：1999 年因《维度》（განზომილება）和对国家文学的贡献获"格鲁吉亚国家奖"；2007 年因短篇小说全集获"Gala"奖；同年因小说《安东尼和大卫》而获得"图书馆选择奖"。

1　小说《安东尼与大卫》（ანტონიო და დავითი，1987），2013 年瑞典语版出版，2014 年阿拉伯语版出版。

祖拉布·卡鲁米泽（1957— ），格鲁吉亚作家、文化学家。

祖拉布·卡鲁米泽

祖拉布 1957 年 8 月 22 日出生于第比利斯，后毕业于第比利斯国立大学[1]西欧语言和文学系，主修英语文学专业，撰写了有关约翰·多恩的毕业论文。毕业后成为第比利斯国立大学 20 世纪文学研究中心的研究员。

1994 年至 1995 年期间，他是威斯康星州密尔沃基分校的富布赖特学者，从事后现代美国元小说的研究。他的两个短篇小说以英文发表在《钟表评论》（1996）上。曾分别在第比利斯英语文学杂志《格鲁吉亚 / 高加索概况》（1995—2000 年）和《高加索情境》（2002—2005 年）任职。

他发表过短篇小说集《歌剧》（1998）和几本小说，包括《酒红色海》（*The Wine-dark Sea*，2000）和《戈戈与山羊》（*Gigo and the Goat*，2003）。他

---

1 伊万·雅瓦希什维利第比利斯国立大学（Ivane Javakhishvili Tbilisi State University），格鲁吉亚首都第比利斯市的一所公立大学。第比利斯国立大学创建于 1918 年 2 月 8 日，为格鲁吉亚乃至高加索地区最早的综合性大学。第比利斯国立大学在高加索地区享有盛誉，格国政府领导人大多毕业于该校。现有在校生 1.8 万。

与人合编了《够了，格鲁吉亚的玫瑰革命》（2005），撰写了许多有关哲学、文化历史、集体记忆和民间故事的文章。他的文学作品具有很高的理性和实验性，充满对西方文学的参考和暗指。

此外，祖拉布的著作有：英语小说《达格尼（Dagny）或爱情盛宴[1]》（2011）；纪实散文《爵士乐史》[2]（2009）；《高加索人狐步舞》（2011）；《巴希·阿奇基（Bashi-Achuki）或白鲸》（2013）；《爵士乐》（2014）。另外，作品《达格尼或爱情盛宴》分别译成英语和德语由美国达尔基档案出版社[3]（2013）、德国魏德尔出版社（2017）出版。

1　该书 2011 年首次在第比利斯出版，2013 年入围"国际都柏林文学奖"。2014 年在美国再版。小说围绕着丹麦作家达格·尤尔（Dagny Juel）的现实生活故事进行写作，达格·尤尔以浪漫的恋情而闻名，她与欧洲的许多艺术人物如爱德华·蒙克（Edvard Munch）曾有过交集。

2　祖拉布的《爵士乐史》2010 年获得"萨巴文学奖"年度最佳"批评、散文和纪录片文字"提名。

3　达尔基档案出版社（Dalkey Archive Press）是小说、诗歌和文学评论的出版商，专门出版或重新出版鲜为人知的、通常是先锋派的作品。该公司以爱尔兰作家弗兰恩·奥布莱恩（Flann O'Brien）的小说《达尔基档案》命名，在伊利诺伊州香槟市、都柏林和伦敦均设有办事处。

亚历山大·卡兹贝吉（1848—1893）格鲁吉亚作家。他当过新闻记者，后来又成为小说家和剧作家。以1883年的小说《卫国战争》闻名。

亚历山大·卡兹贝吉

亚历山大·卡兹贝吉是在格鲁吉亚军用公路上收取通行费的当地封建权贵卡兹别克·乔皮卡什维利（Kazibek Chopikashvili）的曾孙。在第比利斯、圣彼得堡和莫斯科学习过，学成回家后决定成为牧羊人体验当地人民的生活。

亚历山大·卡兹贝吉最著名的作品是1882年发表的小说《弑父》（*The Patricide*），这本小说是一个爱情小说，但也涉及19世纪格鲁吉亚的许多社会政治问题。小说注重对19世纪的批判现实主义的描绘，以一位名叫科巴（Koba）的高加索英雄为主线，这位和罗宾汉（Robin Hood）一样，鄙视权威，是穷人的捍卫者。其不畏强暴，决心复仇的信念和精神给读者留下深刻的印象。亚历山大·卡兹贝吉的作品对约瑟夫·贾加什维利（Iosif Jughashvili），即后来的约瑟夫·斯大林产生了重大启发，后者将科巴用作革命假名。斯大林一位朋友回忆说："科巴成了索索（斯大林）的神，并赋予了他生命的意义，他希望成为科巴，他自称为'科巴'，坚持要我们称呼他科巴，我们叫他科巴时，他的脸上洋溢着自豪和愉悦"。可以说，科巴的复仇特征、传统的格鲁吉亚骑士理想的体现以及他朴实的诚实和忠诚的道德准则吸引了斯大林。

　　亚历山大·卡兹贝吉晚年饱受精神错乱的折磨，在第比利斯去世，并被埋葬在其家乡卡兹别克[1]（Kazbegi），那里保留了他的童年故居作为博物馆以纪念他。

斯捷潘斯敏达的亚历山大·卡兹贝吉雕像

1　现更名为：斯捷潘斯敏达（Stepantsminda）。

贝西奇·哈拉努里（1939—），
格鲁吉亚诗人、作家。

贝西奇·哈拉努里

贝西奇·哈拉努里 1939 年 11 月 11 日出生在蒂涅蒂。1962 年，毕业于第比利斯国立大学语言学系。之后，从事文学和艺术出版工作，在文学杂志《光》（*Mnatobi*）工作。1954 年开始文学生涯，写作出版了 20 多个诗集和 2 本小说。他的诗被译成德语、荷兰语、意大利语、捷克语、匈牙利语、俄语和保加利亚语。2010 年，他的长诗（*Amba Besarion*）在法国出版，《诗集》于 2018 年在格鲁吉亚国家图书中心的支持下由德国出版社（Dagyeli Verlag）出版，并由娜娜·奇格拉泽（Nana Chigladze）和德国诗人、翻译家诺伯特·胡默特（Norbert Hummelt）译为德语。

2011 年和 2015 年，贝西奇·哈拉努里被格鲁吉亚政府提名为"诺贝尔文学奖"候选人。2015 年，他因对格鲁吉亚文学发展贡献获得"格鲁吉亚萨巴文学奖"。

贝西奇·哈拉努里的著作包括：《译自美国》（2014）；《2003—2013 年的诗》（2013）；《首席游戏官》（2012）；《1954—2005 年的诗》（2012）；

《遗忘之梦题词》(2005，2010)；《六十骑士骑骡子》(2010)；《100首诗》(2007)；《关于天空和地球的两页》(2005)；《安巴·贝赛里昂》(*Amba Besarioni*, 2003)；《午后书》(1991)；《诗歌，诗歌》(1988)；《听着，安吉丽娜》(1985)；《无角度》(*Agonic*, 1991)；《坡脚娃娃》(1973)等。

贝西奇·哈拉努里获得的奖项和奖励有：2016年获"萨巴文学奖"；2015年获"萨巴荣誉奖"；2012年获"嘎拉(GALA)

图书《安巴·贝赛里昂》封面

文学奖"；2004年获"萨巴文学奖"；2002年获"绍塔·鲁斯塔韦利国家奖"；1992年获"格鲁吉亚国家奖"，以表彰他对格鲁吉亚文学的贡献。

巴比利娜·科西塔什维利（1884—
1973），格鲁吉亚诗人、女权主义者
和劳工权利活动家。

巴比利娜·科西塔什维利

直到最近，她的女权主义作品才为大众所知，之前只知道她翻译作品，并作为著名诗人伊罗迪夫·埃夫多什维利（Irodion Evdoshvili）的姐妹而闻名。

巴比利娜·科西塔什维利 1884 年 12 月 4 日出生在格鲁吉亚东部距离第比利斯 113 公里的西格纳吉的鲍德比斯赫维（Bodbiskhevi）村。她的父亲是乡村执事，母亲埃弗多卡亚·弗娜什维利（Evdokia Khunashvili）于 13 岁结婚，生了 10 个孩子，只有 5 个幸存。正如巴比利娜·科西塔什维利后来在笔记中提到的那样，她的母亲总是忙于家务。

她的父亲和哥哥们教她读书写字。但是，她后来发现，他们为她的教育设置了一定的限制，因为在他们看来，女性只需要成功地建立家庭、管理家庭即可。六岁时父亲教她习字，后来正式入学。再后来与哥哥伊利亚（Ilia）一起搬到喀山，在那里生活和学习。13 岁那年，她进入了博德贝（Bodbe）的寄宿学校，在家人建议下成为修女。她发现没有神，拒绝当圣徒。

在修道院里度过了一段短暂时光后，她搬到了第比利斯，因负担不起高等教育费用，就在图书馆读书。后来她在一家出版社找到了工作，开始写诗，最初是关于工人阶级的问题，后来是关于爱情和女性为提高自己而不断奋斗的话题。此外，她还担任翻译。

1921 年，已婚的她得以在成立不久的第比利斯大学开始学习。1930 年，从第比利斯国立大学语言学和历史学院顺利毕业，随后从事了四年的文学研究，但是她的工作并没有受到赞赏。在一家能够观察工人生活的印刷厂找到工作后，她对革命运动产生了兴趣，转向妇女问题和女权主义，认为妇女因缺乏教育和培训而受苦，并成为女权运动、妇女选举权和妇女解放运动的活跃观察者。

1907 年至 1910 年期间，巴比利娜于星期日在学校当扫盲老师。1921 年起担任苏维埃作家联盟图书馆馆长。曾担任《绝地里》杂志的校对。1936 年，在博尔若米[1]（*Borjomi Rayagmaskom*）报纸的编辑部担任文学工作者和设计师。

1905 年，巴比利娜的第一首诗在《土地》报纸上发表；同年，第二首诗在周刊《农民》发表。之后她还翻译了维克多·雨果的《巴黎圣母院》（1941—1942）和《笑面人》（1930）等。

1　博尔若米（ბორჯომი）是格鲁吉亚中南部的城镇，度假胜地，距离第比利斯 160 千米，由姆茨赫塔－扎瓦赫季州管辖，海拔 820 米，2021 年人口 11,122。该镇因其矿产水产行业、列利尼的罗曼诺夫夏宫和国家公园而闻名。博尔若米矿泉水广为人知，矿泉水的装瓶是该地区的主要收入来源。博尔若米也是高加索地区最广泛以生态为主题的游乐园的所在地。

玛丽亚姆·库图苏里（1960—），
格鲁吉亚诗人、作家。

玛丽亚姆·库图苏里

玛丽亚姆·库图苏里，1960年1月15日出生在格鲁吉亚泰拉维，文学笔名为萨纳塔（Sanata）。1982年从第比利斯国立大学法律系毕业后，她曾在格鲁吉亚的各个国立机构担任律师。她的诗集于2011年在格鲁吉亚文学杂志《调色板》（*Literaturuli Palitra*）上发表。

玛丽亚姆·库图苏里是一位用格鲁吉亚北部历史悠久的小地方普沙维的方言写作的女诗人。她是米苏·莫苏里什维利编的七首诗和短篇小说集的作者，她的诗由玛纳娜·马蒂亚什维利翻译成英语。

2011年，玛丽亚姆·库图苏里成为妇女文学比赛"Khvaramzeoba"的创始人。玛丽亚姆·库图苏里的作品有：诗集《萨纳塔的书》（2009）；诗集《萨纳塔的诗》（2012）；诗集《萨纳塔的家》（2012）；短篇小说集《萨纳塔的抽屉》（2012）；诗集《花儿笑成火》（2016）；短篇小说集《在天空中割草》（2016）；配乐诗《透过钻石的光束》（2016）等。

利奥·基亚切利（1884—1963），也称利奥·基阿切利，原名莱昂·申格拉亚，格鲁吉亚小说家、短篇小说家、记者。

里奥·基亚切利

利奥·基亚切利 1884 年 2 月 7 日出生在格鲁吉亚西部萨梅格列罗 – 上斯瓦涅季首府察伦吉哈，1963 年 12 月 19 日去世于第比利斯。以小说《格瓦迪·比格瓦》（გვადი ბიგვა），《玛雅公主》（თავადი კალი მაია），《阿尔马斯吉·基布兰》（ალმასგირ კიბულანი）和《哈基·阿兹巴》（ჰაკი აძბა）为人所知。

利奥·基亚切利的主要作品有：《塔里尔·古鲁》（*Tariel Golua*，1916）；《阿尔马齐吉尔·基布兰》（*Almazgir Kibulan*，1925）；《血液》（1926—1927）；《玛雅公主》（1927）；《哈基·阿兹巴》（*Haki Adzba*，1933）；《格瓦迪·比格》（*Gvadi Bigva*，1936—1937）；《大山之子》（1948）等。

拉莉·基克纳维里泽（1969—），格鲁吉亚电影导演、电影制片人、编剧。

拉莉·基克纳维里泽

拉莉·基克纳维里泽 1969 年 5 月 12 日出生在第比利斯。1991 年毕业于第比利斯国立大学语言学专业，后又在绍塔·鲁斯塔韦利戏剧和电影大学学习，并于 2003 年毕业。

2008 年，她成立了一家电影制作公司（CPU Lira Production）专门从事故事片包括纪录片、小说、动画等的制作。

拉莉·基克纳维里泽参与制作的影视作品包括：《一只大母熊》（编剧米苏·莫苏利什维利）。作为制片人：《基诺》（2017）；《第 25 交响曲》（2012）；《隐士》（2011）；《真空》（2009）；导演了《卡赫季的火车》（2019）；《第 25 交响曲》（2012）。作为编剧：《真空》（2009）；《隐士》（2011）；《阳光》（2012）；《卡赫季的火车》（2019）。作为摄影师拍摄：《卡赫季的火车》（2019）。

大卫·克迪亚什维利

大卫·克迪亚什维利（1862—1931），格鲁吉亚散文作家。其小说和戏剧都集中于该国绅士的堕落和农民的苦难，揭露格鲁吉亚社会的对立面。

大卫·克迪亚什维利和瓦扎·普沙维拉

大卫·克迪亚什维利 1862 年 8 月 29 日出生于格鲁吉亚伊梅列季一个贫穷的小贵族家庭。1880 年到 1882 年，在基辅和莫斯科的军事学校接受教育。返回格鲁吉亚后加入了俄罗斯军队。在巴统服役期间，他与当地的知识分子走得很近，从事文化活动。1905 年的俄国革命中，因为被视作不可靠军官被迫辞职。第一次世界大战期间，他被调回军队，在奥斯曼帝国阵线服役。1917 年 2 月革命后，因病缠身、疲倦有加，他复员回到了故乡。1931 年 4

月 24 日去世。

大卫·克迪亚什维利最好的作品出自他前半生创作。据说他在乌克兰学习时忘了格鲁吉亚语，后来不得不重新学习。尽管如此，他仍被看做是具超凡幽默感和温和社会讽刺的散文家榜样。1880 年后，他的翻译和原创作品定期在格鲁吉亚报纸杂志发表。第一本主要的小说《所罗门·莫贝拉泽》（სოლომონ მორბელაძე）1894 年发表，随后于 1897 年发表《萨曼尼什维利的继母》

第比利斯圣山万神殿的大卫·克迪亚什维利墓

（სამანიშვილის დედინაცვალი），于 1900 年发表《卡玛杜扎兹的不幸》（ქამუშადის გაჯირვება），于 1910 年发表《罗斯敦·马什维利泽》（როსტომ მანველიძე），于 1920 年发表《巴库拉的猪》（ბაკულას ღორები）。他的剧作，尤其是 1897 年的《伊里因的幸福》（ირინეს ბედნიერება）和 1903 年的《达里斯潘的不幸》（დარისპანის გასაჭირი），恰似放在 20 世纪初伊梅列季村落的 1840 年代法国喜剧充满悲喜剧色彩，正如作者本人所说的"眼泪与微笑交融"。1925 年，出版了他的回忆录《我的人生之路》（ჩემი ცხოვრების გზაზე），并于 1924 年至 1926 年间出版了两本新中篇小说。

1930 年，他被授予"格鲁吉亚人民艺术家"称号。

塞尔戈·克迪亚什维利（1893—
1986）格鲁吉亚散文作家，先是象征
主义者，后来转而创作现实主义散文。

塞尔戈·克迪亚什维利

　　塞尔戈·克迪亚什维利出生于 1893 年 10 月 6 日，是著名小说家大卫·克
迪亚什维利的儿子。他于 1945 年写了一本特别的书，献给父亲大卫。

　　他曾就读于库塔伊西的文理中学，该校培养了格鲁吉亚 20 世纪许多知
识分子。后前往莫斯科学习法律。返回格鲁吉亚后，他加入了格里戈尔·罗
巴基泽（Grigol Robakidze）的象征主义组织"蓝色号角"（Blue Horns）。

　　他的作品有：《乡绅拉昆达利历险记》（აზნაურ ლახუნდარელის
თავგადასავალი，1927）；戏剧作品《英雄一代》（გმირთა თაობა，
1937）；《鹿峡谷》（ირმის ხევი，1944）等。

米哈伊尔·科巴赫兹（1939—2019），又译作米亥依·寇巴希杰，是格鲁吉亚编剧、电影导演、演员、作曲家。

米哈伊尔·科巴赫兹

米哈伊尔·科巴赫兹以超现实主义作品《雨伞》（*Qolga*，1966）、《八又二分之一》（*Qortsili*，1964）和《在路上》（*En chemin*，2003）闻名。

《雨伞》剧照

1939年4月5日，米哈伊尔·科巴赫兹出生在第比利斯，和塔可夫斯基、巴拉赞诺夫算是同一辈的导演，和这两位电影大师关系非常友好。他们的作品背离写实主义的主要路线，所以一生都不顺遂。

米哈伊尔不断诠释相遇、缺席与离别的主题，他的作品回顾展在1996年的威尼斯电影节上举行。

他的妻子是内塔拉·马哈瓦拉尼（Natela Machavariani）。

2019年10月13日米哈伊尔·科巴赫兹在第比利斯去世。

安娜·科德扎亚·萨马德什维利（1968—），格鲁吉亚作家、记者、翻译家，撰写后苏联格鲁吉亚文学最畅销的一些散文。她赢得了许多格鲁吉亚文学奖，包括"萨巴文学奖""伊利亚大学文学奖"和"歌德学院奖"。

安娜·科德扎亚·萨马德什维利

安娜·科德扎亚·萨马德什维利 1968 年 2 月 26 日出生在第比利斯，现生活在第比利斯。她的作品已被翻译成英文，比如《我，玛格丽塔》，也有译成德语和瑞典语。

《夜幕降临时的孩子》封面

《谁杀了柴卡人》封面

安娜·科德扎亚·萨马德什维利的主要作品有：《谁杀了柴卡人》（2013）；《玛丽埃塔之路》（2012）；《夜幕降临时的孩子》（2011）；《我，玛格丽塔》（2005，2015）；《贝里卡巴》（2003）等。

《我，玛格丽塔》封面

安娜·科德扎亚·萨马德什维利获得的奖项有：2013 年，《谁杀了柴卡人》获得"伊利亚大学文学奖最佳小说"奖。2003 年，《贝里卡巴》荣获"萨巴文学奖最佳首演奖"；1999 年，因翻译奥地利女作家埃尔弗里德·耶利内克[1]的《女情人们》（德语：*Die Liebhaberinnen*）获得"歌德学院奖最佳翻译奖"。

---

1 埃尔弗里德·耶利内克(Elfriede Jelinek)，奥地利女作家，是中欧公认的最重要文学家之一，曾获得"不来梅文学奖"（1996）、"柏林戏剧奖"（2002）和"莱辛批评家奖"（2004）等诸多奖项，是 2004 年"诺贝尔文学奖"得主。1946 年生于奥地利施蒂利亚州的米尔茨楚施拉格，她的父亲具有捷克与犹太血统，是位化学家，母亲出身于维也纳名门望族。其本人自幼学习音乐，早年攻读音乐、戏剧和艺术史，六十年代中期以诗歌写作走上文坛后，着力从事戏剧和小说创作，经常因为作品中强烈的女权主义色彩和社会批评意识引发广泛争议。

扎扎·科什卡泽（1982—），格
鲁吉亚翻译、电视广告撰稿人、小说家、
诗人、电影剧本作家。

扎扎·科什卡泽

扎扎·科什卡泽真名莱万·特兹瓦兹（Levan Tsertsvadze），出生于
1982年，毕业于第比利斯传统与当代艺术学院，主修格鲁吉亚民族音乐。他
与其他年轻诗人一起共同创立了"另类诗歌网"和"粉红色巴士"。

他曾翻译了查尔斯·布科夫斯基、艾伦·金斯伯格、查克·帕拉纽克、
罗格·菲利普斯、史蒂芬·金、理查德·雷蒙和其他当代作家的作品。他的
原创作品短篇小说《我、祖母、曾祖母和外星人》入选2012年格鲁吉亚15
个最佳故事集。他的诗已被译成六种语言。

扎扎·科什卡泽担任电视广告撰稿人多年。他在格鲁吉亚成立了首个另
类小说节"失眠"（Insomnia）。他不仅创作不同流派电影剧本，还制作了
动画模仿系列和恐怖系列。扎扎·科什卡泽是世界末日短片《8分钟》的编
剧和创意作者，该片已赢得十多个国际电影节的青睐，其中包括曼哈顿短片
电影节。

据威尔士小说家、散文家、诗人理查德·葛温[1]评价：尽管我对格鲁吉亚文学的了解甚少，甚至可以说一无所知，但也不能不说起一位优秀的诗人——扎扎·科什卡泽。他的诗句好像从书本上活生生跳出来，就像来自一个夜间生物站在光线昏暗的街道上，身体在肮脏的床单激动发抖，赢家不满，满头大汗，输家死亡，城市的梦想在最微弱的

作品封面

晨光下萎缩，而解脱却使人们感到绝望和讨价还价。扎扎·科什卡泽是一位值得关注的作家，他的诗赞美生活又谴责生活，科鲁亚克[2]和查理·布考斯基[3]的幽灵进入他身体，征服勇敢的新世界。

1　理查德·葛温（Richard Gwyn），曾于2005年出版小说《逃跑的狗的颜色》。

2　杰克·凯鲁亚克，美国小说家、作家、艺术家与诗人，也是"垮掉的一代"中最有名的作家之一，与艾伦·金斯堡、威廉·柏洛兹齐名。虽然他的作品相当受欢迎，但是评论家并没有给予太多喝彩。杰克·凯鲁亚克最知名的作品是《在路上》。

3　查理·布考科基，德裔美国诗人、小说家和短篇小说家。其写作风格严重受到了他在洛杉矶家乡的地理和气氛的影响，特点是侧重于描写生活处于社会边缘地位的贫困美国人、酒、与女人的交往、苦工和赛马。他的作品很多，有数以千计的诗，数以百计的小故事和6篇小说，最终有60多本图书出版。

米哈伊尔·库迪亚尼（1954—
2010），格鲁吉亚语言学家、作家、
诗人、翻译。

米哈伊尔·库迪亚尼

米哈伊尔·库迪亚尼 1954 年 1 月 1 日出生在第比利斯，2010 年 10 月
31 日在第比利斯去世。他是鲁斯塔韦利协会的负责人。

1976 年，米哈伊尔·库迪亚尼毕业于第比利斯国立大学，专业为语言学。
2001 年，他在尼科洛·穆斯赫利什维利[1]技术大学获得了应用数学和数学语
言学系的硕士学位。他是伊利亚·查夫恰瓦泽协会的创始人，曾在第比利斯
国立大学和库塔伊西的阿卡基·采列捷利国立大学任教。此外，他还是格鲁
吉亚作家联盟的成员。

米哈伊尔·库迪亚尼曾发表了 200 多篇论文，他的作品已以格鲁吉亚语
顺序列了清单出版。

---

1 尼科洛兹·穆斯克赫里什维利（Nikoloz Muskhelishvili）是著名的格鲁吉亚数学家、物理
学家和工程师，是格鲁吉亚苏维埃社会主义科学研究院的创始人和首任院长之一。后人常用
俄语名尼古拉·伊万诺维奇·穆斯赫里斯维利（Nikolai Ivanovich Muskhelisvili）来称呼他。

贝卡·库尔胡（1974—），格鲁吉亚作家、军事记者。

贝卡·库尔胡里

贝卡·库尔胡里 1974 年 10 月 6 日出生在第比利斯。1991 年，毕业于第比利斯第一实验学校。1991 年至 1996 年间，就读于绍塔·鲁斯塔维利戏剧和电影学院。

1991 年，他的第一批短篇小说在报纸《土地》（მამული）上发表。之后，他的短篇小说在格鲁吉亚的文学报纸杂志《选择》《晨报》《24 小时》和《文学调色板》等上面发表。

1999 年至 2004 年间，他在格鲁吉亚和高加索地区的热点地区担任军事记者，在阿布哈兹、北奥塞梯、茨欣瓦利[1]、印古什[2]和潘基西峡谷[3]作报道。

1　茨欣瓦利是实际上独立但未被国际社会承认的南奥塞梯－阿兰的首都，位于库拉河支流大利阿赫维河畔。格鲁吉亚宣称拥有南奥塞梯的主权，根据该国的行政区划，茨欣瓦利属于什达－卡特利州，距离首都第比利斯约 100 公里。

2　印古什共和国，又译殷古什共和国、英古什共和国。"印古什"名称是源自一个古代聚落昂古什特（Ongusht），格鲁吉亚语的"-eti"意为"之地"，因此印古什意为"印古什人居住之地"。

3　潘基西（Pankisi）峡谷是格鲁吉亚的一个山谷地区，位于历史悠久的杜舍蒂（Tusheti）南部阿拉扎尼河（River Alazani）的上游，在博尔巴洛山（Mt Borbalo）和 17 世纪留下的巴赫特里奥尼（Bakhtrioni）堡垒之间。在行政上，它属卡赫季区的艾哈迈塔市。

2006 年，以论文《东高加索山脉的远足和突袭》答辩。2011 年至 2013 年间与媒体公司德科姆（Dekom）、杂志《热巧克力》（*Tskheli Shokoladi*）和《自由主义》（*Liberali*）合作。2013 年，作为记者前往阿富汗采访。

作品有：《异国房屋》（2005）；《之后的会面》（2010）；《两个月亮的故事》（2011）；《夏日的短夜》（2012）；《雪中之城》（2013）；《笔记》（1993—2011）；《敞开大门的国家》（2014）；《逃离天堂》（2015）；《斯坎达拉及其他故事》（2017）。

获奖有：2006 年，《异国房屋》获"萨巴文学奖"提名；2013 年，戏剧《树即将倒下》在"萨巴文学奖"中提名"年度最佳剧本"；2014 年，《1993—2011 年笔记》提名"萨巴文学奖"的"年度最佳纪录片和散文"；2014 年，《雪中之城》提名"萨巴文学奖"的"年度最佳散文集"；2014 年，《前一天》获"一个故事"文学奖；2016 年，小说《逃离天堂》获"萨巴文学奖"的"年度最佳小说"提名；2017 年，《画架上无休止的游行》获年度第比利斯"最佳故事文学奖"提名；2018 年，《斯堪达拉（Scandara）和其他故事》，获奖"年度最佳散文集"文学奖。

贝卡·库尔胡里的多部作品被翻译成英语、波兰语、土耳其语、捷克语、立陶宛语、乌克兰语、斯洛伐克语、阿瓦尔（达吉斯坦）、奥塞梯语和俄语。其中，散文集《雪中的城市》被翻译成意大利语，并由意大利巴里的触控发布出版社（Stilo editrice）于 2018 年出版。

内斯坦·内内·克维尼卡泽
（1980—），格鲁吉亚作家、编剧、记者。

内斯坦·内内·克维尼卡泽

内斯坦·内内·克维尼卡泽 1980 年 6 月 5 日出生于第比利斯，2006 年以来，她是双语（格鲁吉亚语 / 英语）月刊《焦点》（*Focus*）的主编。她的文章和论文定期在《指纹》[1] 杂志上发表。

她写了许多电影剧本和戏剧，也出版了散文小说集以及小说《伊斯法罕的夜莺》（*Isphan Nightingales*）。

2007 年 3 月以来，她也是格鲁吉亚电视台之一的鲁斯塔威（Rustavi）2[2] 的制作人之一。

1　《指纹》（ანაბეჭდი）杂志，地址为第比利斯阿奇尔·吉洛瓦尼将军大街 13 号（13 Marshal Archil Gelovani Ave, Tbilisi）。

2　鲁斯塔维 2 是格鲁吉亚最为成功的商业电视台。成立于 1994 年，因设立于鲁斯塔维而得名。鲁斯塔维 2 在 2003 年"玫瑰革命"中起到了重要作用。首任执行官是格鲁吉亚政治家尼卡·格瓦拉米亚，他曾经担任格鲁吉亚司法部长和格鲁吉亚教育与科学部长。参政之前他曾经是一名律师。2008 年 1 月 31 日，被任命为司法部长。2008 年 10 月 27 日，改任教育与科学部长。2009 年 12 月 7 日，辞去教育与科学部长职务前往外国留学。2012 年 12 月 19 日，格鲁吉亚财政部的调查部门宣布格瓦拉米亚因涉嫌腐败被捕。

《伊斯法罕的夜莺》封面　　　　　　内斯坦·内内·克维尼卡泽

　　她编剧的《呼吸之间》（*Inhale-Exhale*）讲述了一个 37 岁的在监狱服刑多年后回到家的医生伊琳娜的故事。为了开始新的生活，重返社会，伊琳娜必须赢得身边人的信任，但她需要在这样一个社会中占有一席之地吗？

绍塔·拉佩拉泽（1930—1995），格鲁吉亚电影创作人。

绍塔·拉佩拉泽

绍塔·拉佩拉泽 1930 年 2 月 28 日出生在第比利斯。1959 年至 1994 年间拍摄了 20 部电影。1959 年至 1991 年，在格鲁吉亚电影制片厂担任电影制片人。1991 年至 1995 年，担任"艾斯"和"高加索"电影联盟的负责人。1978 年起一直是格鲁吉亚电影制片人联盟的成员。1974 年，他凭借电影《秋天的太阳》（მზე შემოდგომისა）获得最佳电影制作人奖。他与格鲁吉亚电影导演列瓦兹·雷佐·齐克黑泽（Rezo Chkheidze）的合作富有成果。他们一起拍摄了八部电影，其中包括参加第四届莫斯科国际电影节的《士兵的父亲》（1964），参加了第八届莫斯科国际电影节并获得了证书的《树苗》（1972）。

绍塔·拉佩拉泽与其他出色的电影导演如奥塔·伊塞利亚尼（Otar Iosseliani）、乔治·申格拉亚（Georgi Shengelaya）和特穆尔·巴布卢尼（Temur Babluani）成功合作。1975 年，他制作了奥塔·伊塞利亚尼的电影《田园牧歌》，该电影在 1982 年柏林国际电影节上获得了大奖。

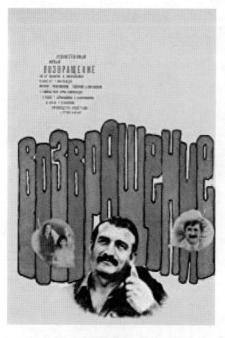

《回归》

《秋天的太阳》

绍塔·拉佩拉泽 1995 年 3 月 11 日在第比利斯去世。

他拍摄的电影有：《海滨小径》(1962)；《士兵的父亲》(1964)；《他不想杀人》(1966)；《瞧这些年轻人》(1969)；《我城市的星星》《皮奥拉》(1970)；《树苗》(1972)；《秋天的太阳》(1973)；《开花的相思树》(1974)《田园牧歌》《游荡的骑士》《赌注》(1975)；《巴库拉的猪》(1976)；《回归》(1977)；《我的朋友瓦尼亚叔叔》(1978)；《地球，这是你儿子》(1980)；《兄弟》(1981)；《堂吉诃德和桑乔的生活》(1989)；《堕落的天使》(1992) 等。

乔治·列昂尼泽（1899—1966），
格鲁吉亚诗人、散文作家、文学学者。

乔治·列昂尼泽

乔治·列昂尼泽 1899 年 12 月 27 日出生于格鲁吉亚东部卡赫季萨加雷郊区距离首都第比利斯约 50 公里的帕塔泽利（Patardzeuli）村。1918 年毕业于第比利斯神学院，在第比利斯国立大学继续学习。

乔治·列昂尼泽的第一首诗于 1911 年在格鲁吉亚报刊发表，后与象征主义组织"蓝色号角"短暂合作。1925 年，他创作了一系列自然抒情诗，以浪漫的动画形式展露才华展现了其故乡卡赫季的风景。整个苏维埃时期，他一直在努力追求"正确的"政治路线。他的诗歌更具历史性、更爱国，格鲁吉亚多变

乔治·列昂尼泽公园（之前的亚历山大花园）

电影《希望之树》海报

的历史为他提供了丰富多彩的中世纪意象，诗人将其转化为律动的节奏和隐喻。他很快确立了格鲁吉亚最受欢迎的诗人之一的地位，1930年代的"大清洗"夺走了许多同胞作家和他自己的兄弟微生物学家列昂·列昂尼泽的生命时，他被迫将自己的才华转化为对斯大林的赞誉。

乔治·列昂尼泽还为格鲁吉亚的早期诗人如贝西奇和巴拉塔什维利撰写了详尽的文学研究，也根据他的童年回忆和经历写出令人回味的散文《欲望之树》（The Tree of Desire，ნატვრის ხე），1976年，由滕吉斯·阿布拉泽拍摄成了电影，成为著名的三部曲的第一部分。

乔治·列昂尼泽晚年将他的财富用于他的故乡，1958年至1966年在格鲁吉亚科学院主持格鲁吉亚文学研究所，直到他1966年8月9日去世，埋葬在第比利斯的圣山万神殿。

尼科·洛莫里（1852—1915），
格鲁吉亚作家、教育家。

尼科·洛莫里

尼科·洛莫里 1852 年 2 月 7 日出生于格鲁吉亚哥里附近的阿博（Arbo）村的一个东正教牧师家庭，他曾先后就读于哥里、第比利斯和基辅的神学院。1875 年至 1879 年，在基辅受俄国激进的民粹主义运动（narodniks）的影响，诱导在基辅的其他格鲁吉亚学生，例如大卫·克拉迪阿什维利（David Kldiashvili）开始写作。回到格鲁吉亚后，为了谋生，尼古·洛莫里不得不在第比利斯、哥里，最后在他自己的村里当学校老师。他的教学生涯延续了30 年。

尼科·洛莫里的诗歌于 1871 年在《光》[1]杂志上发表，但他最引起共鸣的作品是《火焰》（ალი），故事 1879 年刊载在《伊维里亚》（*Iveria*）杂志上。该情节涉及寡居农妇和她儿子受到的来自富人的恐吓和驱逐。随后的创作是一连串以儿童为主的农民生活故事，揭示教育的必要性。其中之一《卡贾纳》

1　《光》又名《纳托比》（*Mnatobi*）。

（*Qajana*）1941 年在苏联格鲁吉亚拍成电影。他用过的假名 / 笔名有"莱万萨瓦里""阿伯人""哥里人"等。他最早的一些诗于 1871 年在《那托比》杂志上发表。1885 年，他的诗歌以及短篇小说出版了单行本。他最有名的短篇小说有儿童故事《小朋友》《卡德扎娜》等。在《美人鱼》《来自四面八方》《不幸的人的宿命》等故事中，他描绘了格鲁吉亚农民的贫困和落后。

尼科·洛莫里还把拜伦勋爵的一些作品翻译成了格鲁吉亚文。诗人 1915 年 4 月 17 日在哥里去世。

1935 年，他的遗骸迁移至哥里的花园苑，墓碑上刻着他小说的名称 "*Ali*"《火焰》。

伊拉克里·洛莫里（1959—），格鲁吉亚作家、翻译、剧作家。

伊拉克里·洛莫里

伊拉克里·洛莫里 1959 年 4 月 12 日出生在第比利斯。1981 年，毕业于第比利斯国立大学东方研究学院。后来进入第比利斯神学院主修基督教人类学。此后，在不同学校任教，也在各家报纸任新闻记者，发表了几本格鲁吉亚语的短篇故事、长篇小说和戏剧。

伊拉克里·洛莫里的戏剧在格鲁吉亚的剧院、电视台和广播电台演出或播出。其部分作品已被翻译成英语和俄语。他的主要作品是《突发事件》（1982）和《自讦告》（2012）。

伊拉克里·洛莫里作品还有：《突发事件》（1999）；《藏书票》（2003）；《漂亮字母仙人掌》（2005）；《性学中心的谋杀案》（2007）；《第比利斯邮票或家庭的谋杀案》（2008）；《33 个趣味韵谜》（2009）；《格鲁吉亚平行纪事》（2011）；《自讦告》（2012）；《马穆拉库达和其他故事》《巴黎来的女人》《致比兹纳·伊万尼什维利（Bidzina Ivanishvili）或其秘书的公开信》《三种世界宗教宣扬什么》（2013）；《奥林匹亚之旅》（2014）等。

《巴黎来的女人》封面　　　　　　　《致比兹纳的信》封面

　　伊拉克里·洛莫里翻译的欧·亨利《短篇小说集》、马里奥·普佐的《教父》和多丽丝·莱辛的《金色笔记》均由第比利斯的帕利特拉出版社出版。

　　1988 年，伊拉克里·洛莫里获得全国"无线电广播比赛奖"；2012 年，短篇小说（*Jorjo*）获文学大赛"文学收获（Lit Harvest）奖"。

伊凡·马夏贝利（1854—1898），格鲁吉亚作家、翻译，全国解放运动的积极分子，新格鲁吉亚文学语言创始人。他以翻译莎士比亚，编写《虎皮骑士》歌剧而闻名。

伊凡·马夏贝利

伊凡·马夏贝利1854年1月28日出生在茨欣瓦利附近的塔玛拉舍尼（Tamarasheni）村一个古老贵族马夏贝利家。早年在圣彼得堡、德国和巴黎学习。返回格鲁吉亚后，与当时的格鲁吉亚知识分子领袖伊利亚·查夫恰瓦泽一起在所有旨在复兴格鲁吉亚文化和反对俄帝国统治的倡议中都提供了协助。他曾在格鲁吉亚主要杂志《伊维利亚》（*Iveria*，1882—3）和报纸《时光》（*Droeba*，1883—5）当主编。他一方面全身心投入于慈善机构，尤其是孤儿院和新闻事业；另一方面把莎士比亚研究当成一生的事业。伊凡·马夏贝利从未访问过英格兰，但他在1886年至1898年间翻译发表了《哈姆雷特》《奥赛罗》《麦克白》《理查三世》《凯撒大帝》《安东尼与克丽奥佩托拉》和《科利奥兰纳斯》的精湛译本，直到今天该曲目依然是鲁斯塔韦利剧院的标准版本。

1898年6月26日，伊凡·马夏贝利离开了他在第比利斯的公寓，再也没有露面。在他的故乡塔玛拉舍尼为他建的博物馆1997年7月23日在由当

Givi R. GACHECHILADZE

Ivane Machabeli, the great Georgian translator of Shakespeare

In the thinking of every Georgian Ivane Machabeli's name is associated with that of William Shakespeare–the Renaissance titan. Ivane Machabeli is the creator of the classic Georgian translation of Shakespeare's great tragedies. Its importance for modern Georgian literature well may be equated with that of the Georgian version of the Scriptures for Georgia's old Literature.

The significance of the Machabeli translations is further enhanced if we juxtapose the slow development of the Georgian language and literature in the past–a pace reflecting the tempo of life of the preceding epochs–and the striking developmental changes we witness to-day.

Sometimes one is even inclined to think that both the language and the literature of 20th century Georgia is further removed from the 19th century than is the 19th century from the 9th. The reason for this is undoubtedly to be sought in the great socio-political and technological changes Georgia has undergone.

And yet we do not seem to be struck by the sharp contrast between the language of the Machabeli translations and that of present-day Georgian writing; Georgian language–and language is known to be an exceedingly conservative phenomenon–has yielded to the inescapable change of the times, and so we now find among us some prominent representatives of our culture to whom the language of the Machabeli translation sounds almost as absolete as that of the Gospels. Some even go the length of calling for a new translation of Shakespeare. But that would be as pointless as attempting a new translation of the Gospels into modern Georgian, and this for two reasons; firstly, because old Georgian translations, like other productions of art, have come to occupy a place of their own in Georgian literary history and they bear the hallmark of the uniquely individual style of the translators. To be sure, any piece of literature may be translated anew, yet no one can disregard the priority of the earlier translations and none but grudging cavillers would relegate to oblivion the work of the trail-blazers in the field, whose faults as well as merits serve as guiding landmarks to new translators. Secondly, because the native Georgian idiom has become adulterated owing to the intrusion, on a large scale, of other languages. We are even unaware of the fact that most of us are constantly unlearning our rich native forms and modes of speech and substituting for them foreign or dialectal forms and models.

When faced with a lack of Georgian equivalents for foreign forms we often tend to coin makeshift sentences and phrases. Moreover, most of the words constituting the bulk of the Georgian vocabulary have come from the languages of neighbouring nations–as indeed is the case with most national idioms–and so we may some day find ourselves entirely deprived of all that is native to our language–its words, and its syntactic structure. In such a predicament–and ours is a time of growing intercultural contacts–special importance attaches to old Georgian translations, for it is in them that are to be found preserved the native syntax of the Georgian language, and the means of best reflecting Georgian mind and thought as they were shaped by the ages. It is from this angle that Ivane Machabeli's pioneering work must be regarded as invaluable, to say nothing of the unique literary excellence of his translations–a merit that should by no means be left out of consideration. For is it not in its artistic value that the intrinsic significance of a literary work lies?

123

Babel 11.3 (1965), 123–128. DOI 10.1075/babel.11.3.14gac
ISSN 0521–9744 / E-ISSN 1569–9668 © Fédération Internationale des Traducteurs (FIT) Revue Babel

他人对作家马夏贝利的评价

地奥塞梯民族主义者组织的一次爆炸中受到严重破坏，2008 年南奥塞梯战争之后被彻底毁坏。

穆赫兰·马哈瓦拉尼（1929—
2010），格鲁吉亚诗人。

穆赫兰·马哈瓦拉尼

穆赫兰·马哈瓦拉尼 1929 年 4 月 12 日出生，1954 年毕业于（伊万·雅瓦希什维利）第比利斯国立大学语言学系。1988 年至 1990 年，担任格鲁吉亚作家联盟主席。1990 年至 1992 年，是格鲁吉亚共和国最高理事会（格鲁吉亚议会）的成员，曾获得"绍塔·鲁斯塔韦利格鲁吉亚国家奖"。2010 年 5 月 17 日，穆赫兰·马哈瓦拉尼在鲁斯塔韦利剧院的一场演出中去世。

穆赫兰·马哈瓦拉尼的主要作品包括：《红太阳和绿草》；《没有你就沉默》（1958）；《诗集》（1955）。译作有《男孩，别让我尴尬》《非凡的平凡》和《100 首歌》等。

大卫·达托·马格拉泽（1962— ），格鲁吉亚诗人、政治家，是格鲁吉亚自 2004 年开始使用的国歌歌词的作者。

大卫·马格拉泽

大卫·达托·马格拉泽 1962 年 6 月 28 日生于第比利斯，是作家、文学家艾尔古贾·马格拉泽（Elguja Magradze）的家人，是在第比利斯国立大学

格鲁吉亚国歌歌词

格鲁吉亚语歌词（官方版）	官方版英语译文	中文
ჩემი ხატია სამშობლო, სახატე მთელი ქვეყანა, განათებული მთა—ბარი, წილნაყარია ღმერთთანა. თავისუფლება დღეს ჩვენი მომავალს უმღერს დიდებას, ცისკრის ვარსკვლავი ამოდის ამოდის და ორ ზღვას შუა ბრწყინდება, და დიდება თავისუფლებას, თავისუფლებას დიდება!	Our icon is the homeland, Trust in God is our creed, Enlightened land of plains and mounts, Blessed by God and holy heaven. The freedom we have learnt to follow, Makes our future spirits stronger, Morning star will rise above us, And lightens up the land between the two seas. Glory to long-cherished freedom, Glory to liberty!	家园是我们的标志， 信奉上帝是我们的信条， 开阔的平原和延绵的山脉， 蒙上主和上天祝福。 我们学会追寻的自由， 使我们的未来精神更坚强， 晨星将升起在我们上空， 照亮两岸之间的土地。 荣耀归长久珍视的自由， 荣耀归于自由！

თავისუფლება

Tavisupleba

(Freedom)

Moderato maestoso

Zacharia Paliashvili, arranged by Ioseb Kechakmadze

接受过教育的语言学家。1980年代出名后，编辑格鲁吉亚著名文学杂志《黎明》（*Tsiskari*）数年。在爱德华·谢瓦尔德纳泽（Eduard Shevardnadze）时代，1992年至1995年间担任格鲁吉亚文化部长，1999年当选格鲁吉亚议会议员，直到2001年辞去立法职务。他退出了对谢瓦尔德纳泽的支持，转而支持2003年的"玫瑰革命"，因而不得不辞去担任的职务。到2009年，他加入了总统米哈伊尔·萨卡什维利（Mikheil Saakashvili）的反对派，并在2009年4月的集会上要求萨卡什维利总统辞职。

1997年至2010年，大卫·达托·马格拉泽担任格鲁吉亚PEN俱乐部[1]主席。曾获得格鲁吉亚和国际文学奖，还有格鲁吉亚荣誉勋章。他的诗歌已由成立于2004年的"诗歌翻译中心"译成英语、德语、意大利语、俄语和亚美尼亚语。2019年4月，他与瓦托·沙加里什维利（Vato Shaqarishvili）和贾·加切奇拉兹（Gia Gachechiladze）一起组织了"捍卫格鲁吉亚"的政治运动。

---

1 PEN俱乐部（PEN International，在2010年之前被称为"International PEN"），是一个世界性的作家协会，1921年在伦敦成立，以促进各国作家之间的友谊和知识合作。该协会在100多个国家/地区设有自治的国际PEN中心。目标包括：强调文学在发展相互理解和世界文化中的作用；争取言论自由；代表受骚扰、被监禁，甚至被杀害作家发表见解。

吉维·马格维拉什维利（1927—2020），格鲁吉亚作家、哲学家。

吉维·马格维拉什维利

吉维·马格维拉什维利 1927 年 12 月 14 日出生在德国柏林，格鲁吉亚父母把他养得像个德国人。第二次世界大战结束前不久，他和父亲从德国逃到了他妹妹伊丽莎白居住的意大利，后回到柏林。二战后，他和父亲被苏联秘密警察绑架，经过 8 个月审讯，他父亲被处决，他在前萨克森豪森集中营被拘禁了 18 个月。此时，他既不会俄语，也不讲格鲁吉亚语，被释放到格鲁吉亚第比利斯，好在那里有亲戚。他学习了俄语、格鲁吉亚语及英语，成为一名语言老师，1954 年至 1970 年在第比利斯外国语学院教授英语和德语。他用德语写小说，1950 年代写了第一本关于现象学的小说和哲学著作。1994 年他返回德国，成为德国公民。2011 年再次移居第比利斯。

生于柏林的他是著名的格鲁吉亚知识分子泰特·马格维拉什维利的二儿子，他母亲玛丽在他五岁时因想念故乡自杀。1934 年至 1946 年，他在柏林多所不同的文理学校就读，参加了反法西斯青年运动"摇摆青年"，并加入爵士俱乐部。

1970 年，他发表了有关"语言在海德格尔哲学中的作用"的第一篇科学著作。次年开始在格鲁吉亚科学院的哲学研究所工作，开始发表哲学著作。他在柏林拜访了持不同政见者兼作词人的沃尔夫·比尔曼（Wolf Biermann），这使他被禁止离开苏联，直到 1987 年取消禁令。1972 年，他遇到了来自西德的"诺贝尔文学奖"得主海因里希·伯尔（Heinrich Böll），后者对他未出版的自传《瓦库什上尉》（*Kapitän Wakusch*）印象深刻，试图帮他获得护照，但未能成功。

1990 年，在民权运动家埃克哈德·马斯（Ekkehard Maaß）的帮助下，吉维定居柏林，1994 年获得德国公民权。1991 年，他完成了第一本自传体作品《穆扎尔，一本格鲁吉亚小说》并在德国出版。随后几本书，包括小说、关于古典作家的哲学评论和诗歌，迅速赢得了国内外赞誉。尽管如此，他的大部分作品仍未出版。

1995 年，吉维获授"勃兰登堡文学奖"，还成为国际笔会成员，获得"德国总统奖学金"。班贝格大学任命他为诗歌教授。柏林艺术学院授予他"柏林艺术奖"。2006 年，歌德学院授予他"歌德奖章"，第比利斯国立大学授予他荣誉博士学位。

吉维·马格维拉什维利与作家、德语语言学家奈拉·格拉什维利于 1970 年结婚。他们的女儿安娜也是德语语言学家。2020 年 3 月 13 日，吉维·马格维拉什维利在第比利斯去世。

泰特·马格维拉什维利（1891—
1946），格鲁吉亚哲学家、作家。

泰特·马格维拉什维利

泰特·马格维拉什维利曾在莱比锡大学学习，1914 年在哈雷－维滕贝格
大学获得历史博士学位。他在格鲁吉亚的职业生涯于 1921 中断。

泰特是格鲁吉亚民族民主党的成员，反对布尔什维克政权，后移民到德
国，迅速成为格鲁吉亚政治移民的领导人之一，并当选为柏林一个相当大的
格鲁吉亚移民片区的主席。他曾在柏林的弗雷德里克·威廉大学讲授哲学和
东方研究，也为格鲁吉亚时代的移民报纸《高加索》工作。1933 年 6 月，
他遭遇家庭悲剧：妻子玛丽因思念家乡而自杀。

第二次世界大战结束后，他住在柏林英国区的柏林－维尔默斯多夫。
1945 年 12 月，被苏联内务人民委员会（NKVD）特工以著名的哲学家萨尔
瓦·努特比泽[1] 做诱饵诱骗到东柏林被捕，后被关在城市东部的一所监狱中，

1　萨尔瓦·努特比泽（Shalva Nutsubidze）是格鲁吉亚的哲学家、翻译家和公共慈善家，第
比利斯国立大学的创始人之一，阿尔伯特文学的创始人，格鲁吉亚哲学史科学学校的创始人，
格鲁吉亚科学院院士，功勋卓著。

受讯问和折磨，1946年8月被遣
返第比利斯以叛国罪枪杀。

他儿子吉维后来是著名的格
鲁吉亚作家，被关在萨克森豪森
的苏联特别营地18个月。

泰特·马格维拉什维利的
主要作品有：特别从斯特拉博
的角度看公元前五世纪的科尔
喀斯、伊比利亚和阿尔巴尼亚
（1914）[1]；《虎皮骑士》（德语
版，1936）。

德语版《虎皮骑士》封面

---

1 斯特拉波 (Strabo)，古罗马地理学家、历史学家。约公元前64或前63年生于小亚细亚的
阿马西亚，约公元23年去世。受过良好教育。后移居罗马，游历意大利、希腊、小亚细亚、
埃及和埃塞俄比亚等地，曾在亚历山大城图书馆任职。著有《历史学》(43卷)和《地理学》
（17卷）。

伊比利亚人马尔维尔（也称萨巴
茨明德利），是六世纪格鲁吉亚的书
法家、修士和作家。他是马尔萨巴（Mar
Saba）的神父、圣萨巴（Saint Sabbas）
的牧首执事。

马尔维尔·萨巴茨明德利

马尔维尔的作品以禁欲主义和神秘主义著称。其作品现藏于西奈山的圣
凯瑟琳修道院和希腊东北部的阿索斯山伊维尔修道院。

他的《为了悔改和谦卑》讨论了祷告、忏悔、谦卑服从、兄弟情和耐心
的重要性："为信仰和希望，必悔改，不悔改则会与上帝的祝福无缘。兄弟
们，我们应在上帝面前为自己的罪恶哭泣，如若能够，也应为其他人。[1]"

1　格鲁吉亚语原文："სინანული მიზეზ არს, სარწმუნოებისა და სასოებისა, რომელსა
შეურაცხყოფიეს სინანული განშორებულ არს იგი წყალობისაგან ღმერთისა.
ვტიროდეთ უკუე, ძმანო, თავთა და ცოდვათა ჩვენთავის წინაშე ღმერთისა და თუ
შემძლებელ ვიყვნეთ, სხუათათვისცა."

玛纳娜·马蒂亚什维利(1978—)，格鲁吉亚诗人、翻译、记者、语言学博士。

玛纳娜·马蒂亚什维利

玛纳娜·马蒂亚什维利1978年11月30日出生于格鲁吉亚的鲁斯塔威（Rustavi）。2002年，毕业于第比利斯国立大学，获翻译和文学硕士学位。2003年至2006年，在语言学系攻读研究生，并于2006年4月获得博士学位，论文题目为《兹维亚德·拉蒂亚尼译艾略特（T.S.Eliot）诗的格鲁吉亚语翻译中的译者技巧》。现为高加索大学翻译理论与实践课程的讲师。

2010年，马纳娜获得瓦赫什蒂·科特蒂什维利（Vakhushti Kotetishvili）"诗歌青年翻译奖"，也获得鲁斯塔韦利国家剧院与图曼尼什维利基金会共同举办的比赛第三名，该奖项旨在发掘外国戏剧的格鲁吉亚最佳翻译。她和丈夫及三个女儿现定居于第比利斯。

她翻译的作品有：挪威语译格鲁吉亚语的有安妮·卡特（Anne-Cath）的《八个孩子和卡车》（6本）；库纳特·哈姆孙（Knut Hamsun）的《仙境》（2010）。从英语译格鲁吉亚语的有《神奇的大恐龙》（2015）；《神奇的巨型动物》（2015）；《乌斯本古罗马游客指南》（2015）；《动物馆》（2014年）；《人类》（2007）；《伊丽莎白·毕晓普诗选译》（2010）。

娜娜·姆契德丽泽（1926—2016），
格鲁吉亚女演员、电影导演和编剧。

娜娜·姆契德丽泽

娜娜·姆契德丽泽 1950 年至 1954 年在第比利斯鲁斯塔维利剧院当演员。1957 年后担任格鲁吉亚电影制片厂导演，1983 年成为格鲁吉亚人民艺术家。

1926 年 3 月 20 日，娜娜·姆契德丽泽出生于格鲁吉亚的特苏基泽（Tsulukidze），原名娜娜·比兹诺夫娜·姆契德丽泽（Nana Bidzinovna Mchedlidze）。她以《伊梅列季素描》（1979）、《第一次吞下》（1975）和《维加塔斯·阿伏托布热·天色已晚》（1967）而著称。2016 年 3 月 29 日，在第比利斯去世。

塔姆塔·梅拉什维利（1979—），
格鲁吉亚作家。

塔姆塔·梅拉什维利

塔姆塔·梅拉什维利 1979 年出生在位于该国西部的里奥尼河畔的拉恰－列其呼米－下斯涅季首府安布罗劳里，完成中学教育后，搬到首都第比利斯学习国际关系。此后，在德国呆了一年并开始写作。2008 年，她在布达佩斯的中欧大学获得了性别研究学位。

塔姆塔是女权主义者，拥有中欧大学性别研究背景，撰写了有关女性移民的文章《德国的格鲁吉亚妇女——通过移民赋权增强女性移民的能力？》，并于2009 年由萨尔布吕肯出版社。

塔姆塔·梅拉什维利目前居住在第比利斯，在第比利斯国立大学担任研究员、

小说《数数》（2010）封面

教师。

她的短篇小说首先出现在文学网站上，后被收录在不同的小说选集中。2010年，塔姆塔的第一部作品《数数》（*Counting Out*）出版，并迅速获得成功。该小说被评论家们誉为"一种新颖的、独特的声音"，于2011年获得最高文学奖"萨巴文学奖"。2012年，梅拉什维利的作品走出了格鲁吉亚，在德国被提名为最好的书"年度十佳"，并获2013年"德国青年文学奖"。她的作品《数数》被翻译成德语、克罗地亚语、俄语、阿尔巴尼亚语和英语等语言。

此外，塔姆塔·梅拉什维利还是海因里希·鲍尔基金会的校友，研究兴趣包括格鲁吉亚女权主义历史、LGBT身份和男性气质研究等。

塔玛兹·梅里亚瓦（1929—1972），
格鲁吉亚电影导演、编剧。

塔玛兹·梅里亚瓦

作品封面

塔玛兹·梅里亚瓦生于 1929 年 12 月 23 日，1972 年 8 月 27 日去世。1958 年至 1973 年，他执导了六部电影。

他拍摄的电影有：《一个安静的码头》（1958）；《白色大篷车》（თეთრი ქარავანი，1963）；《隆德里》（ლონდრი，1966）；《绑架月亮1》（მთვრის მოტაცება，1972）；《绑架月亮2》（მთვრის მოტაცება，1973）等。

乔治·默丘勒是 10 世纪的格鲁吉亚修士、书法家和作家。

乔治·默丘勒

乔治·默丘勒是位于今天土耳其东北部康茨泰利 / 坎兹塔的格鲁吉亚东正教修道院的修士。他撰写了一部描写格鲁吉亚著名信徒圣格雷戈里·康茨泰利（St. Grigol Khandzteli）的圣徒传记[1]《格雷戈里的康茨泰利生平》（759—861）。

"默丘勒"不是其姓氏，而是由格鲁吉亚的历史学家、哲学家、文学家帕夫尔·英格罗夫（Pavle Ingoroqva）提出的，可以大致译为"教会法专家"或"神学家"。乔治的著作确实证明了他对当时经典著作和爱国主义文学的深入了解。

《格里戈尔·康茨泰利生平》由默丘勒在主人公去世 90 年后创作于 951 年，958 年至 966 年间由巴格拉季王子巴格拉特进行了扩展。1845 年前被格

---

1 圣徒传记是圣人或教会领袖的传记，从广义上讲，是世界任何宗教中的创始人、圣人、僧侣、尼姑或偶像的奉承和理想化的传记。基督教圣徒传记主要关注罗马天主教会、东正教、东方东正教和东方教会信奉的人们的生活，尤其是奇迹。

鲁吉亚人遗忘，直到学者尼科·楚比纳什维利（Niko Chubinashvili）在耶路撒冷东正教宗主图书馆碰到了 11 世纪的默丘勒文本。尼古拉斯·马尔（Nicholas Marr）在 1902 年对手稿进行了核读，并于 1911 年发表了一篇学术论文。之后本书经历了几次编辑，也有了删减本和注释本，已成为学校教授旧格鲁吉亚文学课程的重要组成部分。保罗·皮特斯（Paul Peeters）1923 年将其翻译成了拉丁文，大卫·马歇尔·朗（David Marshall Lang）1956 年发表了释义的英文版本。

乔治·默丘勒雄辩而富有想象力的文采在格鲁吉亚的圣徒传记中无与伦比。他的作品不是传统上对圣徒生活的按部就班的记载，而是表达出对周围世界的独特兴趣。他扩大了格鲁吉亚爱国主义叙述的范围，涵盖细节、添加修辞且尊重事实。《生平》受欢迎并不仅源于其文学价值。在关键时期，复兴的巴格拉季王朝与教会紧密联盟，为格鲁吉亚领土统一进行了

《生平》主人公坎茨坦的圣格里戈（Saint Grigol of Khandzta）

斗争，最终取得了成功，该书阐明了格鲁吉亚教会的全格鲁吉亚统一思想。在中世纪格鲁吉亚文学中被引用最多的一段话中，乔治·默丘勒基于宗教和语言方面的考虑提出了对卡特里这个构成格鲁吉亚统一基础的核心民族和政治单位的定义："卡特利土地辽阔，礼拜仪式和祈祷都用格鲁吉亚语。仅《垂怜经》[1]用希腊语在格鲁吉亚语中意为"主，怜悯我们吧"或"主，对我们仁

---

1 《垂怜经》，是基督教用于礼拜仪式的一首诗歌，亦是一般弥撒曲中的第 1 个乐章。全曲的歌词只有三句，其中第一句和第三句相同，而第二句亦只是把开始的 "Kyrie" 改为 "Christe"，歌词的搭配反映基督宗教中对祈祷的态度——先向上主承认自己的过往的过失并祈求得到宽恕。

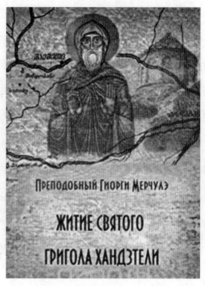

《康茨泰利生平》封面（格语）　　　　　《康茨泰利生平》封面（俄语）

慈"[1]。

　　《生平》也因提及巴格拉季的大卫血统而引人注目。这是从格鲁吉亚文学资料中发现的圣经大卫首次提及巴格拉季家族血统的传说。乔治·默丘勒自己像他的圣徒传记主题一样，大力支持君主制与教会之间的合作，声称"在拥有权力荣誉的地方，就有上帝的形象"[2]。

　　正如 10 世纪赞美诗人米歇尔·莫德雷基利（Michel Modrekili）在收藏手稿中的附言所示，乔治·默丘勒可能还从事过赞美诗创作。

1　格鲁吉亚语：არამედ ქართლად ფრიადი ქუეყანაა აღირაცხების, რომელსაცა შინა ქართულითა ენითა ჟამი შეიწირვის და ლოცვაა ყოველი აღესრულების ხოლო კვრიელეისონი ბერძნულად ითქუმის, რომელ არს ქართულად "უფალო, წყალობა ყავ," გინა თუ "უფლო, შეგვიწყალენ."

2　格鲁吉亚语：სადა არს პატივი მთავრობისაა, მუნ არს მსგავსება ღმრთეებისაა.

大卫·阿列克西泽·梅什基什维利（1745—1824）"校长"（大卫校长 დავით რექტორი），是格鲁吉亚的教育家、书法家、诗人，泰拉维神学院的校长。

大卫·阿列克西泽·梅什基什维利

大卫·阿列克西泽·梅什基什维利1765年左右毕业于第比利斯的神学院，该神学院由天主教安东一世于1755年创立。随后他在格鲁吉亚赫拉克里乌斯二世国王宫廷担任秘书，与校长学者盖奥兹紧密合作，促进第比利斯的教育发展。1783年，盖奥兹因外交任务前往俄罗斯帝国后，梅什基什维利接任他为泰拉维神学院的代理校长（1790年任校长），直到控制格鲁吉亚的俄政府1801年将其关闭。

大卫在神学院教授语法、物理学和伦理学，并编写了几本教科书。此外，在赫拉克留斯的继任者乔治十二世国王的命令下，他视察了加雷哈（Gareja）、西奥尼（Sioni）、卡舒蒂（Kashueti）、姆茨赫塔（Mtskheta）和安奇斯卡蒂（Anchiskhati）的教会学校。他还复制、收集和分类了格鲁吉亚的旧手稿，编制了格鲁吉亚作家的书目。此外，他也是一位才华横溢的诗人，受到诗人贝西奇影响写有著名的诗《穆罕默兹》（მუხამბაზი）。

萨迪昂·德米特·阿列克西·梅什基什维利，格鲁吉亚的批评家、翻译和军医。

萨迪昂·德米特·阿列克西·梅什基什维利

萨迪昂·德米特·阿列克西·梅什基什维利于 1814 年出生。1832 年至 1836 年在莫斯科的医学外科学院学习，毕业后做医生、兽医。1840 年开始，他在泰拉维、西格纳吉和第比利斯当医生。1863 年去世。

他的评论性著作和翻译作品发表在报纸《高加索》（*Kavkazsa*，კავკაზსა）和《黎明》（也作《奇萨卡里》，*Tsiskari*，ცისკარი）杂志上。后者于 1861 年发表了他的信《乌斯塔里反批判》（*Ustari Antikritikuli*，უსტარი ანტიკრიტიკული），这封信捍卫了将格鲁吉亚杂音闭塞辅音分为 "三合音" 原理的理论（division of the Georgian noise occlusive consonants into "triads"）。

加藤·米凯拉泽，也称加藤·麦克拉泽（1878—1942），格鲁吉亚的新闻工作者和女权主义者。

加藤·米凯拉泽

加藤·米凯拉泽 1878 年出生在库塔伊西，在当地圣尼诺学校完成了学校教育。1898 年，她已经是一位坚定的女权主义者，她在《痕迹》（ კვალი ）杂志上发表评论说："解放运动将一直持续下去，直到根除根本原因为止。科学表明，经济和政治不平等的根源并非能力或智力不同。"此后，她继续在莫斯科（1903）和布鲁塞尔学习，获得了社会政治学学位。然后在巴黎呆了几年，她关注妇女参政的发展情况，包括英国"全国妇女选举权联合会"和"妇女社会与政治联合会"的活动。1916 年，她回到库塔伊西，力求通过建立妇女跨党派联盟和《格鲁吉亚妇女之声》来提高妇女政治参与度，该报纸旨在宣传来自格鲁吉亚和欧洲其他地方妇女的社会和政治观点。

从 1916 年开始为妇女权利而战。为了鼓励妇女参政，她成立了由"格鲁吉亚妇女之声"支持的妇女跨党派联盟。"格鲁吉亚妇女之声"由她创办并担任编辑，发表有关社会和政治问题的文章。在格鲁吉亚第一次民主选举之后，因她的努力 1919 年有五名女性当选议会议员。

加藤·米凯拉泽 1942 年去世。

米里安·伊拉克列维奇·格鲁津
斯基（1767—1834）极具文学才能，
是格鲁吉亚诗人、翻译家。

米里安·伊拉克列维奇·格鲁津斯基

　　米里安·伊拉克列维奇·格鲁津斯基是巴格拉季昂王朝的巴托尼什维
利[1]，父亲是国王希拉克略二世，母亲是达雷扬·达迪亚尼[2]王后。在1783年
希拉克略将其王国划归俄罗斯保护国之后，米里安进入了俄罗斯军队，晋升
少将军衔。1801年，接受俄罗斯吞并格鲁吉亚后，去圣彼得堡，一直做帝国
的议员。

　　米里安1767年8月19日出生，母亲是他父亲第三任妻子。他是这对夫

1　巴托尼什维利（Batonishvili）是巴格拉季昂（Bagrationi）王朝从格鲁吉亚（Georgia）国
王继承而来的王室王子和公主的称号，后缀为姓名，例如亚历山大·巴托尼什维利、艾奥
恩·巴托尼什维利和尼诺·巴托尼什维利等。这个头衔最终不仅由在位国王的子孙继承，而
且由过去国王的所有男性后裔继承。
2　达雷扬·达迪亚尼（Darejan Dadiani）又名达里亚（Daria），曾是卡赫季（Kakheti）的王后，
后来又是格鲁吉亚东部的卡特利－卡赫季（Kartli-Kakheti）伊雷克勒二世（Erekle II）国王
的第三任妻子。她是明哥利亚（Mingrelia）皇室成员卡齐雅－乔治·达迪亚尼（Katsia-Giorgi
Dadiani）的女儿。

妻的第五个儿子和第九个孩子。1783 年，希拉克略二世和俄国凯瑟琳二世在格奥尔基耶夫斯克签订《格鲁吉亚夫斯克条约》后，米里安和他的兄弟教堂执事安东前往圣彼得堡，并在帝国宫廷任职。米里安被任命为伊祖姆斯基（Iziumsky）轻骑兵团的上校为俄国服役。在俄土战争（1787—1792）中，他在库班（Kuban）任职。1793 年晋升为少将。1796 年 12 月 3 日至 1798 年 1 月 27 日，担任卡巴丁斯基（Kabardinsky）火枪兵团团长，在高加索受伊凡·古道维奇伯爵指挥。期间与他父亲和格鲁吉亚宫廷有定期书信往来。

1798 年 1 月，父亲病危，米里安赶到泰拉维，并带来一位来自阿斯特拉罕[1]的医生吉尔齐乌斯（Girtzius）。赶到家发现父亲已然去世，家人陷入王朝危机，因为他的新寡母后达雷扬坚持说：希拉克略的继任者、她的继子乔治十二世仍然遵守已故统治者 1791 年的遗嘱，要求国王的继任者不把王位传给自己后代，而是传给他的长兄。这项新规定将使米里安在继任者中排在第四位，前三位是乔治及其兄弟尤伦和瓦赫坦。乔治十二世未履行遗嘱，1799 年 4 月 18 日得到俄罗斯沙皇保罗一世承认他儿子大卫为继承人。乔治 1800 年 12 月去世后，事态发展使国家处于更混乱的状态，当时达雷扬一伙包括已从俄罗斯退役的米里亚王子企图确保尤伦亲王继任。沙皇不承认，1801 年 9 月将格鲁吉亚并到俄罗斯帝国。

米里安并没有像他的兄弟尤伦、帕尔诺斯亚历山大和瓦赫坦一样举起武器或试图抵抗俄罗斯政府对格鲁吉亚王室的驱逐。1801 年 3 月 15 日，米里安接受了沙皇的要求，前往俄罗斯。1801 年下半年，他被授予"俄罗斯圣安娜一级勋章"。1803 年，他永久定居在圣彼得堡，担任枢密院议员和参议员。

米里安在圣彼得堡任职期间，曾用俄语翻译希腊宗教作家伊利亚斯·米尼亚提斯（Ilias Miniatis）的布道和德国诗人、剧作家约阿希姆·威廉·冯·布

1　阿斯特拉罕（Astrakhan）位于俄罗斯南部伏尔加河汇入里海处，是阿斯特拉罕州的首府，人口超过 50 万。这里曾是可萨汗国的首都，名阿提尔，和金帐汗国首都萨莱很接近。这里也曾是阿斯特拉罕汗国的首都。许多多来自中亚的商人在此交易，甚至置馆居住。阿斯特拉罕州立大学和阿斯特拉罕州立科技大学位于此地。

拉威的悲剧《自由精神》（*Der Freigeist*）。米里安本身是一位才华横溢的诗人，在同时代的大卫·古拉米什维利（David Guramishvili）和贝西奇（Besiki）这两位伟大的前浪漫主义格鲁吉亚诗人的影响下创作了爱情诗歌。

米里安对格鲁吉亚流亡同胞的诗意演讲广为流传："来吧，年轻人，我们团结一致，英勇的战士。[1]"此外，米里安还助力于古拉米什维利诗歌的保存和传播。古拉米什维利是一位经验丰富的俄罗斯军队资深人士，他默默无闻地住在乌克兰。1787 年，他在克雷缅楚克（Kremenchuk）遇见了米里安并通过他将自己的著作寄到格鲁吉亚。1834 年 10 月 15 日，米里安在圣彼得堡逝世，享年 67 岁。他被安葬在亚历山大·涅夫斯基修道院的格鲁吉亚贵族墓地。

米里安 1814 年 4 月 22 日在圣彼得堡娶了亚历山大·雅科夫列维奇·基尔科夫亲王的女儿玛丽亚公主（1788.06.17—1815.05.31），结婚一年她就去世了，葬在亚历山大·涅夫斯基修道院。米里安没有子嗣。

1　格鲁吉亚语：მოვედით, მოყმენო, შეკრებით, ჯომარდნო.

亚历山大·米卡贝利泽(1978—)，格鲁吉亚律师、作家、历史学家，专长拿破仑研究、俄罗斯历史和格鲁吉亚历史研究。

亚历山大·米卡贝利泽

亚历山大·米卡贝利泽 1978 年 1 月 27 日出生于哈萨克斯坦西北部阿克托别（俄语旧称阿克纠宾斯克）。父母在美国工作，担任路易斯安那州立大学什里夫波特分校的历史与社会科学系的教授，同时担任露丝·赫林·诺尔（Ruth Herring Noel）特聘詹姆斯·史密斯·诺埃尔（James Smith Noel）馆藏主席，这是美国最大的古籍、印刷品和地图私人收藏。1990 年，他与父母返回格鲁吉亚，1999 年毕业于第比利斯国立大学，获得国际法学位。1996 年至 2000 年，亚历山大在格鲁吉亚外交部工作，处理人权问题以及与欧洲委员会的关系。

亚历山大·米卡贝利泽是拿破仑和拿破仑时代研究的专家。1999 年，成为格鲁吉亚拿破仑研究会的创始成员之一，致力于研究法国革命和拿破仑时代历史（1799—1815）。2000 年，他移居美国，全身心投入拿破仑研究。2003 年，在佛罗里达州立大学拿破仑和法国大革命研究所获得史学博士学位。他曾在佛罗里达州立大学和密西西比州立大学任教，后在美国海军战争学院讲授战略和政策。2007 年以来，就职于什里夫波特的路易斯安那州立大学。

亚历山大·米卡贝利泽写过 20 多本书和教科书，他的著作《俄国革命军和拿破仑战争中的俄罗斯军官，1792—1815 年》和《波罗的诺战役：拿破仑与库图佐夫之战》分别赢得了 2005 年和 2007 年"国际拿破仑学会文学奖"。他的最新著作《拿破仑战争：全球历史》2020 年由牛津大学出版社发行。

亚历山大·米卡贝利泽曾担任《拿破仑奖学金》和《革命时期财团精选论文》的主编。因对拿破仑学的贡献，当选为英国皇家历史学会会员，并获得"国际拿破仑学会功勋勋章"和弗朗塞斯文艺复兴时期的"雷蒙尼德文化奖"。

亚历山大·米卡贝利泽主要作品有：《欧盟框架内的人权和基本自由保护：欧洲法院人权》（2000）；《1792—1815 年的革命和拿破仑战争中的俄罗斯军官》（2007）；《格鲁吉亚历史词典》（2007）；《别列津纳河之战：拿破仑的大逃亡》（2010）；《波罗底诺战役：拿破仑对库图佐夫》（2010）；《格鲁吉亚 A 到 Z》（2010）；《伊斯兰世界的冲突与征服：历史百科》（2011）；《1812 年俄国目击者陈述》（2012）；《1814 年俄国目击者陈述》（2013）；《暴行、大屠杀和战争罪行：百科全书》（2013）；《燃烧莫斯科：拿破仑的1812 烈火审判》（2014）；《1807 年俄国目击者的叙述》（2015）；《在异国迷失的格鲁吉亚人》（2017）；《通过外国眼睛观看格鲁吉亚（15—17 世纪）》（2018）；《拿破仑战争：全球历史》（2020）。

阿卡·莫奇拉泽（1966—），格
鲁吉亚作家、文学史学家，他撰写了
一些后苏联格鲁吉亚文学最畅销的散
文和小说，作品显示了 21 世纪初的格
鲁吉亚文学重新定位于西方的影响。

阿卡·莫奇拉泽

阿卡·莫奇拉泽是乔治·阿赫弗莱迪亚尼（Giorgi Akhvlediani，გიორგი
ახვლედიანი）的笔名，1966 年 11 月 10 日生于第比利斯，1988 年毕业于第
比利斯国立大学历史系，随后在那里任教。1990 年代，他曾任第比利斯媒体
的体育记者和文学专栏作家。1998 年以来，巴库·苏拉卡乌里出版社出版了
他的 20 部小说和 3 部短篇小说集。他的一些作品已被拍成电影或改编为戏
剧搬上舞台。

阿卡·莫奇拉泽的主要作品有：《卡拉巴赫之旅》（1992）；《帕里亚什
维利街的狗》（1995，2002，2011）；《往返飞马达托夫岛》（1998，2004，
2011）；《圣诞夜女巫》（2001，2011）；《八月玩耐心》（2001，2011）；《在
马达托夫岛上失踪》（2001）；《你的冒险》（2002）；《其他》（2002，
2011）；《书》（2003，2011）；《荒芜的沙漠》（2003）；《推翻玉米共和国》
（2003，2011）；《马达托夫岛上的鲸鱼》（2004）；《圣埃斯佩兰萨》（2004，
2008）；《迪克斯利先生的静音盒》（2005）；《韦内拉的梦》（2005）；《纸弹》

（2006，2011）；
《第比利斯的女佣》
（2007）；《旧的心和
剑 》（2007）；《 曾
经，在格鲁吉亚》
（2008）；《秘密守护
者的腰带》（2008）；
《马默鲁克》（2009）；
《 圆 》（Obolé，
2011）；《格鲁吉亚

《卡拉巴赫之旅》电影海报　　　　《村庄》电影海报

记事本》（2013）；《害羞的翡翠》（2013）；《路上的影子》（2014）；《一亿镑之遥》（2015）。

　　阿卡·莫奇拉泽获奖：《圆》获得2012年度"萨巴文学奖最佳小说奖"；《马默鲁克》获得2010年"伊利亚大学（Ilia Uni）文学奖最佳小说奖"；《第比利斯的女佣》荣获2008年度"萨巴文学家最佳小说奖"；《韦内拉的梦》荣获2006年度"萨巴文学家最佳小说奖"；《圣埃斯佩兰萨》荣获2005年度"萨巴文学家最佳小说奖"；《你的冒险》获得2003年度"萨巴文学奖最佳小说奖"。

米哈伊尔·"米苏"·莫苏里什维利（1962—），格鲁吉亚作家兼剧作家。

米苏·莫苏里什维利

米苏出生于 1962 年 12 月 10 日，1986 年毕业于第比利斯国立大学。此后当地质学家，也在多家报纸当新闻记者，发表了几本格鲁吉亚短篇故事、小说和戏剧，翻译了鲍里斯·阿库宁[1]的三本小说。他的戏剧在格鲁吉亚的剧院、电视台和广播电台演出或播出。他的一些作品已被翻译成拉脱维亚语、英语、德语、亚美尼亚语和俄语。他的主要作品是《无风口的飞行》和传记小说《会查·诗贝拉》（也译为《瓦扎·普沙维拉》）。

物理学家利古里·莫苏里什维利[2]是米苏的叔叔。他不同的思维方式影响了米苏的创造力。

米苏的小说有：《森林之人》（1988）；《月光下的壁画》（1990）；《垂

---

1 鲍里斯·阿库宁（Boris Akunin），俄罗斯作家，拥有格鲁吉亚族血统。有名的侦探和历史小说作家，也是散文家和文学翻译。
2 利古里·莫苏里什维利（Liguri Mosulishvili），格鲁吉亚物理学家，是第比利斯国立大学安德罗尼卡什维利物理研究所生物物理学系主任。

直空间》（1997）；《不合时宜的骑士》（1999）；《无风口的飞行》（2001）；《班德拉》（2003）；《雪下的天鹅》（2004）；《从右看：毕加索和博世的一些作品》（2010）；《会查·诗贝拉》《慈悲之石》（2011）；《何处来，何处去》《魂之河》（2012）；《一头大母熊》（2013）；《世纪愤怒的快乐心理学肖像》（2014）；《我的红色胸膛》（2015）等。

他的戏剧有：《森林之人》（1988）；《边境的扭曲》（1995）；《白色军队》（1997）；《与死人跳舞》（2005）；《卡普拉甲虫和家鼠》《圣诞鹅配木瓜》（2010）；《会查·诗贝拉或看见未知》《我的红色胸膛》（2012）；《劳达基亚高加索》（2013）。他的剧本《卡赫季的火车》（2019）是一部由拉利·基克拉维兹执导的戏剧电影（35 分钟）。

米苏获奖众多：1987 年，广播剧《森林之人》获得"格鲁吉亚电视台和广播委员会奖"；1998 年，《不合时宜的骑士》在第比利斯市长办公室、第比利斯青年办公室和畅销书联盟文学竞赛中获 "小说一等奖"；剧本《白色军队》获得 "剧作家联盟奖"；2005 年，获 "贝卡尔国际文学大赛音乐创作奖"；2006 年，故事《异种移植》获"NLO 方程式文学大赛奖"（希腊雅典）；2007 年，《前夜》获 "克尔特维西文学竞赛奖"；2011 年，传记小说《会查·诗贝拉》获 "嘎拉文学奖"；2012 年，获 "海伦（Helesa）电影小说银奖"及峰会奖 "市场营销效果奖"，同年，独幕神话仪式剧《会查·诗贝拉或看见未知》获图曼尼什维利基金会、图曼尼什维利电影演员剧院和第比利斯市长办公室文化事业中心格鲁吉亚新戏剧的 "联合表演奖"；2015 年，《卡库察》获纪念格鲁吉亚民主共和国成立 100 周年"格鲁吉亚国家电影中心奖"；2019 年，短篇小说《为天使的芥末种子》（刊载于《教师》杂志和教师网络报纸 "*mastsavlebeli.ge*"）获格鲁吉亚教师发展、信息和教育资源中心的 "教师最佳短篇小说" 文学比赛一等奖。

埃弗雷姆·姆齐雷（生卒不祥），
安提阿的格鲁吉亚修士、神学家和希
腊语爱国文学译者。

埃弗雷姆·姆齐雷

关于埃弗雷姆·姆齐雷生活的信息很少。
在生命的早期，他大概在君士坦丁堡接受了
彻底的希腊教育，据称他父亲是一位来自陶
的格鲁吉亚贵族瓦切·卡里希兹德兹（Vache
Karich'isdze），1027 年搬迁到那里生活。
之后，埃弗雷姆在安提阿附近的黑山当了修
士，那里有约 70 名格鲁吉亚修道院社区充
满活力的修士。大约 1091 年，埃弗雷姆成
为卡斯塔纳修道院（Kastana）的风云人物，
此修道院可能是在安提阿外达芙妮的卡斯塔
利亚（Castalia）泉。

埃弗雷姆·姆齐雷十二世纪
的翻译手稿。[1]

---

1 此翻译手稿原文是由大马士革约翰（John of Damascus）撰写的《东正教信仰》。

　　希腊对埃弗雷姆·姆齐雷文字的技术研究证明其文字是后来格鲁吉亚文学的基础。他是第一个将文字渲染引入格鲁吉亚语的人，使格鲁吉亚读者熟悉了语法和词汇。他的一些著名译本是伪狄奥尼修斯[1]、凯撒利亚的罗勒、叙利亚的以法莲和大马士革的约翰的作品。

　　埃弗雷姆·姆齐雷原创作品《格鲁吉亚人转变、皈依的故事[2]》是捍卫格鲁吉亚东正教自发性的另一宣言，因为在 11 世纪，格鲁吉亚和安提阿教会的信徒之间为此争执不休。

1　略巴古的伪狄奥尼修斯（Pseudo-Dionysius the Areopagite），是 5 世纪晚期至 6 世纪早期的一位基督教神学家和哲学家，他使用假名，称自己为"亚略巴古的狄奥尼修斯"。借此，伪狄奥尼修斯的作品在东西方获得了很大权威，尤其是对基督教神秘主义如埃克哈特大师产生巨大影响。15 世纪，其作品被发现和狄奥尼修斯的作品出自不同时代，其影响力开始下降。

2　格鲁吉亚语：უწყება მიზეზსა ქართველთა მოქცევისასა.

科劳·纳迪拉泽

科劳·纳迪拉泽（1895—1990），
格鲁吉亚诗人，也是格鲁吉亚象征主
义学派的最后代表。

纳迪拉泽 1895 年 2 月 24 日出生于库塔伊西。1912 年至 1916 年在莫斯
科大学学习法律。返回格鲁吉亚后，1915 年成为格鲁吉亚象征主义组织"蓝
色号角"（ცისფერყანწელები）的创始成员之一，其他作家还有格里戈尔·罗
巴基泽、提香·塔比泽、保罗·阿什维利和瓦勒里安·加普林达什维利。他
很快受到现代主义的影响，尤其是埃米尔·维尔哈伦（Emile Verhaeren），
成为"蓝色号角"主要人物之一。

科劳·纳迪拉泽早期的象征主义诗歌以神秘的美学为特征，对独立前的
格鲁吉亚有着明显的批评和绝望的意味。例如，他的第一首诗是由《蓝色号
角杂志》（*Blue Horn Journal*）1916 年出版的《梦想之格鲁吉亚》（ოცნება
საქართველოზე），描述了破旧的房屋和破败的格鲁吉亚风光。在格鲁吉亚
短暂独立之前（1918—1921），他将该国描述为"傻瓜的故乡，生活艰难、
人民受苦、被压迫和受折磨"。

1921 年，格鲁吉亚成为苏联的一部分。诗人的早期著作没有公开表达其

政治性，因此他比"蓝色号角"的其他成员更容易适应共产主义的思想要求，并且继续创作诗歌。期间他主要写爱国主义诗歌和散文，着眼于现实主义和社会问题。他还翻译了许多文学作品，包括普希金、布宁、巴尔蒙、布洛克、韦尔莱恩和伊萨哈克扬等人的作品。

尽管科劳·纳迪拉泽亲近政权，但在 1937 年他与作家塞尔戈·克迪亚什维利（Sergo Kldiashvili）一起被捕，两位诗人因内务委员会审讯人本人被捕，且档案被错放以致逃脱了监禁。事件使科劳·纳迪拉泽与"蓝色号角"组织的老作家们拉开了距离，他是最后一个幸存的成员。改革重组[1]年代，90 岁高龄的科劳·纳迪拉泽出版了他二十多岁时被压制的作品。

科劳·纳迪拉泽 1990 年 10 月 28 日去世。

1　改革重组（perestroika[pjIrˈstrojkeə]）是指担任苏联共产党中央委员会总书记的米哈伊尔·戈尔巴乔夫自 1987 年 6 月起推行的一系列经济改革措施。它与当时的政治改革开放政策共同构成了戈尔巴乔夫执政时期国内政策的关键词。该词俄语字面意义即为"重建"，其意图为改变苏联陷入僵局的经济状况。经济改革开启了苏联从计划体制经济到市场体制经济的转变。改革不但未能改变苏联步履蹒跚的经济状况，反而事与愿违地激化了苏联的社会与经济矛盾，使苏联经济急剧恶化并走向崩溃，最终促使了苏联的解体。

尼古拉·尼古拉泽（1843—1928），格鲁吉亚著名诗人、思想家、作家，亲西方的启蒙运动家和公众人物，对格鲁吉亚自由新闻业的发展做出了贡献，并参与了各种经济和社会活动。

尼古拉·尼古拉泽

尼古拉·尼古拉泽 1843 年 9 月 27 日出生在格鲁吉亚西部伊梅列季的大集海（Didi Jikhaishi）村的小贵族尼古拉泽家。1860 年从库塔伊西艺体学校毕业，次年在圣彼得堡大学法学院就读，当年因参加学生抗议活动而被开除。离开圣彼得堡后，1864 年前往西欧学习，1868 年成为第一位获得欧洲大学（苏黎世）法学博士学位的格鲁吉亚人。像当时的许多格鲁吉亚知识分子一样，他跟随俄罗斯自由主义者走过社会主义不同阶段，与西方左派思想家建立了联系，成了这一趋势中首位在全俄罗斯自由主义运动中获得影响力的格鲁吉亚人。在苏黎世逗留期间，通过保罗·拉法格（Paul Lafargue）遇到了卡尔·马克思，后者请他成为国际高加索地区的代表。尼古拉拒绝了这一提议，因为当时他与在圣彼得堡相识的俄国革命民主人士尼古拉·切尔尼雪夫斯基和尼古拉·多布柳波夫的看法更加接近。1865 年，他与亚历山大·赫尔岑（Aleksander Herzen）有影响力的每周一期的报纸《钟声》进行了短暂合作，但两人很快因后者向沙皇公开妥协而决裂。

　　回到家乡格鲁吉亚，尼古拉受到当时格鲁吉亚最著名的知识分子伊利亚·查夫恰瓦泽的启发，参与了民族解放运动，加入了该运动的激进派——后来被称为第二集团（მეორე დასი），并迅速成为其最有影响力的领导人之一。该组织尝试发展从国家管制的资本主义到各种形式的协会再到集体主义，并致力于在格鲁吉亚介绍从欧洲习得的知识和文化。他们成为格鲁吉亚第一支强调格鲁吉亚城市和经济生活重要性的政治团队，积极地将自己的想法付诸实践，努力阻止格鲁吉亚人被统治、被排斥。1871年，他发表文章《在喀山的思考》，文中讽刺性地把第比利斯比作一个老妓女，大马路、公园、人行道是她的涂脂抹粉，市场是她漆黑的牙齿，墓地和战乱后的田野都是她那坏掉的身体，这几乎使他臭名昭著。尼古拉对老一辈代表的言辞发动攻击，他们大多选择忠于俄国政府，支持"六十年代男子"的立场，后者是格鲁吉亚年轻知识分子的骨干，反对沙皇政权。

　　1871年至1875年，尼古拉生活在巴黎和第比利斯，开办了一些革命性期刊，例如1871年在第比利斯编了《采集》（კრებული），1873年在巴黎编写的《旗帜》（დროშა）和在第比利斯编写的《评论》（მიმომხილვა）。在巴黎期间，他与波兰女子波谷米拉·泽迈安斯卡亚（Bogumila Zemaianskaia）结婚，后者曾经在他的家乡库塔伊西生活了一段时间。他们有三个孩子，一个儿子早年夭亡，两个女儿——生于1872年的尼诺和伊丽莎白（俗称"洛洛"）。尼古拉于1875年返回第比利斯，因其激进的出版物而被捕，1880年被驱逐至斯塔夫罗波尔。他与妻子分离，由奥尔加·古拉米什维利（Olga Guramishvili）陪伴到俄罗斯，1883年他正式离婚，与后者结为夫妇。

　　尽管政府对尼古拉泽进行打压和责难，但他在格鲁吉亚、俄罗斯都是一位有影响力、受人尊敬的作家。他用俄语和法语撰写的许多著作都在欧洲有系统地出版。尼古拉活动的高潮是他在1880年代中期与亚历山大三世和他政府的成功谈判，从而减轻了全国范围内的镇压，并使维拉·菲格纳（Vera Figner）免于绞刑，使切尔尼雪夫斯基免于流放。

1884 年，他和奥尔加的女儿如苏丹娜（Rusudana，1884—1981）在圣彼得堡出生。1886 年起，他领导自由派团体第二团。此后，他与家人住在格鲁吉亚西部伊梅列季地区的大吉克西，并成为第比利斯的新防御（Novoe Oborzrenie）的代表。他和奥尔加的另外两个孩子乔治（1888—1931）和塔玛拉（1892—1939）出生于大吉克西。他的大女儿尼诺也生活在一起。

尼古拉·尼古拉泽曾负责许多社会和经济项目，包括格鲁吉亚铁路系统的扩张和格罗兹尼 – 波季管道的建设，造福民众。1894 年至 1912 年，他当选为波季市市长。期间，他将这个位于格鲁吉亚黑海沿岸的小门户城市变成了重要的海上城市和贸易中心。1917 年 2 月俄国革命后不久，他与更激进的格鲁吉亚知识分子结盟，支持格鲁吉亚完全脱离俄罗斯独立，并当选为格鲁吉亚国家民主党名誉主席。在格鲁吉亚第一个共和国（1918—1921）的几年中，他积极参与社会和经济生活。1920 年，他率领了奇阿图拉锰出口协会在欧洲的代表团。当格鲁吉亚短暂的独立于 1921 年结束时，仍在国外的他，决定返回格鲁吉亚，回到理论世界，宣扬教育和改革而非暴力革命。

他和前妻的女儿尼诺同莱万·祖拉比什维利（Levan Zurabishvili）结婚，洛洛嫁给了比利时作家兼政治家卡米耶·胡斯曼[1]。他和第二任妻子的女儿如苏丹娜成为化学家，嫁给了俄罗斯历史学家米哈伊尔·波利耶夫（Mikhail Polievktov）。儿子乔治成了数学家，塔玛拉嫁给了乔治的同事——著名的苏联格鲁吉亚苏维埃数学家、物理学家和工程师，格鲁吉亚苏维埃社会主义科学研究院的创始人和首任院长尼古洛兹·穆斯克海利什维利（Nikoloz Muskhelishvil），也就是尼古拉·伊万诺维奇·穆斯赫里斯维利。

尼古拉·尼古拉泽 1928 年 6 月 5 日去世。

1　卡米耶·胡斯曼（Camille Huysmans），比利时记者、政治家，安特卫普市长，1946 年至 1947 年担任比利时首相。作为比利时工党成员，胡斯曼从 1905 年起担任第二国际书记，当年与来访的中国革命家孙中山会面。第二次世界大战期间流亡英国伦敦，参与组建比利时流亡政府和抵抗纳粹德国的运动。

阿森·尼诺斯敏德利（？—
1082），11世纪格鲁吉亚主教、学者、
修士、翻译、著名书法家、格鲁吉
亚东正教的圣人。

阿森·尼诺斯敏德利

阿森·尼诺斯敏德利在
耶路撒冷成为修士。他活
跃于陶－克拉捷提（Tao-
Klarjeti）的奥特赫塔（Otkhta）
修道院[1]。伊比利亚人约翰和
雅典人尤西缪斯[2]听说他之后
邀请阿森·尼诺斯敏德利前
往阿索斯山上的格鲁吉亚伊

伊维龙修道院

1 　10世纪的格鲁吉亚修道院，由戴维特·库拉帕拉特（Davit Kurapalat）在961年至965年
建造，978年至1001年重建。位于今土耳其阿尔特温省优素费利镇，此修道院是陶－克拉
捷提的大教堂之一。
2 　雅典人尤西缪斯（Euthymius）是一位格鲁吉亚修士、哲学家和学者，曾被尊为圣人。他
在东正教教堂的盛宴是5月13日。他是来自伊比利亚王国的格鲁吉亚人，拜占庭人用伊比
利亚人称呼他。

维龙修道院[1]。

阿森·尼诺斯敏德利1082年死于阿索斯山，被哈吉特人乔治安葬在尤西缪斯旁边。

尼诺茨明达圣母修道院是一个有围墙的修道院建筑群——一座寺庙，一座四层砖砌钟楼（16世纪），两层的萨巴图西斯什维利大殿（1774—1777）和其他保存在卡赫季地区尼诺茨明达村的建筑遗址。主

位于格鲁吉亚卡赫季的尼诺茨明达圣母修道院远景

尼诺茨明达圣母修道院建筑群图

要建筑圣尼诺教堂，建于六世纪后期。据说，其建造与圣尼诺休息的地方有关。从目前有的手稿可以看出，修道院有一个丰富的图书馆。作家和诗人都曾在这里工作过：主教阿森·尼诺茨明德利、米特罗芬·尼诺茨明德利和约阿内·尼诺茨明德利（十八世纪下半叶）等。

1　伊维龙（Iviron）修道院是希腊北部阿索斯神权共和国的一座东正教修道院。

埃斯玛·奥尼阿尼（1938—1999），
格鲁吉亚诗人、散文家和画家。

埃斯玛·奥尼阿尼

埃斯玛·奥尼阿尼是土生土长的第比利斯人，1938 年 7 月 20 日出生，1999 年 1 月 31 日去世。1957 年至 1963 年，在当地美术学院学习，毕业时制作的《学校离校生》被送往莫斯科的一个学生画展。在担任国有电视公司艺术总监期间，埃斯玛参加了许多展览。从 1968 年起，她在母校担任绘画教学职务。她还给许多书籍画插图，例如埃洛姆·阿赫夫莱迪亚尼（Erlom Akhvlediani）的儿童作品《小老鼠的

《是我吗？》封面

《诗》封面

故事》的插图。

1968起,埃斯玛·奥尼阿尼开始发表她的作品,作品涉及宗教、色情等禁忌话题,很快引起关注。尽管出版了一些作品集,但写作大多是私人发行的,直到她去世后,

《100首诗》封面　　　　《摘自旧笔记本》封面

她的诗歌才开始受到广泛关注。其艺术成就远胜于她作品的影响力。

埃斯玛·奥尼阿尼在国内外展示了她的作品,获得了包括在日本展览中获得的一枚奖章在内的赞誉。此外,1982年,因创作的大卫·卡卡巴泽(David Kakabadze)肖像画而获得了艺术家联盟的勋章。2000年,她被追授"格鲁吉亚国家奖"。她的一些著作被翻译成德语发表,在格鲁吉亚美术博物馆的收藏中有几幅她的画作。

埃斯玛·奥尼阿尼的主要作品有:《诗歌》(1978);《默默飞翔的鸟》(1982);《白人游客》(1986);《我不会忘记的事情》(1998);《诗歌100首》(2010);《摘自旧笔记本》(2011);《灵魂被焚化》(2013);《是我吗?这个也是吗?我又回来了吗?》(2015)等。

亚历山大·奥贝里亚尼（1802—
1869），格鲁吉亚浪漫主义诗人、剧
作家、新闻人、历史学家。

亚历山大·奥贝里亚尼

亚历山大·奥贝里亚尼（詹巴库尔·奥贝里亚尼）（ჯამბაკურ—
ორბელიანი）1802 年 5 月 24 日出生于第比利斯，是瓦赫坦·奥贝里亚尼亲
王和倒数第二个格鲁吉亚国王埃雷克勒二世的爱女特克尔公主的儿子。1817
年，他加入了俄军。但在 1832 年他与母亲和兄弟瓦赫坦一起领导了一次企
图反对俄国统治的失败政变。他们计划邀请高加索地区的俄国官员参加盛大
的舞会，舞会上让他们选择死亡或投降。失败后，亚历山大·奥贝里亚尼被捕，
并被流放到奥伦堡，直到 1840 年才得以返回。中途，失败的造反和相对温
和的惩罚迫使许多阴谋者将独立的过去视为无法挽回的损失，向俄罗斯独裁
统治妥协，将他们对逝去的好时光和王朝灭亡的哀叹转变为浪漫主义诗歌。

1869 年 12 月 28 日，亚历山大·奥贝里亚尼去世。

亚历山大·奥贝里亚尼最具代表性的作品是 1832 年的寓言诗《月亮》
（მთოვარე）和一部关于三名修女的爱国短篇小说《圣母无染》（უმანკო
სისხლი）。后者讲述了在波斯军队总指挥让她们变节时宁死不屈的故事。

这个故事也让他自己感动，觉得他也和他们应一同死去。

亚历山大·奥贝里亚尼也尝试了一系列戏剧，并且他对新闻的兴趣更大。他是齐卡萨里口述委员会的创始成员，该委员会很多年是格鲁吉亚新闻界的脊

奥贝里亚尼城堡

梁。亚历山大·奥贝里亚尼通过该委员会致力于在复兴古代形式的基础上使文学语言标准化。此外，他还是最早从人民那里搜集民间诗歌的格鲁吉亚作家之一，撰写了几本有关格鲁吉亚历史和文化的著作。

大卫·奥贝里亚尼（1739—1796），
格鲁吉亚的军事人物、政治人物、翻译和
有才华的诗人。

大卫·奥贝里亚尼

大卫·奥贝里亚尼绰号大卫"将军"（დავით სარდალი），出生于
1739 年 1 月 11 日，是格鲁吉亚著名贵族家庭的成员，与巴格拉季王朝有家
族关系。他是颂基蒂公爵萨巴拉蒂亚诺的儿子，也是格鲁吉亚国王希拉克
略——赫拉克利乌斯二世的高级军事指挥官，希拉克略的女儿塔玛尔（1749—
1786）1762 年 在
第比利斯与他结
婚。1786 年，他
与希拉克略二世发
生冲突，后者剥
夺了他的法院大法
官职位（სახლთ-
უხუცესი），并
将其位另授予穆克

奥贝里亚尼军装照

奥贝里亚尼家族纹章

奥贝里亚尼广场

拉尼亲王约安（Ioann）。

　　大卫数次进行外交旅行，前往伊朗，携带了波斯《卡赫拉曼·卡特尔》（Qahraman-e qatel）的手稿，这是一部关于骑士精神和冒险的浪漫的作品，并将其翻译为《卡拉马尼亚尼》（也译作《卡拉曼尼》，ყარამანიანი）。译本具有一点格鲁吉亚色彩但是紧扣波斯的故事，在格鲁吉亚大受欢迎。此外，他还是同时代格鲁吉亚诗人贝西奇（1750—1791）歌颂的英雄，并曾给贝西奇写诗回应。

　　1796 年 5 月 29 日，大卫·奥贝里亚尼在第比利斯去世，安葬在西奥尼大教堂。

格里戈尔·奥尔贝里亚尼（1804—
1883），格鲁吉亚浪漫主义诗人。

格里戈尔·奥尔贝里亚尼

格里戈尔·奥尔贝里亚尼（又名詹巴库尔·奥尔贝里亚尼）曾在俄帝国
服务，在俄罗斯军中服务数十年，在高加索行政中晋升至最高职位。他是 19
世纪格鲁吉亚文化中最多彩的人物之一，以其爱国诗歌闻名，诗歌慨叹格鲁
吉亚及其独立君主制的丧失。

1804 年 10 月 2 日，格里戈尔·奥贝里亚尼出生在格鲁吉亚首都第比利
斯的一个著名贵族家庭，那是在俄罗斯罢黜了格鲁吉亚的巴格里季王朝、吞
并了他们的王国三年后。他的父亲狄米特里（祖拉布）是奥贝里亚尼家族的
王子，曾在格鲁吉亚最后几任国王的宫廷中任职，而母亲霍里姗·内·安德
罗尼卡什维利则是格鲁吉亚著名的艾雷克勒二世家伊莲娜公主的外孙女，正
是格里戈尔·奥尔贝里亚尼本人在格鲁吉亚文学中的介绍，才有了对艾雷克
勒的崇拜。

格里戈尔·奥贝里亚尼与当时格鲁吉亚的贵族和文学精英有密切的家庭
关系及友好联系：格鲁吉亚浪漫主义最重要的诗人尼古洛兹·巴拉塔什维利

是他侄子；格里戈尔·奥贝里亚尼爱上了亚历山大·查夫恰瓦泽的女儿、亚历山大·格里博也多夫的遗孀尼诺，尽管已与索皮奥·奥贝里亚尼公主订婚，但他还是绝望而热情地写了 30 年情诗。此外，他是亚历山大·奥贝里亚尼和瓦赫坦·奥贝里亚尼两位诗人兼将军的堂兄。为了与同名堂兄区分，格里戈尔·奥贝里亚尼还使用了祖传名字"卡普拉尼什维利"（Qaplanishvili）。

格里戈尔·奥贝里亚尼曾先后在当地贵族学校和炮兵学校接受了早期教育。1820 年代进入俄罗斯军队服役，参加了一系列针对达吉塔尼部落的军事演习，以及与奥斯曼帝国和波斯帝国的战争。1833 年 3 月，因参与 1832 年格鲁吉亚贵族的密谋谋杀俄罗斯官员并企图脱离帝国而独立重建格鲁吉亚的行动失败而在下诺夫哥罗德被俄罗斯警察逮捕。他被关进在第比利斯的阿夫拉巴（Avlabar）监狱，但很快获释，理由是他远离格鲁吉亚，对密谋的贡献仅限于智力支持，例如翻译十二月党人[1]的思想和一首好战诗《武器》（იარაღი）。凭借其贵族身份和能力，格里戈尔·奥贝里亚尼得以恢复自己的军事生涯，并在高加索总督府中升任高级职位。像几年前密谋推翻俄罗斯霸权的许多其他格鲁吉亚贵族一样，他与帝国专制和解，这是由俄罗斯总督米哈伊尔·塞米诺诺维奇·沃龙佐夫的自由政策所推动的。一个典型的浪漫主义者和爱国主义者，像比他年长的诗人亚历山大·查夫恰瓦泽一样，其诗歌中表达的爱国主义，表现出他忠诚于帝国的决心。

格里戈尔·奥贝里亚尼的军旅生涯主要是参与高加索战争，对付反叛的山区人，同时因参与 1832 年阴谋在维尔诺（立陶宛维尔纽斯）的涅瓦步兵团中待了很短时间。1838 年返回高加索地区后，主要在达吉斯坦作战，1846 年成为上校。作为阿普歇隆步兵团指挥，在 1847 年至 1848 年攻打达格斯塔尼要塞盖尔比尔起了决定性作用，1848 年晋升为少将。接下来几年中，他

1　十二月党人起义是一场 1825 年 12 月 26 日由俄国军官率领 3,000 士兵针对帝俄政府的起义。由于这场革命发生于 12 月，因此有关的起义者都被称为"十二月党人"。而又因其发生在圣彼得堡的元老院广场，1925 年，苏俄为了纪念这场革命发生一百周年，元老院广场改名为"十二月党人广场"。

总督阿瓦里斯坦（Avaristan）和查尔－贝拉坎（Tchar-Belakan）的宁静地区，监督列金（Lezgin）战线。他对北高加索地区反俄国叛乱领导人沙米尔（Shamil）的进攻进行了对抗，于 1853 年在查尔－贝拉坎的叛军对阵中取得一系列胜利，赢得中将军衔。1855 年被任命为里海前部队的指挥官，1857年晋升为副将军，1857 年被任命为总督会议主席，三年后成为第比利斯总督，1862 年掌握实权，1864 年晋升为步兵将军，1866 年在国务院获得席位。他是高加索地区新社会秩序的倡导者和组织者。1871 年，帝国政府在第比利斯安排了格里戈尔·奥贝里亚尼服务 50 周年活动，来访的沙皇亚历山大二世授予格里戈尔将军帝国最高荣誉圣安德鲁勋章。晚年，他将精力转向促进格鲁吉亚人的扫盲和教育工作，出版格鲁吉亚的诸多文学遗产，并赞助阿布哈兹和奥塞梯人的扫盲计划。他是帝国地理学会的会员，也是格鲁吉亚贵族银行的名誉主席。1880 年代，他在绍塔·鲁斯塔韦利的中世纪史诗《虎皮骑士》修订标准文本工作发挥主要作用。

格里戈尔·奥贝里亚尼最早的著作是 1824 年的散文，如今已失传。他的大部分诗歌都是爱国主题，充分赞美葡萄酒和女性。就像那个时代的格鲁吉亚浪漫主义者一样，他的诗歌充满了对格鲁吉亚过去的慨叹和对君权丢失的哀叹。让他与众不同的是他对街头诗歌以及游吟诗人的热爱以及他本人添加的穆罕甘比（მუხამბაზი）之类的抒情成分。1832 年阴谋失败前，他的诗好战且乐观，之后更具讽刺意味，多了对回不去的荣耀而感性的爱国情怀。他最好、最长的作品《埃里温附近的战后夜宴》（სადღეგრძელო, ანუ ომის შემდგომ ღამე ლხინი, ერევნის სიახლოვეს），其原型是 1827 年俄波斯战争期间的埃里温战役，多少有些俄国诗人瓦西里·朱可夫斯基的影响，几经修改增添直到 1879 年才最终成形。该诗怀念着军事上的荣耀，首先是向所有捍卫祖国的人们致敬，然后这位诗人穿越历史，赞美格鲁吉亚所有部落、国王、英雄和烈士。最终，诗人从幻想和回忆中回来，看到自己和与过去仍然存在的联系，感伤取代了欢饮。

格里戈尔·奥贝里亚尼与格鲁吉亚新一代知识分子的相互关系是模棱两

可的。这项由伊利亚·查夫恰瓦泽和阿卡基·采列捷列牵头的被称为"儿子"的新运动，是对"父亲"的批评，"父亲"指格鲁吉亚的老贵族，他们曾效忠于沙皇。查夫恰瓦泽赞扬了奥贝利亚尼主张的"我们诗歌的力量和财富"。1860年代，格里戈尔·奥贝里亚尼试图远离"子与父"之争，但他1874年发表的严格押韵的回应中不免攻击新一代，不过这并不能阻止亚历山大·卡兹贝吉1881年赞扬他的格律散文。

The Chronology of
Grigol Orbeliani's Life and Work

《格里戈尔奥贝里亚尼工作生活大事记》封面

格里戈尔·奥贝里亚尼1883年3月21日去世于第比利斯，享年79岁，葬在圣乔治·卡什维蒂教堂。

苏尔坎·萨巴·奥贝里亚尼（1658—1725），格鲁吉亚作家和外交官，是文艺复兴时期的杰出人物，也是一位杰出的神话家、伟大的词典编纂家、翻译和科学家。

苏尔坎·萨巴·奥贝里亚尼

苏尔坎·萨巴·奥贝里亚尼之所以受到关注，部分原因是他作为格鲁吉亚使者前往法国和梵蒂冈代表身陷困境的瓦赫坦六世国王寻求援助，尽管徒劳而返。

寓言和故事集《智慧与谎言》封面

苏尔坎生于奥贝里亚尼家族，与格鲁吉亚皇家巴格拉季王朝有着密切关系。法国传教士之一让·理查德（Jean Richard）的话证明了他在同时代人中的伟大权威："我相信他是格鲁吉亚之父。"

苏尔坎·萨巴·奥贝里亚尼 1658 年 11 月 4 日出生在克维莫－卡特利的波尔尼西附近的坦扎（Tandzia）村，在那里度过了童年和青春时代。他在乔治十一世国王的宫廷中长大，并在大皇宫图书馆获得了百

作家名命名的大学照片及其标志

科全书般的知识。在 20 岁至 25 岁时，他写了一部寓言和故事集《智慧与谎言》（სიბრძნე სიცრუისა），其中包含了他对生活所做的观察。阅读本书，读者会发现他能够有意识地又自然地将他关于人类和动物生命的观点编织在一起。他理解人性和人类经验的光明面与黑暗面，描述了生活的许多方面，回答了许多问题，并鼓励读者更加善良和更有情义。

苏尔坎·萨巴·奥贝里亚尼的下一个重要著作是《格鲁吉亚词典》，该词典兼有词典和百科全书的特点。那时候人们对百科全书没概念，收集词汇本身就是海量的工作。第一卷于 1754 年出版（法国科学院仅在 1685 年出版了法语词典），他的不朽天才大多出现在他的作品中，并与绍塔·鲁斯塔韦利十二世纪的诗《虎皮骑士》一起成为格鲁吉亚文学中最受欢迎的古迹。

苏尔坎·萨巴·奥贝里亚尼是卡特里瓦赫坦六世家族的教育家。瓦赫坦六世是发起格鲁吉亚知识复兴的领导者，他们在文化领域建立了光辉业绩，1709 年建立了第一家印刷厂，第一次印刷了《福音书》和《虎皮骑士》并将格鲁吉亚编年史收集起来，成为格鲁吉亚史学的基础。1692 年，他皈依东主教。1698 年，在大卫·加里吉（David Gareji）修道院成为修士，自此被称为苏尔坎·萨巴。

苏尔坎·萨巴·奥贝里亚尼去世于 1725 年 1 月 26 日。

瓦赫坦·奥贝里亚尼（1812—
1890），格鲁吉亚浪漫主义诗人。

瓦赫坦·奥贝里亚尼

瓦赫坦·奥贝里亚尼 1812 年 4 月 5 日出生于第比利斯，是国王埃雷克勒二世的爱女特克尔公主的儿子，是亚历山大·奥贝里亚尼的兄弟，也是浪漫主义诗人格里高·奥贝里亚尼的表弟。他在旧第比利斯贵族学校学习，后入圣彼得斯堡页面军团[1]学习，却没有毕业就返回家园，以领导 1832 年反对俄国统治的政变，同谋者计划邀请俄国官员在高加索地区举行盛大的舞会，舞会上让他们或死亡或投降，阴谋失败他被捕判死刑，之后缓刑流放到位于奥卡河畔距离莫斯科 188 公里的卡卢加。中途失败的造反和相对温和的惩罚迫使许多阴谋者将独立的过去视为无法挽回的损失，向俄罗斯独裁统治妥协，他们将对逝去好时光和王朝灭亡的哀叹转变为浪漫主义诗歌。

1838 年，瓦赫坦·奥贝里亚尼加入了俄罗斯军队，并在下诺夫哥罗德龙

---

1 圣彼得斯堡页面军团（St. Petersburg Page Corps），俄罗斯帝国页面军团培养贵族和高级官员的儿子为其进行军事服务，就像帝国法学院也把男孩培训成公务员一样。

骑兵团服役。高加索战争期间，他的军旅生涯都花在与叛乱的山区部落的斗争中。1855 年被任命为格鲁吉亚掷弹兵团的指挥官，1860 年晋升为少将。1858 年至 1863 年，他在北高加索地区执行了各种行政和军事职责，包括在活跃的卡巴达和特雷克担任指挥官。职业生涯后期，他曾担任农民委员会成员做仲裁员。

像他哥哥亚历山大一样，他的诗都围绕 18 世纪末格鲁吉亚君主制的瓦解，诗人在基督徒的忍耐中寻求慰藉。

1890 年 9 月 29 日，瓦赫坦·奥贝里亚尼去世，葬在第比利斯西奥尼大教堂的西角。

伊萨·奥约尼克泽

伊萨·奥约尼克泽（1938—2010），格鲁吉亚诗人和文学家，曾于1992年至1995年担任格鲁吉亚议会议员。

伊萨·奥约尼克泽1938年11月21日出生于第比利斯，1965年毕业于莫斯科国立大学，获语言学学位。1976年至1982年，她经任命担任乔治·莱昂尼泽国立文学博物馆馆长，后来在1989年至1990年、1991年至2010年又继续担任该职。

1989年，伊萨·奥约尼克泽是负责调查苏联军队针对1989年4月9日在格鲁吉亚举行的支持独立游行特别委员会的成员。格鲁吉亚独立后，她于1992年至1995年担任第比利斯萨布塔洛区议会议员。

伊萨·奥约尼克泽出版了几本诗歌和散文著作，获得数个文学和公民奖，包括"绍塔·鲁斯塔韦利国家奖"和荣誉勋章。2010年2月9日，久病不治，在第比利斯逝世，享年71岁。

乔治·奥瓦什维利（1963—），格鲁吉亚电影导演、编剧。他是格鲁吉亚国家剧院的舞台演员和儿童剧导演，另外经营一家广告公司。

乔治·奥瓦什维利

乔治·奥瓦什维利 1963 年 11 月 14 日出生于姆茨赫塔，1981 年至 1986 年，就读于格鲁吉亚理工大学，也是格鲁吉亚电影和戏剧学院的毕业生（1996）。此外，他还曾在好莱坞环球影城的纽约电影学院（2006）学习。

乔治·奥瓦什维利为纽约的广播公司电视节目撰写了《格鲁吉亚公告》一稿。他执导过许多优雅的短片，最引人注目的是《视线水平》[1]。他曾获多个奖项或奖项提名，包括"水晶地球仪奖""欧洲电影奖新发现奖"和"法斯宾达奖"等。

乔治·奥瓦什维利执导电影主要有：《货车》（1997）；《视角水平》（2005）；《另一家银行》（2009）；《玉米岛》（2014）；《魅力／奇布拉》（2016）等。编剧作品包括：《视角水平》（2005 年）；《另一家银行》（2009）等。

---

1 《视线水平》曾获 2005 年柏林电影节"纽约电影学院奖"、欧登塞电影节"国际评审团特别奖"和基辅国际电影节"国际评审团特别奖"（The Trolley）。

扎扎·帕纳斯凯尔特利·齐齐什维利是15世纪的格鲁吉亚贵族、政治家、文学家，以《医疗之书——卡拉巴迪尼医学艺术》概略闻名。当代记录中，他被描述为"伟大的医者和智者之首"。

扎扎·帕纳斯凯尔特利·齐齐什维利

金茨维西修道院的壁画肖像

扎扎·帕纳斯凯尔特利·齐齐什维利出生于古老的贵族帕纳斯凯尔特利家族，家族原本是帕纳斯凯尔特边境地区的所有者。扎扎·帕纳斯凯尔特利·齐齐什维利重新定居到格鲁吉亚的中心地带，建立了齐齐什维利之家。他显然参与了格鲁吉亚的政治和文化生活，其生平留下来的记录不多。在王室管理和军队中发挥重要作用后，他退居金茨维西修道院[1]附近建造的小教堂，那里有得以幸

1　金茨维西修道院（Kintsvisi），格鲁吉亚东正教修道院，位于格鲁吉亚东部的什达·卡特里（Shida Kartli）地区，距离卡列利（Kareli）镇10公里，位于扎马（Dzama）山谷的高山茂密的山坡上。其主教堂是格鲁吉亚黄金时代砖砌教堂的杰出典范。他不朽的壁画是中世纪格鲁吉亚艺术中最大的壁画之一。

存他的壁画。

　　扎扎的《卡拉巴迪尼 [1]》是可以追溯到大约 1486 年的原创医学论文。该论文以格鲁吉亚匿名汇编的盖伦 [2] 医学，特别是 11 世纪的绝世手册《卡拉巴迪尼医学艺术》（უსწორო კარაბადინი）和 13 世纪的《医生之书》（წიგნი სააქიმო）为重要参考文献，总结了当时格鲁吉亚和邻近文化中医学知识的状况。此外，他还转写了金口圣若望 [3] 教义的格鲁吉亚语译本。

1　来自希腊语的表述，意为"小册子"。

2　克劳狄乌斯·盖伦是古罗马的医学家及哲学家。他应该是古代史中最多作品的医学研究者，他的见解和理论是欧洲起支配性的医学理论，长达一千年之久。所影响的学科有解剖学、生理学、病理学、药理学及神经内科，在医学领域以外的影响有哲学及逻辑学。

3　金口圣若望，或译约翰一世（John Chrysostom），正教会的君士坦丁堡大主教，重要的基督徒早期教父。若望一世以其出色的演讲与雄辩能力，对当政者与教会内部滥用职权的谴责与严格的苦行而闻名于世。后世人称其为"金口"，以赞誉其口才。金口圣若望是重要的希腊教父，被许多教会封为圣人。

乔治·帕帕什维利（1898—1978），美国格鲁吉亚裔作家、雕塑家、工程师和发明家。20世纪最著名的格鲁吉亚（移民）艺术家之一。

乔治·帕帕什维利

乔治和弟弟大卫是农民万诺（Vanno）和伊姆泽·帕帕什维利（Eamdze Papashvily）的两个儿子。乔治 1898 年 8 月 23 日出生于格鲁吉亚东部姆茨赫塔－姆季涅蒂地区杜舍蒂区的科比亚特卡里[1]村。据他第一本书自传体著作记载，他做过铸件和装饰皮匠学徒。乔治曾在第一次世界大战中担任俄罗斯军队的狙击手，之后返回格鲁吉亚。1921 年与格鲁吉亚的孟什维克军队作战，以抵抗红军进入格鲁吉亚，然后逃往土耳其的君士坦丁堡（今伊斯坦布尔的一部分），在那里住了两年。大约在 1923 年至 1924 年移民到美国，余生在美国工作生活。

1930 年，乔治在加利福尼亚州伯克利市经营书店时遇到了海伦·怀特

1　科比亚特卡里（Kobiaantkari，კობიააანთკარი）是格鲁吉亚一个村庄，位于姆茨赫塔－姆季阿涅季地区的杜舍蒂（dusheti）区，在杜舍蒂以南约 1 公里处。村庄的名称来源于"Kobiashvili"姓氏和格鲁吉亚语"kari"（意为"家庭"）。该村原是科比亚什维利（Kobiashvili）家族的土地财产。

（Helen Waite），并于 1933 年结婚。决定在纽约市短暂停留后，乔治和海伦买了一个农场并定居在宾夕法尼亚州的奎克敦。夫妻俩根据乔治的生活经历合力写了几本书。他们的第一本书是《什么都可能发生》，幽默地讲述了帕帕什维利身无分文的移民经历。该书最初连载在《共同点》和《方向》杂志上，被"每月之书俱乐部[1]"选中成为畅销书，在美国销售超过 60 万册，在世界范围内销售 150 万册，被翻译成 15 种语言，包括格鲁吉亚语（1966）。1952 年，书被拍成电影，由何塞·费雷尔（Jose Ferrer）扮演乔治，金·亨特（Kim Hunter）扮演海伦，电影获得了巨大的成功，获得"金球奖"。

1978 年 3 月 29 日，乔治在加利福尼亚的坎布里亚（Cambria）逝世。

乔治·帕帕什维利夫妇写的书包括：《什么都有可能发生》（1945）；《是或不是的故事——格鲁吉亚民间故事集》（1946）；《狗与人》（1954）；《感恩诺亚》（1956，1971）；《家，又回到家》（1973，讲述他们 1960 年代回老家的旅行）；《俄国烹饪》（1969）。

乔治·帕帕什维利 1940 年开始雕刻，无师自通的他很快就发展出一种纯真与现代相结合的标志性风格，直接用木头和石头雕刻，雕刻独立的人物和浅浮雕。他最喜欢的主题来自自然：动物、花朵和偶有的人物。他最著名的作品包括：《战争的尽头》（1946）；《鸽子》（1948）；《公羊》（1951）；《蝴蝶》（1952）；《马》（1955）；《动物》（1957）；《苹果》（1959）；《图书馆熊》（1966）；《熊仔与青蛙》（1966）；《水獭》（1975）。

1　每月之书俱乐部是哈里·舍尔曼 1926 年创建的。现在是美国订阅电子商务服务，每月为其成员提供五本新的精装书籍。书籍由评审团选择和认可，成员选择他们想要接收的书籍，迄今保留最初的运作方式。成员还可以在在线论坛上与其他成员讨论这些书籍。2015 年年底，为了配合俱乐部成立 90 周年，俱乐部宣布重启目前的活动，并在两年内使俱乐部的会员增加到了 10 万多人。

艾奥恩·佩特里西，11 至 12 世纪
格鲁吉亚新柏拉图主义哲学家、文学
家、翻译。活跃于拜占庭帝国和格鲁
吉亚王国，以翻译和评论普罗克洛[1]而
著称。

艾奥恩·佩特里西

艾奥恩·佩特里西又称作约翰·佩特里西（John Petritsi），在后世
的资料中，他也被称为艾奥安·奇姆希米利（Ioane Chimchimeli，იოანე
ჭიმჭიმელი）。斯坦福大学哲学百科全书将佩特里西描述为"最重要的格鲁
吉亚中世纪哲学家"和"最广泛阅读的格鲁吉亚哲学家"。

除了佩特里西的传记中有间接信息，以及 18 世纪格鲁吉亚奖学金提供
的一些细节外，没有关于佩特里西生平的可靠信息。据说他出生于格鲁吉亚
西南山区的梅斯克赫蒂/萨姆茨克省的一个贵族家庭，并在拜占庭希腊修士
迈克尔·佩塞洛斯和 11 世纪拜占庭哲学家约翰·伊塔卢斯的指导下在君士
坦丁堡接受教育。在伊塔卢斯（Italus）陷落之后，艾奥恩似乎逃到了保加利
亚南部的东正教会修道院巴奇科沃修道院 （Bachkovo Monastery）也就是格

---

1 普罗克洛（Proclus，公元 412.2.8—公元 485.4.17）也作普罗克洛斯、普洛克罗，被后世
誉为最后一位主要的希腊哲学家，新柏拉图主义的集大成者。

鲁吉亚佩特里西
（Petritsoni）修
道院，因为该修
道院他被后世称
作"佩特里西"
（Petritsi）。

他翻译了许
多哲学著作，主
要是新柏拉图主
义的，目的是使
古典思想与基督

艾奥恩·佩特里西雕像所在的巴拉塔什维利大街

教的主要信息相协调。他宽阔的哲学视野使他与格鲁吉亚爱国主义正统相撞，
直到格鲁吉亚国王大卫四世最终在盖拉蒂学院让他站稳脚跟。

他翻译了亚里士多德、普罗克洛斯、尼梅西乌斯[1]、阿蒙尼乌斯·赫蒙尼
赫米亚[2]、圣经的组成部分和传记，以及其他一些作品。在他的几本原创作品
中，最重要的是对普罗克洛和新柏拉图主义的详尽评论。但是他也创作了禁
欲诗、神秘诗以及赞美诗。

佩特里西在哲学和文学风格方面都对格鲁吉亚的哲学思想和文学产生了
长期的影响，18世纪的改革派学者天主教徒安东一世时这一点变得尤为突出。

1　尼梅西乌斯（Nemesius），是一位基督教哲学家，也是《德纳图拉·霍米尼斯》（*De Natura Hominis*）论文的作者。根据他书名的记载，他是埃梅萨（Emesa）的主教。他的书试图从基督教哲学的角度来编纂人类学体系，这在后来的希腊、阿拉伯和基督教思想中非常有影响。此外，内梅西乌斯还是位生理理论家。

2　阿蒙尼乌斯·赫蒙尼赫米亚（Ammonius Hermiae）是希腊哲学家，也是新柏拉图主义哲学家（Hermias 和 Aedesia）的儿子。他是雅典普罗克洛斯（Proclus）的学生，一生在亚历山大任教，撰写有关柏拉图、亚里士多德和其他哲学家的评论。

塔姆里·普卡卡泽（1967—），
格鲁吉亚剧作家、儿童作家、翻译。

塔姆里·普卡卡泽

塔姆里·普卡卡泽 1967 年 7 月 28 日出生在第比利斯。1979 年毕业于第比利斯国立大学，主修语言学，获语言学博士学位。

1980 年至 2006 年，她在格鲁吉亚绍塔·鲁斯塔维利格鲁吉亚文学研究所的格鲁吉亚老文学系工作。2011 年，她开始在"三叠纪"（ტრიასი）出版社当主编。

她出版了小说、散文集、戏剧和儿童读物。还有几首儿童歌曲是她作品改编的。她的许多作品已在不同剧院上演，其中包括《战区的厨房园艺》，该作品已在四个不同城市演出。

塔姆里·普卡卡泽的作品有：《直到我们被召唤》（2003）；《另一个遥远的我》（2005）；《激情》（2006）；《飞行》《我们仨与天使》（2007）；

《CV》（2009）；《卡查普里[1]》《战区的厨房园艺》（2010）；《阳光下的三个》《乔在非洲》《格洛伯斯和卢卡历险记》（2011）；《快乐火车》《运动中的数字》《新年三个故事》《字母表的赞美诗》（2012）；《长鼻巫师玛西娅（Marcia），胖乎乎的国王及其他人》（2016）等。

她的译作有 2017 年出版的《迪娜·鲁比娜[2]——彼得鲁什卡综合征》。

塔姆里·普卡卡泽获得的奖项包括：2003 年，作品《两面一天》获协会竞赛冠军；2004 年，《直到我们被召集》获"萨巴文学奖最佳首次亮相奖"；2005 年，《战区厨房园艺》获《文学调色板》杂志奖；2015 年，因对儿童文学的贡献而获得"阿斯特丽德·林格伦纪念奖"[3]提名。

---

1 卡查普里是格鲁吉亚饮食中的一种烤饼，亦是当地最普遍的主食。卡查普里的做法是在发酵过的面饼上加入乳酪和鸡蛋等食材。据 2009 年的一份调查，88% 的格鲁吉亚人喜欢卡查普里超过披萨。卡查普里在男性和老人中人气更高。卡查普里作为格鲁吉亚的主食，其价格被用来监控格鲁吉亚的通货膨胀情况。

2 迪娜·鲁比娜（Dina Ilyinichna Rubina），1953 年 9 月 19 日出生在乌兹别克斯坦塔什干，是俄罗斯－以色列散文作家。她在塔什干音乐学院学习音乐。16 岁时发表了她的第一个原创故事。1980 年代中期，在为舞台和银幕创作了几年之后，她搬到了莫斯科。1990 年，移民到以色列。

3 阿斯特丽德·林格伦纪念奖（Astrid Lindgren Memorial Award, ALMA）又译作林格伦文学奖、林格伦儿童文学奖，是由瑞典政府 2002 年设立的国际儿童文学奖，目的在于纪念瑞典儿童文学作家阿斯特丽德·林格伦。由于总奖金高达五百万瑞典克朗，使它成了奖金最丰盛的儿童文学奖，以及世界上奖金最丰盛的文学奖之一。

瓦扎·普沙维拉（1861—1915），格鲁吉亚诗人和作家。他的作品被称为格鲁吉亚现代文学经典之作，其本人作为格鲁吉亚民族解放运动的著名代表而闻名。

瓦扎·普沙维拉

　　瓦扎·普沙维拉[1]（会查·诗贝拉，也作瓦扎·普夏维），是格鲁吉亚诗人兼作家卢卡·拉齐卡什维利（Luka Razikashvili，ლუკა რაზიკაშვილი）的笔名。

　　瓦扎·普沙维拉 1861 年 7 月 26 日出生在一个名叫查加利（Chargali）小村庄的牧师家庭中，该村庄位于格鲁吉亚东部山区普夏维（Pshavi）。1882 年，瓦扎·普沙维拉毕业于哥里教育学院，在那里与格鲁吉亚民粹主义者有密切联系。1883 年，作为非学士学位学生进入圣彼得堡大学法律系，但因经济拮据，1884 年返回格鲁吉亚，做起了格鲁吉亚语言教师的工作。

　　瓦扎·普沙维拉 1880 年代中期开始了他的文学生涯，在作品中描绘了当时普夏维人的日常生活和心理。他是许多世界级文学作品的作者，共创作了36 部史诗，约 400 首诗（《阿鲁达·凯特拉里》《巴赫特里奥尼》《高高图

1　瓦扎·普沙维拉（Vazha-Pshavela）格鲁吉亚语中的字面意思是"普夏维之子"。

尔和阿普西娜》《宾客与主人》《食蛇者》《我想要》等），还有戏剧和故事，以及人种学有关的文学评论、新闻和学术文章。即使在小说中，他也以接近人种学的精确度唤起了格鲁吉亚高地人的生活，描绘了整个神话般的概念体系。诗歌中，诗人讲述了人民的英勇过往，并赞扬与内在和外在敌人的斗争，比如，诗作《受伤的雪豹》（1890）和《普沙维士兵致母亲的信》（1915）。

《主人和宾客》改编的《请求》电影海报（1967）

瓦扎·普沙维拉用他最好的史诗创作，有力地解决了个人与社会，人类与自然世界以及人类对国家的热爱所带来的问题。史诗《阿鲁达·凯特拉里》（1888）和《宾客与主人》（1893）中描述了个人与社区之间的冲突。这两部作品的主人公都受到质疑，并最终无视其各自社区过时的法规，个人旅程中走向更大的人性，超越了教区管束。

诗人的首要主题是描写意志坚定的人民，其尊严和对自由的热忱给读者留下了深刻的印象。在戏剧《被拒绝的人》（1894）中也触及了相同的主题。他理想化了普夏维人历史悠久的仪式，并将其纯洁性及"非堕落"性，与他认为"虚假文明"的价值进行了比较和对比。他认为"每个真正的爱国者都是世界主义者，每个真正的世界主义者都是爱国者"。

史诗般的《食蛇者》（1901）中的智者明迪亚之死，是因为他无法调和理想与家庭和社会的需要。明迪亚企图自杀时吃蛇肉的催化情节，结果导致他获得了神秘知识，构成了对格林兄弟《白蛇》中存在的主要民间故事主题

古拉姆·加戈希泽画的瓦扎·普沙维拉

1961 年苏联邮票上的
瓦扎·普沙维拉

的文学运用，该主题象征了故事类型阿尔奈－汤普森分类法[1]分类系统中的
673。史诗般的《巴赫特里奥尼》（1892）讲述了格鲁吉亚高地部落在 1659
年格鲁吉亚东部卡赫季起义中对伊朗压迫者的起义。

瓦扎·普沙维拉热爱大自然，他对自然的特质和令人回味的描写在格鲁
吉亚诗歌领域无与伦比。他笔下的风景充满动感，此起彼伏。他的诗歌措辞
充满了格鲁吉亚语无可挑剔的丰富表达。

得益于出色的俄语（尼古拉·扎博洛茨基、V. 德扎文、奥西普·曼德什
坦、鲍里斯·帕斯捷尔纳克、S. 斯帕斯基、玛丽娜·茨维塔耶娃等人）和英
语（唐纳德·雷菲尔德、维内拉·乌鲁沙泽、莱拉·杰格琳娜、尼诺·拉米
什维利等人），以及法语（加斯顿·布阿奇泽）和德语（约兰达·马尔凯夫、
斯特菲·乔蒂瓦里·琼格）翻译，诗人的作品无疑有了更多读者。迄今为止，

1　阿尔奈－汤普森分类法，简称 AT 分类法，是一套民间故事与童话分类的方法。这套分
类法先是由芬兰民俗学者安蒂·阿尔奈在芬兰学者尤利乌斯·克龙和卡尔勒·克龙的"历史－
地理法"基础上发展而来，后又被美国民俗学者斯蒂思·汤普森加以改进，故以两人之名
命名。

他的诗歌和叙事作品已经以20多种语言出版。

1915年7月10日，瓦扎·普沙维拉在第比利斯去世，葬在这古都著名的圣山万神殿，陵墓占有显耀位置，以彰显他的文学成就和作为格鲁吉亚民族解放运动的代表身份。1961年，

瓦扎·普沙维拉大街上的一段人行道

在查加利建了一座博物馆和纪念馆，以纪念这位"普夏维之子"。

瓦扎·普沙维拉的主要作品如下：史诗有《阿鲁达·凯特拉里》（1888）；《巴赫特罗尼》（*Bakhtrioni*，1892）；《主人和宾客》（1893）；《复仇者联盟》（1897）；《食蛇者》（1901）。其他诗歌有：《盛宴》（1886）；《食人魔的婚礼》（1886）；《鹰》（1887）；《我在山里》（1890）；《岩石与河》（1899）；《我注视山脉》（1899）；《孤儿雏鸟》（1899）；《金手指的遗嘱》（1891）；《高地之夜》（1890）；《到山上》（1910）。短篇小说有《雄鹿的故事》（1883）；《老山毛榉》（1889）；《山之高》（1895）；《捕鼠器》（1908）。剧作有《山中景色》（1889）；《国土猎人》（1894）；《森林喜剧》（1911）。搬上荧幕的作品有：《索菲亚》[1]《相遇》[2]和《主人与宾客》[3]《莫克韦蒂利》（*Mokvetili*）和《国土猎人》（1992）。

1　这部电影1974年在第17届圣雷莫国际作者电影节上获得大奖。

2　浪漫戏剧，改编自诗歌《阿鲁达·凯特拉乌里》（*Aluda Ketelauri*）。

3　《主人与宾客》，创作于2002年，是对同名史诗的戏剧性改编。

伊尔玛·拉蒂亚尼（1967—），格鲁吉亚文学理论家和翻译家。

伊尔玛·拉蒂亚尼

伊尔玛·拉蒂亚尼 1967 年 7 月 19 日出生在第比利斯，1989 年毕业于第比利斯国立大学文学理论专业。1992 年成为第比利斯国立大学的语言科学博士学位候选人，2003 年获语言科学博士学位。2004 年获聘教授，2006 年起任第比利斯国立大学正教授，担任普通和比较文学研究系主任。此外，曾任绍塔·鲁斯塔维利格鲁吉亚文学研究所所长和年度科学期刊《思想》（სჯანი）和《文学讯息》（*LitInfo*）主编。此外，他还是多个国际科学组织和协会的成员。

2004 年至 2006 年，伊尔玛担任绍塔·鲁斯塔维利格鲁吉亚文学研究所文学理论系主任，2006 年至今是该研究所的所长。1997 年至 1998 年和 2002 年分别获得了日本学术振兴会[1]奖学金，在日本大阪大学的语言文化学院工作。

1　日本学术振兴会（Nihon Gakujutsu Shihko Kai, JSPS）是日本的独立行政机构，成立于 1932 年，隶属文部科学省。其成立旨在促进自然科学、社会科学和人文科学各个领域的科学发展。

2005 年在大学合作计划的框架下获得美国国务院奖学金，在中亚 – 高加索学院[1]和约翰·霍普金斯大学做访问学者。2006 年，在萨尔大学[2]的普通文学和比较文学研究系工作，并获奖学金（DAAD）。2010 年获得剑桥大学的奖学金。

伊尔玛的科研兴趣主要领域包括：文学理论，宽泛文化背景下的普通和比较文学研究；使用当代方法论和方法，在国际文化和文学过程的框架内分析各种文学体裁和方向、文学流派及其形式；苏联和后苏联时期的文学过程的修订和分析。

伊尔玛出版过多部专著、主编过多部教科书、发表过 80 多篇科研论文。她是 2012 年由剑桥学者出版社出版的《极权主义与文学话语》一书的主编。2008 年发表了由其翻译的《日本古诗 100 首》，并附有评论。

2006 年至今，伊尔玛一直是国际比较文学协会（ICLA）的成员；2008年至 2013 年，担任格鲁吉亚比较文学协会（GCLA）主席。2012 年荣获"格里高·基纳泽奖最佳专著奖"；2013 年荣获"总统卓越勋章""塔拉斯·舍甫琴科[3]荣誉勋章"。

伊尔玛的专著有：《反乌托邦小说中的编年史——解读世界反乌托邦》（2005）；《伊利亚·查夫恰瓦泽小说中的变色龙》（2006）；《文字和年代记》（2010）。论著有：《文学理论——二十世纪的基本方法论概念和流派》（2008）；《体裁理论》（2009）；《寓言与情节》（2011）；《文学研究导论》

1 　中亚 – 高加索研究所（CACI）由约翰·霍普金斯大学高级国际研究学院的研究教授 S. 弗雷德里克·斯塔尔于 1996 年创立。他曾担任杜兰大学副校长、奥伯林学院和阿斯彭研究所所长。

2 　萨尔大学（Saarland University），是德国萨尔州境内的一所综合型公立大学，主校园位于首府萨尔布吕肯市郊的缓坡之上。该校创建于 1948 年，原属德国"萨尔地区"，战后仍以萨尔保护领为名义，由盟军托管于法国的占领之中，并未加入西德，在法国政府与法国南锡大学的支持下设立。目前在校生约有 18,100 人，教授约 290 名。

3 　塔拉斯·赫里霍罗维奇·谢甫琴科，又名塔拉斯·格里戈里耶维奇·谢甫琴科，乌克兰诗人、艺术家及人道主义者。他的文学作品被视为近代的乌克兰文学，甚至是现代乌克兰语的奠基者。谢甫琴科亦有以俄语写作，另外留下了很多美术杰作。

《反乌托邦情绪》封面　《格鲁吉亚文学》封面

（2012）等。还有教科书《文学理论讲座——米哈伊尔·巴赫金的理论构想（体裁理论，对话主义，计时码表理论》；《人类学理论构想（时空极限理论）》（2005）；《文学理论讲座：体裁理论，形成与发展》（2005）；《欧洲戏剧传统和格鲁吉亚新戏剧》（2012）。此外，著有散文集《日本日记》（2000，2002）。

兹维亚德·拉蒂亚尼（1971—），
格鲁吉亚诗人、翻译。

兹维亚德·拉蒂亚尼

兹维亚德·拉蒂亚尼 1971 年 1 月 5 日出生在第比利斯。1992 年以来，拉蒂亚尼一直为格鲁吉亚的文学印刷媒体写作。他先后出版了五本诗集，还致力于英语和德语诗歌的翻译。他向格鲁吉亚读者介绍的众多翻译作品，有 T.S. 艾略特、E. 庞德、R. 弗罗斯特、莱纳·玛利亚·里尔克[1] 和保罗·塞兰[2] 等人的著作，最后一位使他获得"年度最佳歌德学院奖"。

2005 年，兹维亚德·拉蒂亚尼获格鲁吉亚最高文学奖"萨巴文学奖"。他的诗歌已被翻译成英语、德语、法语、俄语、阿塞拜疆语、乌克兰语、拉脱维亚语和其他语言。他的诗作发表在多本选集中，如 2015 年的《但我想

1　莱纳·玛利亚·里尔克（M. Rilke）是一位重要的德语诗人，除了创作德语诗歌外还撰写小说、剧本以及一些杂文和法语诗歌，其书信集也是里尔克文学作品的一个重要组成部分。对 19 世纪末的诗歌体裁和风格以及欧洲颓废派文学都有深厚的影响。
2　保罗·塞兰（Paul Celan），又译作保罗·策兰，本名保罗·安切尔，法国籍布科维纳犹太诗人、翻译家。策兰出生于罗马尼亚布科维纳切尔诺夫策，是第二次大战后最重要的德语诗人之一。

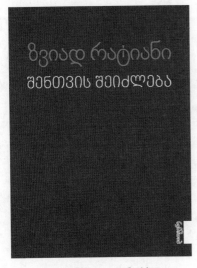

诗歌《仅你可以》封面

去高加索》和 2016 年的《从远处》。

兹维亚德·拉蒂亚尼的专著有：《创造我》（1993）；《耳语教程》（1994）；《口袋里的空气》（2000）；《道路与时代》（2005）；《底片》（2009）；《仅你可以》（2015）等。

他翻译的 T.S. 艾略特的《荒原》于 2013 年出版。

兹维亚德获得多项奖项：1996 年和 1998 年，获格鲁吉亚作家联盟的年度"最佳诗歌出版物奖"；1999 年，诗集《父辈》获"最畅销文学作品奖"；2000 年，长诗《移动的目标》获"《阿里利》杂志奖"；2005 年，《道路与时代》获"瓦扎·普沙维拉节奖"；2010 年，诗集《底片》获"萨巴文学奖""最佳诗集奖"；2016 年，《仅你可以》获最佳诗歌收藏类别中的文学奖。

古拉姆·鲁祖里什维利（1934—1960），格鲁吉亚作家。

古拉姆·鲁祖里什维利

古拉姆·鲁祖里什维利 1934 年 7 月 4 日出生在第比利斯。1957 年毕业于第比利斯国立大学历史系。同年，他的第一波短篇故事在报纸《黎明》（*Tsiskari*）上刊印，为他带来了巨大成功。他活着的时候仅出版了部分作品。作品集《萨拉村》（სალამური）在他去世后于 1961 年出版。

古拉姆·鲁祖里什维利的散文以其风格、对话和思想吸引读者。他的作品至今仍然很受欢迎，已被翻译成德语、匈牙利语、保加利亚语、立陶宛语、捷克语和俄语。

1960 年 8 月 23 日，古拉姆·鲁祖里什维利在阿布哈兹的加格拉去世，享年仅 26 岁。因其在波涛汹涌的大海中救出了一位不知名的俄罗斯姑娘而牺牲。他被葬在第比利斯的瓦盖公墓。

古拉姆的作品有：短篇小说集《萨拉村》（1961）；《短篇小说集》（1995）；戏剧性的小说《尤隆悲剧 I》（1958，1994）；《沙莎的革命或棉花行的奥尔塔卡拉革命》；《六卷本书》（2002—2008）；短篇小说集《慢探戈》（2005）。

格里戈尔·罗巴基泽（1880—
1962），格鲁吉亚作家、宣传家、
公众人物。

格里戈尔·罗巴基泽

格里戈尔·罗巴基泽1880年10月28日出生在格鲁吉亚西部伊梅列季的斯维里（Sviri），1900年从库塔伊西古典文理中学毕业后，在爱沙尼亚塔尔图大学和德国莱比锡大学有短期课程学习。1908年从德国返回，逐渐成为年轻的格鲁吉亚象征主义者中的领头人。1915年创立并领导了"蓝色号角"，使一群新的象征主义诗人和作家在后来的二十年中发挥了重要作用。深受弗里德里希·威廉·尼采（Friedrich Wilhelm Nietzsche）影响，他的散文集中于"寻找神话原型，并在一个民族的生活中体现这点，他的文字有点装腔作势，表现出许多风姿，但他的同胞同仁，欧洲许多重要的文学人物，例如斯特凡·茨威格 [1] 和尼科斯·卡赞扎基斯 [2] 都高度重视、尊重他。"1917 年，他在格鲁吉亚作家联盟的创立中发挥了作用，参与了 1914 年至 1918 年格鲁吉亚的民族解放运动，1919 年获得外交职位，以格鲁吉亚民主共和国国家代表团的执行秘书身份参加巴黎和平会议。1921 年后留在了格鲁吉亚。

他的著名戏剧《拉马拉》由格鲁吉亚著名导演桑德罗·阿赫梅特利（Sandro Akhmeteli）于 1930 年搬上舞台，该表演在同年的莫斯科话剧奥林匹克竞赛中获得了大奖。演出非常成功，甚至在作家于同年叛逃到德国后仍在继续上演，以证明苏联戏剧艺术的成就，尽管声明中没有剧作家的名字。他的叛逃以及弗拉基米尔·弗拉基米罗维奇·马雅可夫斯基的自杀使大多数诗人沉默了很长一段时间。

作为移民，罗巴基泽过着相当不愉快的生活。第二次世界大战期间，他参加了右翼爱国主义移民组织，例如格鲁吉亚独立委员会（1941）、格鲁吉亚传统主义者联盟（1942）和泰特里·乔治爱国联盟 [3]。战后，他的两本书《贝尼托·墨索里尼》和《阿道夫·希特勒》被认为亲纳粹主义。

格里戈尔·罗巴基泽 1962 年 11 月 19 日在日内瓦潦倒去世。后来，他被重葬在法国奥尔日河畔勒维尔 [4] 公墓，这是格鲁吉亚欧洲移民的墓地。

格里戈尔·罗巴基泽的主要作品有：《格鲁吉亚诗人瓦扎·普沙维拉》（1911，俄语）；《格鲁吉亚现代主义》（1918，俄语）；《肖像》（1919，俄语）；《拉马拉》（1928，格鲁吉亚语）；《蛇皮》（1928，德语）；《梅

1　斯特凡·茨威格（Stefan Zweig），奥地利犹太裔作家，中短篇小说巨匠，擅长人物的心理分析，著有多篇名人传记。

2　尼科斯·卡赞扎基斯（Nikos Kazantzakis），希腊小说家、诗人、散文和游记作家、记者。其一生游历各国，受到古希腊文化、天主教、佛学和共产主义等多种思想的影响。其长诗《奥德赛：现代续篇》气势磅礴，内容庞杂。《希腊人卓尔巴》与《自由或死亡》两篇小说写克里特岛的风土人情，颂扬了当地居民积极向上的生活态度。

3　泰特里·乔治爱国联盟（Patriotic Union Tetri Giorgi）是格鲁吉亚的国家政治组织，由国外的格鲁吉亚政治人物经营。在 1924 年至 1954 年活动。该组织的名称源于泰特里·乔治崇拜，是格鲁吉亚圣乔治的一个象征，其骑马像曾在苏联前后的国家纹章中使用。

4　奥尔日河畔勒维尔是法国法兰西岛大区埃松省的一个市镇，属于帕莱索区。

《蛇皮》封面

吉——一个格鲁吉亚女孩》（1932，德语）；《被谋杀的灵魂》（1933，德语）；《谋杀案》（1934，捷克语）；《女神的召唤》（1934，德语）；《圣杯的守护者》（1937，德语）；《无名诗人眼中的阿道夫·希特勒》（1937—38，德语）；《墨索里尼》（1938—39，德语）；《恶魔与神话》（1935，德语）；《白种人的短篇小说》，（1932，1979，德语）；《格鲁吉亚的世界形象》（1954，法语）；《从格鲁吉亚人的世界观》（1961，德语）；《赞颂奥菲斯》（1984，德语）。

祖拉布·特维利亚什维利（1967—2021），格鲁吉亚诗人和演员。

祖拉布·特维利亚什维利

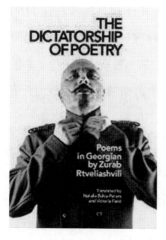

作家诗集封面

　　祖拉布·特维利亚什维利 1967 年 10 月 16 日生于哈萨克斯坦卡拉干达。

　　他曾在 2009 年的纪录片电影《以我最大声》中饰演角色。2010 年，因在家乡格鲁吉亚受到迫害而在瑞典斯德哥尔摩获得庇护。

　　作品有：《阿波基里菲》（*Apokrifi*，2001）；《阿纳奇》（*Anarqi*，2006）等。

　　2021 年 4 月 20 日，在与癌症搏斗良久后，在第比利斯去世，享年 54 岁。

绍塔·鲁斯塔韦利

绍塔·鲁斯塔韦利（约 1160 年—约 1240 年后）简称鲁斯塔韦利，中世纪格鲁吉亚诗人，被认为是格鲁吉亚黄金时代的杰出代表，也是格鲁吉亚文学的最大贡献者之一，著有格鲁吉亚民族史诗的《虎皮骑士》。

当代对鲁斯塔韦利了解甚少。不确定他出生于何年何月，推测在 1160 年至 1165 年间，1191 年开始为塔玛尔女王担任财政部长。他的诗本身，即序言，为他的身份提供了线索：诗人将自己标识为"某个鲁斯塔韦利"。"鲁斯塔韦利"不是姓氏，而是可以被解释为"（来自）鲁斯塔维的人"。15 至 18 世纪，后世的格鲁吉亚作家提供了更多信息，并几乎一致将他称为"绍塔·鲁斯塔韦利"，这个名字被保存在壁画上，也出现在耶路撒冷格鲁吉亚圣十字修道院的文件中。壁画由格鲁吉亚朝圣者蒂莫特·加巴什维利（Timote Gabashvili）于 1757/58 年描绘，1960 年由一组格鲁吉亚学者重新发现。耶路撒冷那份文件称绍塔·鲁斯塔韦利是修道院的赞助者和"高级财长／掌柜"（მეჭურჭლეთუხუცესი），称他是塔玛尔女王宫廷的大臣，年老时退居修道院。民间传统和 17 世纪的皇家诗人阿奇尔都将绍塔·鲁斯塔韦利认定为格鲁吉亚南部梅斯赫蒂人，他的故乡鲁斯塔维就位于该地区（不是第比利斯附近的现代城市鲁斯塔维）。

传说，鲁斯塔韦利曾在中世纪格鲁吉亚（库塔伊西附近）盖拉蒂修道院和格鲁吉亚东部卡赫季泰拉维附近的伊卡托修道院学习，然后在"希腊"（即拜占庭帝国）受过教育。人们推测他的主要作品不会早于 1180 年代也不会迟于 1210 年，最可能是 1205 年至 1207 年。他的去世时间据推测在 1245 年至 1250 年之间。他精通波斯语，"因此能够阅读和欣赏波斯语诗歌，而不必求助于错误的翻译"，其本人也可能撰写了波斯语诗歌。

绍塔·鲁斯塔韦利的代表作《虎皮骑士》已被翻译成多种语言。它于 1712 年在格鲁吉亚首都第比利斯首次印刷。《虎皮骑士》手稿在格鲁吉亚创作的作品中占有重要地位。

《虎皮骑士》的两本对开本可追溯到 16 世纪藏在格鲁吉亚手稿研究中心[1]的版本，那里还保存着 14 世纪的版本，其他所有版本可追溯到 17 世纪以后。

当代已知绍塔·鲁斯塔韦利唯一的画像是在耶路撒冷圣十字修道院教堂的西南支柱的东面上绘制的。它被放置在两个更大的圣徒图像的脚下，伴有格鲁吉亚语言的铭文。这幅画像在 2004 年 6 月遭到一名不知名的犯罪者的破坏，他划伤了鲁斯塔韦利的脸和格鲁吉亚铭文的一部分，标上了他的名字。无价壁画被污损后，格鲁吉亚官方向以色列投诉，肖像和铭文被修复。

在艺术和文学领域，格鲁吉亚最高奖是"绍塔·鲁斯塔韦利国家奖"。第比利斯的主要通道是绍塔·鲁斯塔韦利大街。在第比利斯，还有绍塔·鲁斯塔韦利剧院、格鲁吉亚国家科学院的格鲁吉亚绍塔·鲁斯塔韦利文学研究所、绍塔·鲁斯塔韦利第比利斯国际机场和鲁斯塔韦利地铁站，以及许多其他以他名字命名的地标。在其他城市也有鲁斯塔韦利大街。

2001 年 9 月 3 日，以色列和格鲁吉亚联合发行邮票以纪念绍塔·鲁斯

---

1 格鲁吉亚国家手稿中心（National Centre of Manuscripts），位于第比利斯，是格鲁吉亚古代手稿、历史文献和著名公众人物私人档案馆的储藏室。该中心是在格鲁吉亚国家博物馆手稿部收藏的基础上于 1958 年 6 月 30 日成立的，创始人和第一任所长是格鲁吉亚科学院通讯会员伊利亚·阿布拉泽（Ilia Abuladze）教授。

鲁斯塔韦利地铁站广场的纪念碑

塔韦利。由伊扎克·格兰诺特（Yitzhak Granot）设计的以色列邮票（3.40 NIS）画面是绍塔·鲁斯塔韦利和希伯来语文字背景。

在乌兹别克斯坦的塔什干，在乌克兰的基辅、利沃夫和捷尔诺波尔以及在亚美尼亚的久姆里都有一条街道以鲁斯塔韦利命名，耶路撒冷一条通往十字架修道院的小路也是鲁斯塔韦利。

匈牙利画家和图形艺术家麦可·齐奇（Mihály Zichy）是十九世纪匈牙利浪漫主义绘画的著名代表，他因阐述格鲁吉亚史诗《虎皮骑士》，创作了经常在鲁斯塔韦利诗歌中使用的经典插图，在格鲁吉亚升格为"国家画家"。第比利斯有雕塑和街道纪念齐奇。

尼诺·萨莉亚·尼·库尔兹卡什维利（1898—1992），是活跃于法国的格鲁吉亚裔移民历史学家和语言学家。

尼诺·萨莉亚·尼·库尔兹卡什维利

尼诺·萨莉亚1898年10月15日出生于格鲁吉亚东部的卡赫季，曾在第比利斯和圣彼得堡接受教育。第一次世界大战期间，她担任护士。她也是历史学家卡利斯塔特·萨利亚（Kalistrat Salia）的妻子。苏联接管格鲁吉亚后，她住在法国，与丈夫一起编辑了《卡特利的命运》（ბედი ქართლისა）杂志，专门针对格鲁吉亚进行研究。

萨莉亚发表了几本关于格鲁吉亚历史和文化的著作，并与卡利斯塔特·萨莉亚和瓦赫坦·贝里泽一起合著了历史文化评论《格鲁吉亚》。在她生命的后期，她把自己独特的图书馆捐献给了格鲁吉亚手稿研究所。

尼诺·萨莉亚1992年去世。

扎尔·萨马达什维利（1953—），
格鲁吉亚作家、银幕作家、翻译。

扎尔·萨马达什维利

扎尔·萨马达什维利生于 1953 年 10 月 3 日，使用过笔名扎里科（Zaliko）、扎尔（Zaal）。妻子娜娜·伊什维利（Nana Iashvili），儿子乔治·萨马达什维利。最著名的著作是 2006 年的《桑德罗·坎德拉基的靴子》。

扎尔·萨马达什维利毕业于第比利斯国立大学，所学专业为数学。

他说："我希望我们每个人不仅为在第比利斯生活感到自豪，而且希望我们每个人都有愿望和机会为首都尽一切努力，这样每个人都可以唤醒并加深对他们目前居住的房屋、街道和广场、祖先及后代居住地的责任。"

扎尔·萨马达什维利写过多部完整的电影剧本，出版过五个故事集。他是第比利斯市议会主席，是"嘎拉文学奖"的发起人。该奖是在第比利斯市议会的主持下颁发的。扎尔工作经历丰富：1977 年，担任水电研究所实验室助理；1978 年至 1980 年，担任高加索矿产地质膨胀原材料研究所工程师、格鲁吉亚理工大学自动化与机电工程系初级研究人员；1983 年至 1989 年，就职于电影制片厂"格鲁吉亚电影"作家创作感化联盟；1989 年至 1994 年，担任报纸《土地》（მამული）副主编、文学杂志《二十世纪》（XX საუკუნე）主编以及格鲁吉亚理工大学人文学院讲师；2005 年至 2007 年，担任第比利斯第

作品封面

53 公立学校校长；2006 年，成为第比利斯市议会成员；2008 年至今，担任第比利斯市议会主席。

扎尔·萨马达什维利的专著有：《吉他伴音嘶哑歌喉》（1994）；《作为一部古老的意大利电影》（1999）；《烟熏玻璃中的火》（2001）；《吉卜赛人》（2003）；《普列汉诺夫新闻》（პლეხანოვის ამბები，2004）；《如何彼此相爱》（2004）；《桑德罗·坎德拉基的靴子》（2006）；《给男孩的故事》（2010）。

电影作品有：《特莫》（თემო，1986）等。

乔治·桑尼基泽（1960—），格鲁吉亚著名学者、作家，专于研究中东国家的历史和政治、格鲁吉亚－高加索地区与中东国家的互动，在伊斯兰教、中东史学方面颇有论著。

乔治·桑尼基泽

乔治·桑尼基泽 1984 年毕业于第比利斯国立大学东方研究学院。目前是格鲁吉亚伊利亚大学人文科学学院的历史学教授。自 1986 年以来，他就职于 G. 采列捷列研究所东方所。1996 年至 2002 年，担任第比利斯亚非研究所东欧历史学校的主席。1990 年获得大学学士学位，2001 年获得博士学位。已在 9 个国家 / 地区发表 50 多篇科研文章，在格鲁吉亚的出版社出版过几本教科书和文章。他参加了 70 多个科学协会。

乔治·桑尼基泽因他的伊斯兰和伊朗研究获得过联合国教科文组织赞助的 2012 年"法拉比国际奖"。

他的特色出版物有：《西方对东方的看法：关于爱德华·赛义德的东方主义的辩论》《19 世纪格鲁吉亚与伊朗关系的历史回顾》和《现代高加索地区的伊斯兰复兴运动：潘基西峡谷的"全球"和"本地"伊斯兰教》等。著作有《中东的历史及其与南高加索地区的关系（第 19 世纪初至 21 世纪）》《伊斯兰教宗教、历史、文明》《什叶派和伊朗国家》和《伊斯兰教和格鲁吉亚的穆斯林》。

瓦莱里安·沙利卡什维利（1874—
1919），格鲁吉亚的制片人、演员和
剧作家。

瓦莱里安·沙利卡什维利

瓦莱里安·（瓦里科）·沙利卡什维利生于 1874 年 5 月 23 日，逝世于 1919 年。他曾在俄罗斯剧院的舞台上演出，深受观众喜欢、令观众着迷。

桑德罗·山夏什维利（1888—1979），格鲁吉亚的诗人、剧作家。

桑德罗·山夏什维利

桑德罗·山夏什维利 1888 年出生于西格纳吉附近的小村庄朱加尼（Jugaani）。1900 年代，他以诗歌和散文戏剧而闻名。同时，他从事反对沙皇统治的革命运动，1908 年被判入狱。

随后，他开始根据希腊科尔奇斯的传说写长诗，撰写名为《伤心花园》（სევდის ბაღი，1909 年）的抒情诗，诗作受到 18 世纪格鲁吉亚诗人贝西奇和同时代法国象征主义者保罗·韦兰（Paul Verlaine）的影响。1910 年左右，评论家称赞他为"格鲁吉亚最有前途和最欧洲化的诗人"。1911 年至 1914 年，在柏林、苏黎世和莱比锡的学习研究受到象征主义叙事诗的更明显影响。第一次世界大战期间，他加入格鲁吉亚民族民主党，主张脱离俄罗斯统治，编辑了报纸《萨卡特维洛》（საკატუველო）和杂志《梅拉尼》。1925 年他将二十年的抒情诗收集到《我走过的公路》（გავლილი გზა）中。终于在1930 年，他的作品《安佐尔》在整个苏联声名鹊起，改编成弗谢沃洛德·伊万诺夫的内战剧本《装甲列车 14-69[1]》。鲁斯塔韦利剧院的导演桑德罗·阿赫梅特利（Sandro Akhmeteli）将剧本变成了瓦格纳式的奇观。苏联左派批评家立即抨击《安佐尔》使革命变得微

诗人在西格纳吉的故居

不足道。1930 年代，由于格鲁吉亚知识分子遭"大清洗"威胁，他言不由衷地赞美约瑟夫·斯大林和拉夫里蒂尼·贝里亚。他后来的戏剧实际上取材于 18 世纪格鲁吉亚的不幸和内战的灾难。1949 年，他被授予"斯大林奖"。

　　桑德罗·山夏什维利去世于 1979 年。为了纪念他，第比利斯机场附近的一条街道以他的名字命名。

1　《装甲列车 14-69》是 1927 年由弗谢沃洛德·伊万诺夫（Vsevolod Ivanov）创作的苏联戏剧。根据他 1922 年的同名小说改编，这是他的第一部剧本，也是他最重要的剧本。在创作他的改编作品时，伊万诺夫将其小说的消极主角转变为无产阶级理想的积极代表。该剧描绘了他从政治冷漠到布尔什维克英雄主义的旅程。

艾尔达·申格拉亚（1933—），
格鲁吉亚电影导演兼编剧。

艾尔达·申格拉亚

艾尔达·申格拉亚出生于第比利斯的一个电影世家，父亲是电影导演尼古洛兹·申格拉亚，母亲是女演员纳桃·瓦克纳泽，兄弟乔治·申格拉亚也是电影导演。

艾尔达·申格拉亚出生于 1933 年 1 月 26 日，曾在 1957 年至 1996 年间执导过 10 部电影。1990 年至 2004 年，他是格鲁吉亚议会议员。曾获得格鲁吉亚（1979）和苏联（1988）"人民艺术家"的头衔。1976 年以来一直担任格鲁吉亚电影制片人联盟主席。2008 年以来一直担任格鲁吉亚议会纹章委员会主席。

1958 年，艾尔达·申格拉亚毕业于莫斯科的格拉西莫夫电影学院[1]，后在

1　格拉西莫夫电影学院（All-Union State Institute of Cinematography，又名 Gerasimov Institute of Cinematography），1934 年至 1991 年间称全联盟国立电影学院，位于俄罗斯莫斯科，建于 1919 年，是世界上最早的电影学院。

莫斯科电影制片厂[1]工作室工作。1960 年，成为位于第比利斯的格鲁吉亚电影（ქართული ფილმი）工作室的导演。1969 年，因讽刺悲喜剧《非同寻常的展览》（არაჩუელების გამოფენა）的社会政治意象获全国赞誉，也引起苏联官方电影院的不满。此后，他一直保持做高度个人化电影制片人。

艾尔达·申格拉亚创作了另一篇备受关注的悲喜剧，内容是关于低劣的官僚主义《蓝山或令人难以置信的故事》（ცისფერი მთები ან დაუჯერებელი ამბავი），这是苏联"社会小说"类型中的最佳成就之一。它在 1984 年获得了"全苏电影节奖"[2]，1985 年获得"苏联国家奖"。

艾尔达·申格拉亚在 1980 年代取得了巨大成功之后便脱离了电影院，参与了 1989 年势头强劲的格鲁吉亚独立运动。1990 年代短暂返回电影界制作了两部电影受到评论家的好评，却没有引起公众的广泛关注。

艾尔达·申格拉亚 1985 年担任第 14 届莫斯科国际电影节的评委，1992 年担任第 42 届柏林国际电影节评委。

1980 年至 1985 年，1989 年至 1990 年，艾尔达·申格拉亚作为共产党员，当选格鲁吉亚苏维埃社会主义共和国最高苏维埃成员。1989 年至 1991 年，进入苏联的人民代表大会。他是索布恰克[3]委员会的成员，负责调查苏联在第比利斯镇压亲独立集会的军事行动，并为此制作了一部共鸣纪录片。1989 年 7 月，他成为支持独立党的格鲁吉亚人民阵线的创始成员，并成为其温和派领导人。1990 年 10 月，在苏联格鲁吉亚首次多党选举中加入格鲁吉亚最高委员会，是 1991 年 4 月签署了格鲁吉亚独立法的人。后因反对兹维亚德·加

---

1 莫斯科电影制片厂（Mosfilm）是俄罗斯乃至全欧洲最大、历史最悠久的电影制片厂。它出品了不少广为称颂的苏联电影，包括爱森斯坦和塔可夫斯基这两位著名苏联导演的作品。
2 全苏电影节是苏联最重要的电影节之一。它成立于 1958 年，从 1964 年至 1988 年定期举行。1972 年开始每年举行一次，此前每两年举行一次。它的时间和位置是由戈斯基诺（Goskino）和苏联作曲家联盟确定的。共有五个类别的奖项颁发：虚构电影、纪录片、科幻电影和电影期刊，儿童和青少年的科幻电影、动画电影。
3 阿纳托利·亚历山德洛维奇·索布恰克，俄罗斯政治家、辩论家、改革派领袖，《俄罗斯联邦宪法》起草人和圣彼得堡市长。他培养了弗拉基米尔·普京和德米特里·梅德韦杰夫。

姆萨赫迪亚政府，在 1992 年 1 月军事政变中，加入了由爱德华·谢瓦尔德纳泽领导的格鲁吉亚议会。1992 年成为议会议员，1995 年起担任副议长。1993 年 5 月与由几位知名知识分子创立的亲谢瓦尔德纳泽民族团结与繁荣运动结盟。

1994 年，艾尔达·申格拉亚成为谢瓦尔德纳泽主持的格鲁吉亚公民联盟的创始成员，也加入了由祖拉布·日瓦尼亚（Zurab Zhvania）领导的"改革派"派，2002 年加入了反对谢瓦尔德纳泽的行列。作为回应，谢瓦尔德纳泽的忠实议员试图在 2002 年 5 月将他逐下副议长职位，却未成功。2003 年，他支持"玫瑰革命"，推翻谢瓦尔德纳泽，2004 年再次当选格鲁吉亚议会议员，同年退出政治生涯。2008 年，他又被任命为国家纹章委员会主席。

2009 年 4 月 12 日，艾尔达·申格拉亚被授予"格鲁吉亚最高公民奖"之一的"圣乔治胜利勋章[1]"，以表彰他"参与 1989 年 4 月 9 日第比利斯事件的调查并向世界展示了真相"。

艾尔达·申格拉亚的影视作品有：《狗玫瑰》（1996）；《表达—信息》（1993）；《蓝山或令人难以置信的故事》（1983）；《萨马尼什维利斯·迪迪那兹瓦里》（1977）；《怪人》（1973）；《非凡展览》（1968）；《米凯拉》（Miqela，1965）；《白色大篷车》（1963）；《斯内兹纳亚·斯卡兹卡》（1959）；《莱迪亚诺姆·瑟德策传奇》（1957 年）等。

1　圣乔治胜利勋章，是格鲁吉亚政府授予的荣誉，名列全国英雄勋章第二位，开始于 2004 年。

伊尔玛·诗欧拉什维利（1974—），
格鲁吉亚诗人、翻译和记者。

伊尔玛·诗欧拉什维利

伊尔玛·诗欧拉什维利（也称伊尔玛·诗欧拉什维利－卜丽泽），1974
年 3 月 29 日出生在格鲁吉亚东部卡赫季代多普利斯茨卡罗[1]，先后在第比利
斯国立大学和德国波恩大学学习新闻学。在第比利斯学习期间，她在格鲁吉
亚国家电视台的文化部门工作，制作有关当代格鲁吉亚作家的电视节目。
1995 年，她成为格鲁吉亚作家联盟最年轻的成员之一。

伊尔玛·诗欧拉什维利 1999 年移居德国，2005 年做了博士学位论文《德
国和格鲁吉亚战后政治诗歌》答辩。2007 年，她被欧洲作家协会"考格"（The
Kogge，意为齿轮）吸纳。2012 年，她的书《彩叶桥》由德国路德维希堡流
行音乐出版社以德语翻译出版（高加索图书馆，第 3 卷）。她的诗也被翻译
成俄语、英语和法语。她生活在波恩，担任新闻记者、大学讲师。

伊尔玛·诗欧拉什维利的作品有：《不存在的词儿》（1992）；《蓝弓》

1　卡赫季代多普利斯茨卡罗（დედოფლისწყარო），字面意思为"女王的春天"。距离
首都第比利斯115公里，海拔高度800米。1870年代期间，德国企业家在该镇附近兴建炼油厂。

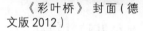

《彩叶桥》 封面（德文版 2012 ）

《头顶之上》（ *Kopfüber* ）封面（2018 ）

（1996 ）;《泪痕 》（2002 ）;《彩叶桥》（2009 ）;《星期一 》（2013 ）。她还在 2013 年翻译出版了《翻译美洲豹科技——来自格鲁吉亚的新讲述人》。2017 年，在第比利斯荣获"成功移民女性奖"。

斯蒂芬·姆特贝瓦里，十世纪格
鲁吉亚东正教教会的宗教作家、书法家。

特贝蒂的斯蒂芬

　　姆贝塔瓦里（Mtbeti）是斯蒂芬持有的特贝蒂（T'beti）主教区的头衔，其中心是现在土耳其东部沙夫沙特[1]的同名修道院。斯蒂芬被同时代圣徒传记学家乔治·默丘勒[2]认为是《坎兹塔格里戈尔的一生》的作者，但除了对诗篇评论的译本外，《戈布隆的激情》是他唯一的，也是最著名的现存作品。

　　其代表作《戈布隆的激情》是一部原始的传记，是格鲁吉亚巴格拉季王子阿肖特·库奇（Ashot Kukhi，卒于918年）委托斯蒂芬撰写的，内容涉及基督徒格鲁吉亚贵族戈布隆对奎利（Q'ueli）堡垒的英勇防御以及他最终于公元914年在穆斯林酋长尤素夫·伊本·阿比·萨伊（Abu l'Kasim）手中殉

1　沙夫沙特（ შავშეთი）是位于黑海地区阿特文省的一个城镇和地区，位于阿特文（Artvin）和卡尔斯（Kars）城市之间，在土耳其的最东端与格鲁吉亚接壤。

2　乔治·默丘勒（Giorgi Merchule）是一位十世纪的格鲁吉亚修道士、书法家和作家，创作了《格里戈尔·康茨泰利传》，记录了格鲁吉亚著名教士圣格里戈·坎兹泰利的故事。

圣徒戈布隆

道而亡的故事。十一世纪的无名氏编卡特里编年史（格鲁吉亚编年史的一部分）还提到了"圣父斯蒂芬·姆特贝瓦里"及其作品，而十一世纪的历史学家苏姆巴特（Sumbat）记载说，阿修·库希（Ashot Kukhi）任命斯蒂芬成为特贝蒂的第一任主教。

《戈布隆的激情》以《约伯记》和《圣保罗》引人入胜的语录开头，谴责亚美尼亚人的"异端"——亚美尼亚拒绝迦克墩公会议[1]。在描述穆斯林入侵和戈布隆对奎利的防卫时，斯蒂芬·姆特贝瓦里展现了史诗的叙事才能。

1　迦克墩公会议（Council of Chalcedon），是于公元 451 年 10 月 8 日至 11 月 1 日在迦克墩举行的第四次基督教大公会议。与会的有东方教会的 500 位主教及教宗的数位代表。此会议产生了重要的基督论定义，界定了"基督的神人二性"。此会议将基督一性派定为异端。最后，会议制定了今天基督教著名的信经《迦克墩信经》。

亚历山大·苏尔坎尼什维利

亚历山大·苏尔坎尼什维利 1808 年出生于第比利斯，1825 年，他重写了苏尔坎·萨巴·奥贝里亚尼的作品。他会讲俄语、波斯语和土耳其语。

1828 年，他将十五世纪诗人潘纳的著作《巴赫提亚纳姆》（*Bakhtiarnameh*）从波斯语翻译成格鲁吉亚语。从 1840 年代起，他一直在圣彼得堡生活。1839 年，他的格鲁吉亚语－法语－俄语词典出版。

作品封面

加拉克提昂·塔比泽

加拉克提昂·塔比泽（1892—1959）是 20 世纪格鲁吉亚的一位主要诗人，其著作深刻影响了所有后来的格鲁吉亚诗人。

加拉克提昂·塔比泽 1892 年 11 月 17 日出生在格鲁吉亚西部瓦尼附近的克维希（Chqvishi）村。他的父亲，当地老师瓦西尔·塔比泽，在他出生前两个月就去世了。1900 年至 1910 年，他在库塔伊西和第比利斯的神学院学习，后来担任教师。尽管他的第一本书在 1914 年受到象征主义的影响而广受赞誉，但他比"蓝色号角"的其他格鲁吉亚象征主义者花了更长的时间来赢得认可。由于他偏爱孤独，他堂兄提香·塔比泽送了他"孤独骑士勋章"的绰号。他的下一个诗集《头骨艺术花》（*Crâneaux fleurs artistiques*，1919）使他成为此后几十年格鲁吉亚诗歌的领袖。

加拉克提昂·塔比泽的大部分作品都充满了孤独、无爱和噩梦般的主题，从他的代表作《无爱》（1913）、《我与夜》（1913）、《天青马》（1915）和《大风吹》（1924）可以看出。

他在 1930 年代"大清洗"运动中幸存了下来，但他的作家朋友和亲戚的生命在这场运动中终止，他也受到当局的重压，使他抑郁、酗酒，最终自杀。1937 年加拉克提昂·塔比泽的妻子，来自一个老布尔什维克家庭的奥尔加·奥库扎瓦被捕流放到西伯利亚，1944 年死在流放地。他堂兄提香·塔比泽，还有他的朋友也被捕惨遭杀害。他本人受到贝利亚的审讯和殴打。长期的沉默和独处使他免于清洗，他继续获得头衔和奖项，并出版新诗，但诗人的生活完全被扭曲了。

1959 年，他被安置在第比利斯查夫恰瓦泽大道的一家精神病医院。3 月 17 日，他从医院的窗户跳下，结束了自己的生命。逝世后他被安葬在圣山

玛丽公主（1911），通常被认为是加拉克·塔比泽的"缪斯女神"

万神殿，成千上万的人来参加他的葬礼。2000 年，格鲁吉亚正式宣布免除他自杀的罪过。

加拉克提昂·塔比泽创作了数千首诗歌，使他成为格鲁吉亚最伟大的诗人之一，对现代格鲁吉亚文学产生了巨大影响。他在第比利斯文学博物馆的大约十万件物品的档案仍等待全面梳理。他的诗已被翻译成俄语、法语、英语和德语。

提香·塔比泽（1890—1937）
是格鲁吉亚诗人，也是格鲁吉亚象
征运动的领导人之一。

提香·塔比泽

　　提香·塔比泽 1890 年 3 月 21 日出生在格鲁吉亚西部伊梅列季的格鲁吉
亚东正教牧师家庭。在莫斯科大学接受教育后，他回到格鲁吉亚成为"蓝色
号角"的共同创始人和主要思想家之一，该组织是 1916 年成立的格鲁吉亚
象征主义者的小圈子。后来，他将欧洲和东方的流行趋势融合为折中主义的
诗歌，极大地偏向于未来主义和达达主义，同时也向格鲁吉亚文学经典致敬。
1921 年，他选择了一条与布尔什维克政权和解的路线，三心二意地赞扬"社
会主义建设者"，但并没有放弃他的未来派和颓废主义运动[1]风格。他创作关
于高加索历史的诗，尤其是伊玛目·沙米尔（Imam Shamil），提出了"超
越圣洁的前卫美学"。

1　颓废主义运动（Decadent movement）是 19 世纪起源于法国、之后扩展到整个西欧的一
场艺术和文学运动，在当代的美国也有一定的影响力。其名最初是评论家们对一些赞美人工
事物、反对早期浪漫主义的作家给出的贬义称呼，之后一部分作家，如泰奥菲尔·戈蒂耶和
夏尔·波德莱尔反而接受了这样的称呼，开始自称"颓废派"。

提香·塔比泽是鲍里斯·帕斯捷尔纳克的亲密朋友，是他《给格鲁吉亚朋友的信》的联系人。帕斯捷尔纳克知道提香"具有内向而复杂的灵魂，他善良、有慧眼、且具有自我牺牲精神。"后来，提香成为"大清洗"受害者，被捕并以叛国罪处决。鲍里斯·帕斯捷尔纳克将他的诗歌译成俄语。

1936 年初，苏联媒体发表了几篇批评艺术形式主义的文章。提香及格鲁吉亚诗人康斯坦丁·加姆萨赫迪亚、西蒙·奇科瓦尼和德姆娜·申格拉亚因"未能摆脱古老传统并与人民建立更紧密的联系"而受到抨击。许多诗人和作家对这种苏联新兴的政治清洗感到震惊，但还是接受了批评并公开谴责。他拒绝这样做，还反击。预见到塔比兹挑衅的后果，帕斯捷尔纳克在一封私人信件中敦促他的朋友不要理会对形式主义的攻击："只依靠自己，钻研更深入，不用担心，不用偏颇，自己知道就好。不明白的人和事，多想无益。"

1937 年 10 月 10 日，提香被格鲁吉亚作家联合会除名，然后被内务人民委员会逮捕。被控反苏、背叛祖国，他在酷刑和不让睡眠的折磨下，对所有指控"认罪"。当审讯者要求知道他同谋的名字时，他带着讽刺只说有十八世纪的诗人贝西奇，12 月 16 日他被枪毙，但没有对外宣布。

提香·塔比泽的被捕和失踪令所有认识他的人震惊。他的终身朋友和象征主义诗人保罗·伊什维利已被迫谴责几位诗人。但是在提香被捕后，保罗在第比利斯的作家联盟内部用狩猎步枪开枪自杀。塔比泽的家人和朋友有二十年之久觉得他还活着。1940 年，鲍里斯·帕斯捷尔纳克代表妮娜·塔比泽为她丈夫起草了一份请愿书给拉夫伦蒂·贝里亚。直到 1950 年代中期赫鲁晓夫解冻[1]期间，塔比泽命运的真相才浮出水面。

1　赫鲁晓夫解冻（Khrushchev Thaw），指因苏共中央第一书记尼基塔·赫鲁晓夫在 1950 年代中期到 1960 年代实行去斯大林化和和平共处政策后，苏联政治和文化上的解冻现象。斯大林时期对社会的监控和压迫得到了解除，大量被流放古拉格劳改营的政治犯被释放。该名称因苏联作家伊利亚·爱伦堡 1954 年发表的小说《解冻》得名。

尼古拉斯·特切科图瓦（1929—1984），格鲁吉亚作家。

尼古拉斯·特切科图瓦

尼古拉斯·特切科图瓦也是马耳他骑士团杰出成员，拥有格鲁吉亚/美国国籍。1929 年 9 月 24 日，尼古拉斯·特切科图瓦出生在巴统，他父母在 1921 年被布尔什维克接管后逃离了家园，在法国和瑞士接受教育，1933 年定居美国，与卡罗尔·马蒙（Carol Marmon）结了婚，她是霍华德·卡彭特·马蒙[1]的唯一女儿。后来和家人移居瑞士洛桑，1984 年 5 月 13 日在瑞士洛桑去世。

1949 年，尼古拉斯·特切科图瓦出版了他用英语撰写的小说《永恒》，被称为格鲁吉亚人有史以来国际发行的第一部小说。小说的场景设定在第比利斯、巴黎、洛桑，时间设定在第一次世界大战前，故事讲述了格鲁吉亚王子绍塔对俄罗斯公主塔尼亚的爱，即使外界势力操纵他们的情感，拆散他们，但他们依然忠诚，即使绍塔最终与一个美国人订婚。作者关心的是情感

1　玛蒙汽车公司（Marmon Wasp）的创建者。

特切科图瓦家族纹章

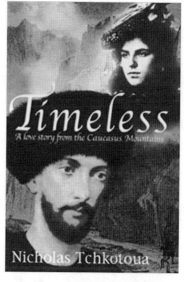

小说《永恒》封面

而不是订婚。《永恒》是两个人的简单故事，他们彼此的爱超越了时间、地点和环境。书中的"精神到精神"联系体现了"基思[1]"，并将可能被认为只是甜蜜的幻想带入了深爱和精神实践的领域。该小说的新版本于 2008 年出版并广受好评。

尼古拉斯·特切科图瓦要求他死后将自己的心葬在格鲁吉亚。1988 年，他的家人将它偷偷运回了第比利斯的维拉公墓，今天依然在那里。

---

1 基思（Kything），意为精神存在的艺术。

叶卡捷琳娜·托贡尼泽（1981—），格鲁吉亚记者、作家，也是维护残疾人权利的积极分子。

叶卡捷琳娜·托贡尼泽

　　叶卡捷琳娜·托贡尼泽 1981 年 3 月 16 日出生在第比利斯，在第比利斯国立大学学习了新闻学，在格鲁吉亚公共电视台的第一频道上介绍教育节目。2011 年在文学上首次亮相，出版了名为《麻醉》的短篇小说集，其中向格鲁吉亚文学界引入了一个新话题，即社会中残疾人所面临的歧视。她对生活的心理和社会方面的重视以及她的叙事技巧受到称赞。她的书已有英文和德文译本。

　　叶卡捷琳娜的作品及其荣获奖项有：2011 年出版的短篇小说集《麻醉》在 2012 年获得了"萨巴文学奖"。小说《A-同步》《另一种方式》和《听我说》等在 2014 年获得"萨巴文学奖"。

埃琳娜·托普里兹（1922—2004），格鲁吉亚著名的哲学家和作家。

埃琳娜·托普里泽

埃琳娜·托普里兹 1922 年 5 月 3 日出生在格鲁吉亚巴统。她的家人在她童年时移居第比利斯。她 1945 年毕业于 M. V. 罗蒙诺索夫莫斯科国立大学哲学系，随后在莫斯科的苏联科学院艺术史研究所读研究生。1951 年回到第比利斯，在格鲁吉亚绍塔·鲁斯塔韦利戏剧学院担任教授。1961 年直至 2004 年 9 月 29 日生命终结，她在格鲁吉亚国家科学院的 S. 采列捷列哲学研究所工作。

埃琳娜·托普里兹拥有哲学博士（1951）和科学博士学位（1969），是一位多产作家，还是西欧 / 美洲戏剧和文学史的哲学、美学、艺术和历史教授。她撰写了几本关于意大利艺术和哲学领域有影响力的诸如贝内代托·克罗齐（Benedetto Croce）、路易吉·皮兰德罗（Luigi Pirandello）和埃莉奥诺拉·杜塞（Eleonora Duse）等人的作品。1978 年，她的作品《贝内代托·克罗齐的美学》被翻译成日语在东京出版。自由和自由选择的问题是其作品《古典悲剧中的男人》的主题，该主题探讨了自由意志观念在古希腊诗人作品中的起源。

　　埃琳娜·托普里兹的出版物主要有：《埃莉奥诺拉·杜塞》（1960）；《贝内代托·克罗齐的美学》（俄语，1967）；《起源》（日语，谷口勇译，1978）；《路易吉·皮兰德罗的哲学概念》（格鲁吉亚语，1971）；《古典悲剧中的男人》（俄语，1984）等。

亚历山大·扎加雷利（1844—1929），全名亚历山大·安东·泽·扎加雷利，格鲁吉亚语言学家。

亚历山大·扎加雷利

亚历山大·扎加雷利曾是第比利斯国立大学的联合创始人，圣彼得堡国立大学教授。1844 年 12 月 9 日，出生于格鲁吉亚的什达－卡特里区的卡斯皮，曾就读于图宾根大学，曾先后在维也纳、慕尼黑和圣彼得堡学习过。1869 年成为在图宾根的"苏格兰兄弟会[1]"的成员。

亚历山大·扎加雷利 27 岁在圣彼得堡国立大学安顿下来，成为那里的格鲁吉亚文学讲师，后来成为东方语言教授。尼古拉斯·马尔（Nicholas Marr）是他最著名的学生之一。他在圣彼得堡的格鲁吉亚语言系待了半个多世纪，直到 1922 年回到格鲁吉亚。将近 80 岁的亚历山大·扎加里利离开俄

1　苏格兰兄弟会（Landsmannschaft Schottland）即德国的兄弟会，成立于 1849 年 11 月 19 日，是图病根大学学生与校友的兄弟情谊会，会员身份终身制。名字取自成员的早期聚会场所，即一家名为"Schottei"的酒吧。1905 年以来，该会一直在那里活动，那是一栋苏格兰城堡风格的多层豪宅，位于俯瞰图宾根的山顶上。会员致力于宽容和民主的原则以及"学术击剑"的传统，即各种击剑。成员佩戴着蓝、金、红三色的缎带和蓝色的传统学生帽（图宾根风格）。颜色取自苏格兰古老的皇家颜色。

罗斯，在第比利斯国立大学担任学术职务。

亚历山大·扎加雷利 1929 年 11 月 12 日在第比利斯去世，葬在圣山万神殿。

他获得过"圣斯坦尼斯洛斯"勋章[1]一级勋章。

---

1 也作"斯坦尼斯拉斯"（Order of Saint Stanislaus），是波兰立陶宛联邦的斯坦尼斯瓦夫·奥古斯特·波尼亚托夫斯基（StanisIawAugust Poniatowski）国王于 1765 年建立的波兰骑士团。在 1765 年至 1831 年间，它仍归波兰王国所有。1831 年，它被并入俄罗斯帝国，直到 1917 年俄国革命。

阿夫克森提·扎加雷利

阿夫克森提·扎加雷利（1857—1902），格鲁吉亚剧作家，特别以喜剧闻名。他在《大苏联百科全书》中被描述为"现实主义戏剧的最好代表之一"。

阿夫克森提·扎加雷利 1857 年 2 月 9 日出生在第比利斯附近的迪高米（Digomi）村，最初在神学院学习。1878 年至 1883 年，他最著名的戏剧之一《卡努玛》（*Khanuma*）首次上演的那段时期，他担任演员，之后成为南高加索[1]铁路的雇员，直到 1899 年。在他生命的最后两年，他是第比利斯的舞台导演，直到 1902 年 8 月 12 日去世，时年 45 岁。他妻子是格鲁吉亚女演员娜桃·加布尼亚（1859—1910）。

阿夫克森提·扎加雷利的浪漫喜剧《卡努玛》于 1882 年首演，至今仍在表演。1927 年，《卡努玛》被改编为由格鲁吉亚电影制片人亚历山大·簇簇察瓦（Alexander Tsutsunava）执导的无声电影，1978 年被乔治·托夫斯顿

1　南高加索（Transcaucasia），又称外高加索，指高加索山脉以南格鲁吉亚、亚美尼亚、阿塞拜疆三国所在地区。外高加索地区位于欧亚大陆中心，石油和天然气资源丰富。1922 年 12 月该地区的格鲁吉亚、亚美尼亚、阿塞拜疆三国以外高加索联邦苏维埃社会主义共和国的名义入苏联加盟共和国。

《凯涛和考特》电影　　　　　舞蹈喜剧《维拉季的旋律》电影海报
海报（1948）

诺戈夫（Georgy Tovstonogov）执导改编成苏联电视电影。该剧还作为维克多·多利泽（Victor Dolidze）1919 年的喜剧歌剧《凯涛和考特》（*Keto and Kote*）的歌词的基础。他的其他作品包括：《现在其他时间》（1879）；《辛比雷利》（1886）；《来啥样去啥样》（1902）。

阿卡基·采列捷列（1840—1915）
通常被昵称为阿卡基，是格鲁吉亚著
名诗人和民族解放运动人物。

阿卡基·采列捷列

阿卡基·采列捷列 / 哲雷特利 / 塞雷特里 / 切雷泰利 1840 年 6 月 9 日生
于格鲁吉亚西部伊梅列季地区什维托里（Skhvitori）村一个著名的贵族家庭，
父亲是罗斯通·采列捷列（Rostom Tsereteli）亲王，母亲叶卡捷琳娜公主是
伊万·阿巴希泽（Ivane Abashidze）和伊梅列季王所罗门一世的曾孙女的女儿。

遵循古老的家庭传统，阿卡基·采列捷列童年时代在萨凡纳（Savane）
村与一个农民家庭生活在一起。他由农民保姆抚养长大，所有这些使他对格
鲁吉亚的农民生活感到同情。1852 年，他毕业于库塔伊西古典文理中学；
1863 年，毕业于圣彼得堡大学东方语言学院。

阿卡基·采列捷列是格鲁吉亚进步知识青年领袖伊利亚·查夫恰瓦泽的
亲密朋友。

阿卡基·采列捷列写了几百首诗，涉及爱国、历史、抒情和讽刺诗，也
写了幽默故事和自传小说。他还积极参与教育、新闻和戏剧活动。格鲁吉亚
著名的民歌《苏丽珂》以他的歌词为基础。

ტექსტი

阿卡基·采列捷列的《苏丽珂》歌词

　　阿卡基·采列捷列 1915 年 1 月 26 日去世，葬在第比利斯的圣山万神殿。他儿子阿列克谢（Alexey）·采列捷列是俄罗斯歌剧主持人。

　　为了纪念他，第比利斯市的一条林荫大道、一个地铁站以他名字命名，格鲁吉亚一所国立大学也以他命名。

玛丽亚姆·齐克拉乌里（1960—），格鲁吉亚诗人、儿童作家和翻译。

玛丽亚姆·齐克拉乌里

玛丽亚姆·齐克拉乌里 1960 年 3 月 18 日出生在第比利斯。1983 年毕业于第比利斯国立大学化学系。她既是教师，也为各种出版社工作，她是文化部生活图书馆项目的策展人，是儿童文学发展基金会荔波（Libo）的创始人之一，是格鲁吉亚语 – 英语文选《格鲁吉亚女诗人》[1] 的作者，她的诗被翻译成立陶宛语、英语、德语、瑞典语、乌克兰语、意大利语、俄语、亚美尼亚语、捷克语、斯洛伐克语和波兰语。

玛丽亚姆·齐克拉乌里的作品包括：《我要展开雾的翅膀》（2006）；《灯笼匠》（2009）；《白牛犊》（2010）；《永恒的仪式》（2012）；《站着向太阳祈祷》（2014）；《诗百首》（2014）；《今日》（*Entreis*，2015）；《驯服》（2016）；《出于敬意》《开心的苏维埃库斯》《交叉路口》等。

她创作的儿童读物有：《布兰迪 – 布朗迪》（2005）；《哦，太阳的护身符》

1　文选包括 32 位格鲁吉亚女作家的诗歌。

（2009）；《纳尼奈比》（含音频 CD，2009）；《街道与路灯》（2010）；《让我们与肥皂泡成为朋友》《彩色诗歌》《有趣的数字》（2010）；《奇奇塔》《从前有个故事》（2011）；《字母王国》（2012）；《格鲁吉亚字母》（2013）；《快乐食谱》（2016）等。

　　玛丽亚姆·齐克拉乌里获奖很多：2009 年，因《金鱼》获得"肖达巴文学大赛"大奖和"桑德拉·罗洛夫斯[1]特别奖"；2010 年，获得"马克瓦拉·莫雷维什维利（Makvala Mrevlishvili）儿童文学领域杰出成就奖"。2010 年，因《彩色诗》获得"第二届儿童读物节奖"，被称为"年度最佳儿童读物作者"。2011 年、2015 年、2016 年，获"女诗人比赛赫瓦拉兹莫巴（Khvarazmoba）奖"。2011 年，诗集《白色小牛》获得"嘎拉文学奖"；2011 年，获"圣尼诺节奖"；2012 年，获"格鲁吉亚精神节奖"；2012 年、2013 年，获"肖达巴文学大赛"一等奖。2017 年因《快乐食谱》获"雅各布·戈格巴什维利青年和儿童文学奖"的"年度最佳诗集"提名。2019 年，因致力于儿童工作而获得"阿斯特丽德·林格伦纪念奖"提名；同年还因和尼诺·奇克瓦泽合作的电视节目《俱乐部可以做》获得"雅各布·戈格巴什维利青年和儿童文学奖"的"儿童和青年创新计划"提名。

1　萨卡什维利妻子，外交官。

迪托·钦察泽（1957—），格鲁吉亚电影导演、编剧。

迪托·钦察泽

迪托·钦察泽出生于 1957 年 3 月 2 日，1988 年以来，已执导 13 部电影。他的电影《失落的杀手》在 2000 年戛纳电影节的"另一视角[1]"单元放映。2007 年，他是第 29 届莫斯科国际电影节评审团成员。从 1996 年开始，他在柏林工作、生活。

1975 年至 1981 年，迪托·钦察泽在艾尔达·申格拉亚和奥达·伊奥塞里安尼领导下的绍塔·鲁斯塔韦利戏剧和电影大学电影导演专业学习。直到 1989 年，他一直在格鲁吉亚电影制片厂担任助理导演。1990 年制作了第一部长片《嘉宾》，然后在私人电影制作公司"七个男人"（Shvidkatsa）工作。1993 年，电影《兹格瓦泽》（*Zgvardze*）诠释了格鲁吉亚内战，他在洛迦诺电影节[2]获得"银豹奖"（Silver Leopard），在第比利斯国际黑海国家电影

1　另一视角（Un Certain Regard）是法国戛纳电影节的官方单元之一，为正式竞赛的平行单元。创始于 1978 年，目的是为了鼓励不同视野与风格类型的电影参加。
2　洛迦诺电影节（Locarno Film Festival）是每年 8 月在瑞士洛迦诺举行的电影节。

节上获得了"金鹰奖"（Golden Eagle）。

1993 年至 1996 年，迪托·钦察泽为意大利电影制作厂工作。1996 年，

《不敢开枪》电影海报

获得前往柏林的尼普科夫[1]电影研究金，然后与家人在格鲁吉亚和德国生活。这些个人经历影响了《失落的杀手》的情节，这部电影讲述了五名在曼海姆红灯区讨生活的移民的故事。他获得了特别评审团奖 – 塞萨洛尼基电影节的银亚历山大奖和科特布斯电影节的主要奖项。电影《不敢开枪》讲述一个年轻多情的男人失去了对现实的控制，最终导致谋杀案的故事。2003 年，他在西班牙的圣塞瓦斯蒂安国际电影节上凭借该电影获得"金贝壳奖"，在第比利斯国际电影节获"金普罗米修斯奖"。

此后，迪托·钦察泽完全在柏林生活。2005 年，他与格鲁吉亚作家和导演扎扎·鲁萨泽（Zaza Rusadze）共同编写了电影《来自大使馆的男人》的剧本，并在格鲁吉亚导演完成。该电影描绘了德国大使馆官员与当地人的联系，主演伯格哈特·克莱斯纳（Burghart Klaußner）在洛迦诺电影节上荣获"金豹奖最佳男演员"。迪托·钦察泽和扎扎·鲁萨泽在马德普拉塔国际电影节上获得了"阿斯特奖最佳剧本奖银奖"。阿根廷电影评论家协会将该电影评为电影节最佳电影。2007 年，他在格鲁吉亚拍摄了电视电影《逆转》。2008 年，他的故事片《调解人》入选 2009 年"奥斯卡金像奖最佳外国语言电影"提名的格鲁吉亚正式入围名单。迪托·钦察泽于 2011 年在慕尼黑国际电影节

1　保罗·高特列本·尼普科夫（Paul Gottlieb Nipkow）德籍波兰裔物理学家、发明家及电子工程师。

上将"电影功勋奖"（CineMerit）献给了他的前导师奥达·伊奥塞里安尼。他的电影《入侵》于2012年在德国电影院上映。同年，该电影赢得了（加拿大）"蒙

《呼吸之间》电影海报

《来自大使馆的男人》电影海报

特利尔世界电影节"评审团特别大奖。2015年，他的电影《幸福之神》获得（德国）比伯拉赫电影节的大奖"金海狸奖"（Golden Beaver）。2016年，他担任（保加利亚）索非亚国际电影节评审团成员。他的最新电影《辛迪斯》在2019年上海国际电影节上放映，它是格鲁吉亚选送"第92届奥斯卡金像奖""最佳外语片"的作品，但未能获奖，倒是在2019年"第35届华沙国际电影节"上获得了大奖，迪托·钦察泽本人还获得了"最佳导演奖"。

巴杜尔·簇拉泽（1935—2018），格鲁吉亚编剧、电影导演、作家和播音员。

巴杜尔·簇拉泽

巴杜尔·簇拉泽原名巴杜尔·索克拉托维奇·簇拉泽，1935 年 3 月 5 日出生在巴统。1979 年获得"苏维埃格鲁吉亚荣誉艺术家"称号。

巴杜尔·簇拉泽 1961 年毕业于格拉西莫夫电影学院（VGIK）亚历山大·多夫任科（Alexander Dovzhenko）和米哈伊尔·基奥雷利（Mikheil Chiaureli）的工作室的导演系。他曾担任格鲁吉亚电影制片厂的演员、导演和配音总监，曾是格鲁吉亚电影演员协会主席、格鲁吉亚电影摄影师联盟理事会成员。在绍塔·鲁斯塔韦利戏剧和电影学院教授表演，还曾是格鲁吉亚电视台的美食主持人。

巴杜尔·簇拉泽于 2018 年 5 月 13 日在第比利斯去世。他终生未婚，无子女。

他担任导演创作了《三首歌》（1962）；《纳格拉》（1965）；《费奥拉》（1970）；《角斗士》（1972）；《圣山上跳华尔兹》（1975）；《突破》（1978）；《祝你好运》（1980）；《恋人填字游戏》（1982）；《轮到我们了，伙计们！》（1986）等。其中《恋人填字游戏》同时也是由他编剧的作品。

图尔塔维的雅各布，也被称为牧师雅各布，是5世纪的格鲁吉亚宗教作家、牧师。

图尔塔维的雅各布

牧师雅各布（იაკობ ხუცესი）来自当时属于下伊比利亚主要城镇古加克[1]的图尔塔维。

雅各布是圣舒沙尼克[2]的私人神父，见证了她的殉道，舒沙尼克死在她丈夫比达克斯·瓦尔斯肯（Bidaxae Varsken）手上，雅各布写了传记小说《圣女舒沙尼克的殉教》记录了她的故事，这是格鲁吉亚文学史上最古老的幸存作品，写于476年至483年间。

对于雅各布本人，除了从他的作品中获得的很少信息，外界知之甚少。

---

1 拉丁拼写：Gogarene，古加克（Gugark）是古代亚美尼亚王国的第13省。它现在包括亚美尼亚北部、土耳其东北部和格鲁吉亚西南部的部分地区。
2 圣舒沙尼克（Shushanik，原名 Vardeni Mamikonian），生于亚美尼亚，是基督教亚美尼亚妇女，在格鲁吉亚的图尔塔维镇遭到丈夫瓦尔斯肯（Varsken）的酷刑折磨致死。因捍卫自己的基督教信仰权利而死被视为烈士。

阿纳斯塔西娅·图曼尼什维利·采
列捷列（1842—1932），是格鲁吉亚
作家、教育家，她为格鲁吉亚妇女的
文化发展做出了重要贡献。

阿纳斯塔西娅·图曼尼什维利·采列捷列

阿纳斯塔西娅·图曼尼什维利·采列捷列生于 1842 年 8 月 25 日，在第
比利斯的一家寄宿学校和外高加索妇女机构接受教育。她是迈克尔·图曼尼
什维利的女儿，从小就结识了拜访她家的公众人物和文学人物。1876 年，她
访问瑞士，在那里学到了教育幼儿的方法。

1872 年，她的"妇女协会"中聚集了柯克·梅斯基（კოკი მესხი）、叶
连娜·基皮亚尼（ელენე ყიფიანი）和叶卡捷琳娜·加巴什维利（ეკატერინე
გაბაშვილი）等作家，他们发表著作和翻译作品，以支持格鲁吉亚不断发展
的文化和爱国主义。

之后成立了格鲁吉亚妇女协会（1872），其成员主要是格鲁吉亚作家。
在她的领导下，1884 年在哥里附近的凯尔图巴尼建立了学校和孤儿院。两年
后，她成立并担任格鲁吉亚女教师协会主席。1890 年，她与他人共同创立成
功的儿童杂志《杰吉利》（ჯეჯილი），并与她的丈夫一起出版了报纸《痕迹》
（კვალი，1893—1904 年）。最终，她于 1908 年成立了颇具影响力的教育

格鲁吉亚的女作家们 (1925—1928)

协会"教育"（განათლება）。

1932 年，阿纳斯塔西娅·图曼尼什维利·采列捷列去世，享年 90 岁。

大卫·图拉什维利，格鲁吉亚剧作家、小说家。

大卫·图拉什维利

大卫·"达托"·图拉什维利 1966 年 5 月 10 日生于第比利斯。他是 1989 年在格鲁吉亚东部的戴维加里亚修道院举行的学生抗议活动的领导人之一，那里曾是苏军训练场。他 1988 年出版的第一本小说就基于这些事件的动荡。他的剧本《牛仔一代》2001 年 5 月首演。图拉什维利的其他出版物包括游记《已知与未知的美国》（1993）和《加德满都》（1998），以及两部短篇小说和电影剧本。他的第一个短篇小说集是《梅拉尼》（1991）。

除了剧本，他还写小说。达托·图拉什维利在格鲁吉亚出版了约十六本书。他的作品被翻译成七种语言，并在不同国家、不同期刊上发表。他的小说《苏联逃亡》已在五个欧洲国家出版。他是格鲁吉亚畅销书作家，还曾参加过在高加索、安第斯山脉和喜马拉雅山的登山探险活动。此外，他还是文学评论和史学领域的科学研究信件的作者。他曾将俄语、英语、西班牙语和土耳其语作品翻译成格鲁吉亚语。

他的作品有：《短篇小说集》（1991）；《已知与未知的美国》（1993）；

《寂寞的节日》（1995）；《苏美尔人去哪儿了》（1997）；《我的爱尔兰祖父》（1999）；《加德满都》（1998）；《西藏并不遥远》（2001）；《凹城之夜》（2003）；《黑色运动鞋》（2006）；《戈尔吉·卡吞》（*Gurji Khatun*，2007）；《牛仔时代》（2008）；《第十三次》（2009 年）；《美国童话》（2010）；《如果我是足球运动员》（2011）；《等待渡渡鸟》（2012）；《曾几何时》（2012）《森林大厦》（2013）；《另一个阿姆斯特丹》（2014）。

他的剧本包括：《美好的一天》（1991）；《火车上的对话》（1993）；《特鲁巴杜》（*Troubadour*，1997）；《牛仔时代》（2001）；《格林地平线》（2003）；《黑海的两个岛屿》（2005）；《明天他们将飞越我们的花园》（2007 年）；《边境线》（2008）；《黑色运动鞋》（2009）；《欧洲格鲁吉亚》（2011 年）；《等待渡渡鸟》（2012，2013）。

其中，他的作品《牛仔裤一代》2012 年由法赫雷丁·西洛格鲁（Fahrettin Çiloğlu）译成土耳其语；2013 年由英格丽德·德克哈拉夫（Ingrid Dekhrave）译成荷兰语和克罗地亚语；由凯特万·查克维亚尼（Ketevan Charkviani）译成意大利语。

《黑色运动鞋》获得 2008 年"萨巴文学奖最佳小说"提名。

扎扎·乌鲁沙泽（1965—2019），
格鲁吉亚电影导演、编剧和制片人。

扎扎·乌鲁沙泽

他是苏联著名足球守门员拉马兹·乌鲁沙泽（Ramaz Urushadze）之子，
1965 年 10 月 30 日出生在第比利斯。

1982 年至 1988 年扎扎·乌鲁沙泽就读于绍塔·鲁斯塔韦利戏剧和电影
学院导演系。2002 年至 2004 年，担任格鲁吉亚国家电影中心的导演。他的
处女作电影《黎明来临》（1998）非常成功，参加了许多国际电影节。此片
为格鲁吉亚在"第72届奥斯卡金像奖"颁奖典礼上的官方提交的最佳外语片，
却未获提名。

2019 年 12 月 7 日，扎扎·乌鲁沙泽去世。

瓦赫坦六世是18世纪初格鲁吉亚最重要、最杰出的政治家之一，是当时著名的立法者、学者、评论家、翻译和诗人。

瓦赫坦六世

瓦赫坦六世，也被称为"学者瓦赫坦""法治者瓦赫坦"和侯赛恩科里·汗（Hosaynqolī Khan），是格鲁吉亚皇家巴格拉季王朝的君主。从1716年至1724年，他作为波斯萨法维（Safavid Persia）的封臣统治着东卡特利王国。萨法维解体后，奥斯曼帝国的入侵终止了他的统治，波斯迫使瓦赫坦流亡到俄罗斯帝国。他无法获得沙皇对其王国的支持，相反，安全起见他不得不永久待在北部邻国。在安娜女王批准的外交使团的途中，他患病并于1737年在俄罗斯南部去世，未能到达格鲁吉亚。

瓦赫坦六世是莱万亲王的儿子，1703年至1712年做过叔叔乔治十一世和其弟弟凯霍斯罗[1]的摄政王（Jaishin）。摄政期间他发起了一系列迫切需要的改革，复兴了经济和文化，并重组政府，试图强化中央皇家权力机构。1707年至1709年，他对法律法规进行了实质性修改，修改后的法律"瓦赫

[1] 巴格拉季昂王朝的凯霍斯罗（Kaikhosro）是1709年至1711年间格鲁吉亚东部卡特利上的名义国王。期间任现在阿富汗的波斯总司令，一直不在任。

坦的法规"(Dasturlamali)成为格鲁吉亚封建制度直至俄罗斯吞并之前的基础。1712 年，沙赫·侯赛因（Shah Husayn）召见他，确认他为卡特利的瓦利 / 国王。国王授权的条件是瓦赫坦加入伊斯兰教，倘若拒绝，则会被监禁，在西蒙亲王短暂摄政后，他的兄弟杰西（阿里·库里·汗）遵从条件，于 1714 年就位。杰西统治了卡特利两年，期间，遭遇内部麻烦和达吉斯塔部落 [1] 的入侵。

监禁期间，瓦赫坦向欧洲基督教君主寻求帮助，派叔叔兼导师苏尔坎·萨巴·奥贝里亚尼赴法国路易十四处。后来，他在 1722 年 11 月 29 日致教皇意诺增爵十三世 [2] 和查理六世的最后一封信中说：瓦赫坦多年以来一直是秘密的天主教徒，但不愿"因为背叛了人们"，不能在公开场合承认，说来自波斯的方济嘉布遣会 [3] 传教士可以证实这点。他们声称，瓦赫坦信奉天主教，在宣称皈依伊斯兰教之前还去望弥撒。他的努力在政治上是徒劳的，瓦赫坦在1716 年勉强悔改，取了侯赛因·可利·汗的名字，被任命为波斯军队的总司令（sipah-salar），并在阿塞拜疆担任了一段时间总督。他派儿子巴卡尔统治卡特利，那时放弃伊斯兰教的杰西已退位。

瓦赫坦在波斯待了七年，1719 年被允许返回自己的王国。任务是制止北部高加索山脉部落，特别是达吉斯坦的列兹金部落的持续袭击。在比邻的卡赫季的统治者以及伯格拉贝的席尔万（Shirvan）协助下，瓦赫坦阻止了列兹金的行动。恰在此时，波斯政府于 1721 年冬天将他召回。命令是在法斯·阿里·汗·达格斯塔尼（Fath-Ali Khan Daghestani）倒台后发出的，由皇室内监派煽动使国王相信结束瓦赫坦的战役对萨法维人的危害大于好处。这使萨法维人和瓦赫坦与俄罗斯结盟，以征服伊朗，而终止了瓦赫坦对沙阿的短暂忠诚。他与俄罗斯沙皇彼得大帝进行了秘密接触，并表示支持俄罗斯

---

1 也称为莱基尼亚巴（Lekianoba）。

2 意大利人，教宗意诺增爵十三世原名弥额尔－安杰洛·孔蒂，1721 年 5 月 8 日当选罗马主教，同年 5 月 18 日即位至 1724 年 3 月 7 日为止。

3 方济嘉布遣会或称嘉布遣兄弟会，是天主教之男修会。修会为方济会之分支修会，成立于 1520 年，现任总会长为毛罗·约尔（Mauro Jöhr）。

将来在高加索地区的存在。几次耽搁后，彼得本人于 1722 年 7 月在里海西海岸率领一支约 2.5 万人的军队和一支庞大的舰队，发起了俄波战争（1722—1723）。

当时，萨菲[1]波斯内部陷入混乱，多年来一直走下坡路，首都伊斯法罕被叛军阿富汗人包围。波斯的附庸和指挥官、瓦赫坦的兄弟罗斯通（Rostom）在围城攻城战中丧生，国王（Shah）任命瓦赫坦的儿子巴卡尔为国防部长。但瓦赫坦拒绝伊斯法罕的求助。同时，奥斯曼帝国向他提出了联合对付波斯的建议，而瓦赫坦宁愿等俄国人到来。彼得许诺为高加索基督徒提供军事支持，以最终摆脱波斯的枷锁，这在格鲁吉亚人和亚美尼亚人中引起了极大的欢欣鼓舞。9 月，瓦赫坦六世带着 4 万名格鲁吉亚 - 亚美尼亚联合部队在甘贾扎营，加入了不断发展的俄罗斯军队。他希望彼得不仅为俄罗斯谋取利益，而且还将保护格鲁吉亚免受波斯人和土耳其人的侵害，但彼得返回了俄罗斯，指示军队夺取里海沿岸的领土，选择不与已准备主张继承高加索地区萨菲统治的奥斯曼帝国对抗。瓦赫坦被俄罗斯盟国遗弃，1722 年 11 月返回第比利斯。国王为报复他，把卡特利王国给了穆斯林君士坦丁二世。1723 年 5 月，君士坦丁和他的波斯人进军瓦赫坦的领地。在第比利斯抵抗了一阵子后，瓦赫坦终于被撵走。他逃到内卡特里，试图获得奥斯曼帝国军队的支持，并服从苏丹的统治。但是土耳其人占领了这个国家，将王位交给了他的兄弟杰西，后者再次成为名义上的穆斯林。

据说在土耳其、波斯、达吉斯坦和阿富汗的这些入侵中，格鲁吉亚四分之三的人口被灭，但只是传说而已。瓦赫坦与最忠实的信徒在山里游走了很长时间之后，再次寻求彼得的保护，彼得将他邀请到俄罗斯。1724 年 7 月，他在家人和亲友的陪同下带着 1200 人，穿越高加索山脉前往俄罗斯。不幸

1　萨非王朝（Safavid dynasty），又称萨法维帝国、沙法维帝国、萨菲帝国、波斯第三帝国，中国明朝称之为巴喇西，是从 1501 年至 1736 年统治伊朗的王朝。这个王朝将伊斯兰教什叶派正式定为伊朗国教，统一了伊朗的各个省份，由此重新激起了古代波斯帝国的遗产，是伊朗从中世纪向现代时期过渡的中间时期。

彼得刚刚去世，他的继任者凯瑟琳一世没有给予任何实际帮助，但允许瓦赫坦在俄罗斯定居，给了他一笔钱和一些财产。

瓦赫坦在俄罗斯居住到1734年，那年他决心通过与波斯国王（Shah）的合作来恢复自己的统治地位。女沙皇安娜（Tsarina Anna）同意瓦赫坦的计划，但给他指示如何在波斯行事，以何种方式诱使格鲁吉亚人成为俄罗斯的封臣，并将他们的全部臣服带到俄罗斯。瓦赫坦与一位俄罗斯将军一起开始了外交旅程，路上，他病倒了，1737年3月26日在阿斯特拉罕逝世，去世后葬在该市的圣母升天教堂中。他的许多追随者留在俄罗斯，后来在俄罗斯军队中服役。俄罗斯帝国陆军上将、亲王彼得·伊万诺维奇·巴格拉季昂（Pyotr Bagration）也许是其中最著名的。

瓦赫坦的政治决定时不时遭到批评，但他的学术成就和文化活动是他执政的最优点。的确，他是当时最博学的君主之一。他是许多旨在复兴该国知识文化和教育项目的作者和组织者。正是在格鲁吉亚瓦拉基娅·安特姆大主教的帮助下，他于1709年在格鲁吉亚和整个高加索地区装了第一台印刷机。在第比利斯的"瓦赫坦印刷出版社"出版的书籍中，有绍塔·鲁斯塔韦利（Shota Rustaveli）撰写的12世纪的民族史诗《虎皮骑士》，并附有国王本人的学术评论，此评论引起了对该中世纪诗人的新一波热潮，并将影

瓦赫坦六世的王室旗帜[1]

1　王室旗帜上印有圣经中的大卫王，以彰显巴格拉季是大卫王朝的后继之朝。

响 18 世纪的新一代格鲁吉亚诗人，这通常被视为格鲁吉亚文学的复兴。

他还承担了圣经的印刷工作，据信，圣经早在5 世纪就已经从希腊语翻译成格鲁吉亚语，并在 11 世纪由位于阿索斯山的格鲁吉亚修道院的僧侣修正。他的印刷厂还印刷了《福

阿斯特拉罕的瓦赫坦六世国王墓

音书》《使徒行传》《诗篇》以及一些礼拜仪式和祈祷书，这在波斯宫廷引起了极大的不满，波斯宫廷认为名义上是穆斯林的瓦赫坦，不是跟随古兰经，而是在促进基督教。

瓦赫坦是著名的评论家和翻译，写过爱国主义和浪漫主义抒情诗，众所周知，他把波斯语古代寓言《卡利拉》和《代姆纳》翻译成格鲁吉亚语。译文后来由其导师苏尔坎·萨巴·奥贝里亚尼最终定稿并编辑。瓦赫坦国王的翻译以及卡赫季国王大卫一世的较早翻译工作被认为具有重要历史意义，因为它可能有助于识别原始文本。瓦赫坦还主持了一个特别委员会，召集并汇编了从黑暗时代 [1] 到近代早期时期的格鲁吉亚编年史集。

2013 年 7 月，格鲁吉亚提出了将瓦赫坦的遗骸搬迁到格鲁吉亚重葬的可能性。

1　欧洲黑暗时代（Dark Ages）在编史工作上是指在西欧历史上，从西罗马帝国的灭亡到文艺复兴开始，5 至 15 世纪，一段文化层次下降或者社会崩溃的时期。在 19 世纪，随着对中世纪更多的了解，整个时代都被描述成"黑暗"的说法受到了挑战。又因为整个时期都是中世纪的一部分——称为中世纪前期，所以这个说法一直在一些现代学者中受争议，他们倾向于避免使用该词。

艾莲娜·维尔萨拉泽（1911—1977），也被称为 E. B. 维萨拉泽，是格鲁吉亚著名的民俗学家，以其广泛的写作和田野调查而闻名。作品已翻译成俄语、法语、德语和英语等版本。

艾莲娜·维尔萨拉泽

艾莲娜·维尔萨拉泽 1911 年 1 月 3 日出生，父母分别是经济学家巴格拉特·维尔萨拉泽和植物学家埃琳娜·穆斯克赫利什维利。她是三个孩子中最小的。十岁时，苏联红军到了格鲁吉亚。她父亲想逃往欧洲逃避，她母亲拒绝离开格鲁吉亚。

艾莲娜·维尔萨拉泽在格鲁吉亚高中毕业，升入第比利斯国立大学（TSU），受民俗学家瓦赫坦·科特提什维利（Vakhtang Kotetishvili）的指导，学习民俗学和语言学，1930 年毕业。1931 年，与沙尔瓦·基达舍利（Shalva Khidasheli）结婚，后者后来成为哲学学者。1935 年，她从俄罗斯圣彼得堡列宁格勒国立大学的文学、语言和哲学系毕业。1936 年，进行了论文《格鲁吉亚民间传说的起源》的答辩。同年回到第比利斯在国立大学工作，讲授世界民俗，特别是俄罗斯的民俗。这年她还生下了唯一的女儿玛娜娜。

艾莲娜·维尔萨拉泽的父亲以及导师科特提什维利 1937 年被处决。她被放逐到远东地区，直到 1943 年才被允许返回格鲁吉亚，后被送往哥里，直到 1948 年才被允许返回第比利斯。她曾在绍塔·鲁斯塔韦利格鲁吉亚文学研究所工作，在那里进行了博士学位答辩。

艾莲娜·维尔萨拉泽获得博士学位后不久就成为第比利斯国立大学的教授。1974 年，加入了国际叙事民俗学会并参加了国际会议。1976 年，被任命为国立大学民俗学系主任，1977 年去世。

艾莲娜·维尔萨拉泽在其学术生涯中发表了一百多部作品，分别用格鲁吉亚语、俄语、英语、法语和德语写成。在整个 1950 年至 70 年代，她收集了零散的民间传说文本，用科学的解释和注释进行分类和编辑。例如她的《格鲁吉亚传统与传说》和《格鲁吉亚民间故事》选集。她是一名活跃的野外工作者，定期参加格鲁吉亚的民间传说探险活动，记录专业讲解员提供的珍贵资料。绍塔·鲁斯塔韦利文学研究所的民俗档案中，保存着她丰富的探险手稿和录音。其中包括：《格鲁吉亚狩猎神话与诗歌》《格鲁吉亚山民民间传说（姆蒂勒蒂和古达马卡里）》《格鲁吉亚民间诗歌文学》《格鲁吉亚春天圆舞诗歌》《格鲁吉亚民间传说注释简录（1829—1901）》。此外，她还是国际叙事民俗学会的成员，参加过布达佩斯、布拉格、东京、芝加哥和赫尔辛基的国际民俗会议。她也是一个公众人物，作为第比利斯姆塔斯明达（圣山）区的妇女委员会主席，她为妇女提供了许多帮助。她的独生女玛娜娜·赫达舍利(Manana Khidasheli)是古代世界史和格鲁吉亚文化史教授，著作有《古代格鲁吉亚的世界形象》。

谢尔戈·扎卡里亚泽（1909—1971），格鲁吉亚著名演员。

谢尔戈·扎卡里亚泽

谢尔戈·扎卡里亚泽 1909 年 7 月 18 日出生于现在的阿塞拜疆巴库（Baku）。他曾获得过多个奖项，其中以电影《士兵之父》荣获第 4 届莫斯科国际电影节的"最佳男演员奖"，片中他成功扮演一个农民，本片讲述了这位老农为了找到儿子加入红军的故事。1933 年至 1970 年间，谢尔戈·扎卡里亚泽在 20 多部电影中扮演过不同角色，如水手、医生、王子、元帅，

谢尔戈·扎卡里亚泽在圣山万神殿的墓

最后一个角色是在他去世仅几个月上映的在谢尔盖·邦达尔丘克[1]的《滑铁卢》中扮演的普鲁士元帅格布哈德·列博莱希特·冯·布吕歇尔。

意大利电影海报《滑铁卢》（1970）

《士兵的父亲》电影海报（1965）

谢尔戈·扎卡里亚泽 1971 年 4 月 13 日在第比利斯去世。

1　谢尔盖·费奥多罗维奇·邦达尔丘克，苏联电影导演、电影剧作家和演员，"苏联人民艺术家"称号获得者。

附录 1 本书中的格鲁吉亚文学家姓名中格英三语对照表

中文名	格鲁吉亚语	拉丁拼写
		A（20）
亚历山大·阿巴舍利	ალექსანდრე აბაშელი	Abasheli, Alexander
格里戈尔·阿巴希泽	გრიგოლ აბაშიძე	Abashidze, Grigol
伊拉克利·阿巴希泽	ირაკლი აბაშიძე	Abashidze, Irakli
基塔·阿巴希泽	კიტა აბაშიძე	Abashidze, Kita
莱拉·阿巴希泽	ლეილა აბაშიძე	Abashidze, Leila
穆罕默德·阿巴希泽	მემედ აბაშიძე	Abashidze, Memed
特贝里·阿布瑟里兹德	ტბელი აბუსერისძე	Abuserisdze, Tbeli
贝卡·阿达玛什维利	ბექა ადამაშვილი	Adamashvili, Beqa
大卫·阿贾什维利	დავით აგიაშვილი	Agiashvili, David
埃洛姆·阿赫弗莱迪亚尼	ერლომ ახვლედიანი	Akhvlediani, Erlom
亚历山大·阿米拉赫瓦里	ალექსანდრე ამილახვარი	Amilakhvari, Alexander
查布阿·阿米瑞吉比	მზეჭაბუკ "ჭაბუა" ამირეჯიბი	Amirejibi, Chabua
玛纳娜·阿纳沙什维利	მანანა ანასაშვილი	Anasashvili, Manana
玛娜娜·安塔泽	მანანა ანთაძე	Antadze, Manana
诗欧·阿拉维斯皮赖利	შიო არაგვისპირელი	Aragvispireli, Shio
伊梅列季的阿吉尔	არჩილი	Archil of Imereti
拉夫伦蒂·阿达齐亚尼	ლავრენტი არდაზიანი	Ardaziani, Lavrenti
伊卡托的阿森	არსენ იყალთოელი	Arsen of Iqalto
拉多·阿萨蒂亚尼	ლადო ასათიანი	Asatiani, Lado
乔治·阿瓦利什维利	გიორგი ავალიშვილი	Avalishvili, Giorgi
		B（9）
盖泽尔·巴佐夫	გერცელ ბააზოვი	Baazov, Gerzel
阿卡基·巴克拉泽	აკაკი ბაქრაძე	Bakradze, Akaki
尼古洛兹·巴拉塔什维利	ნიკოლოზ "ტატო" ბარათაშვილი	Baratashvili, Nikoloz
瓦西尔·巴诺维	ვასილ ბარნოვი	Barnovi, Vasil
古拉姆·巴蒂阿什维利	გურამ ბათიაშვილი	Batiashvili, Guram
贝西奇（贝萨里翁·扎卡里亚斯·泽·加巴什维利）	ბესარიონ გაბაშვილი	Besiki

中文名	格鲁吉亚语	拉丁拼写
加斯顿·布阿奇兹	გასტონ ბუაჩიძე	Bouatchidzé , Gaston
拉沙·布加泽	ლაშა ბუგაძე	Bugadze, Lasha
扎扎·伯楚拉兹	ზაზა ბურჭულაძე	Burchuladze, Zaza
		C（13）
格里高·查赫鲁哈兹	ჭახრუხაძე	Chakhrukhadze
伊拉克里·查克维亚尼	ირაკლი ჭარკვიანი	Charkviani, Irakli
亚历山大·查夫恰瓦泽	ალექსანდრე ჭავჭავაძე	Chavchavadze, Alexander
伊利亚·查夫恰瓦泽	ილია ჭავჭავაძე	Chavchavadze, Ilia
雷佐·切伊什维利	რევაზ „რეზო" ჭეიშვილი	Cheishvili, Rezo
西蒙·奇科瓦尼	სიმონ ჩიქოვანი	Chikovani, Simon
奥塔·奇拉泽	ოთარ ჩხეიძე	Chiladze, Otar
塔玛兹·奇拉泽	თამაზ ჭილაძე	Chiladze, Tamaz
康斯坦丁·克莱泽	კონსტანტინე ჩლაიძე	Chlaidze， Konstantin
奥塔·齐克黑泽	ოთარ ჩხეიძე	Chkheidze, Otar
基塔·彼得·切赫凯利 / 岑可利	კიტა "პეტრე" ჩხენკელი	Chkhenkeli, Kita "Petre"
戈德兹·乔赫利	გოდერძი ჩოხელი	Chokheli, Goderdzi
丹尼尔·琼卡泽	დანიელ ჭონქაძე	Chonkadze, Daniel
		D（8）
安妮塔·达德斯赫利阿尼	ანეტა დადეშქელიანი	Dadeshkeliani, Aneta
尼诺·达德斯赫利阿尼	ნონო დადეშქელიანი	Dadeshkeliani, Nino
沙尔瓦·达迪亚尼	შალვა დადიანი	Dadiani, Shalva
大卫·德菲·戈吉贝达什维利	დავით დეფი გოგიბედაშვილი	David Dephy Gogibedashvili
德米特里一世	დემეტრე I	Demetre I
古拉姆·多卡纳什维利	გურამ დოჩანაშვილი	Dochanashvili, Guram
所罗门·杜达什维利	სოლომონ დოდაშვილი	Dodashvili, Solomon
诺达·邓巴泽	ნოდარ დუმბაძე	Dumbadze, Nodar
		E（6）
娜娜·埃克蒂姆什维利	ნანა ექვთიმიშვილი	Ekvtimishvili, Nana

中文名	格鲁吉亚语	拉丁拼写
安德鲁·埃努奇泽	ანდრო ენუქიძე	Enukidze, Andro
乔治·埃里斯塔维	გიორგი ერისთავი	Eristavi, Giorgi
拉斐尔·埃里斯塔维	რაფიელ ერისთავი	Eristavi, Rapiel/Raphael
多米尼卡·埃里斯塔维	დომინიკა ერისთავი	Eristavi, Dominika
阿纳斯塔西亚·埃里斯塔维·科斯塔里亚	ანასტასია ერისთავი-ხოშტარია	Eristavi–Khoshtaria, Anastasia
		G（17）
提摩太·加巴什维利	ტიმოთე გაბაშვილი	Gabashvili, Timote
叶卡捷琳娜·加巴什维利	ეკატერინე გაბაშვილი	Gabashvili, Ekaterine
列瓦兹·加布里阿泽	რევაზ გაბრიაძე	Gabriadze, Revaz
康斯坦丁·加姆萨赫迪亚	კონსტანტინე გამსახურდია	Gamsakhurdia, Konstantine
兹维亚德·加姆萨赫迪亚	ზვიად გამსახურდია	Gamsakhurdia, Zviad
奈拉·格拉什维利	ნაირა გელაშვილი	Gelashvili, Naira
米尔扎·格洛瓦尼	მირზა გელოვანი	Gelovani, Mirza
乔治·夏格诺教徒	გიორგი მთაწმინდელი	George the Hagiorite,
雅各布·戈格巴什维利	იაკობ გოგებაშვილი	Gogebashvili, Iakob
伊凡·戈马泰利	ივანე გომართელი	Gomarteli, Ivane
帕萨丹·高尔吉亚尼泽	ფარსადან გორგიჯანიძე	Gorgijanidze, Parsadan
莱万·高图亚	ლევან გოთუა	Gotua, Levan
特伦蒂·格拉尼利	ტერენტი გრანელი	Graneli, Terenti
约瑟·格里沙什维利	იოსებ გრიშაშვილი	Grishashvili, Ioseb
彼得·格鲁津斯基	პეტრე ბაგრატიონ-გრუზინსკი	Gruzinsky, Petre
滕吉斯·古达瓦	თენგიზ გუდავა	Gudava, Tengiz
瓦莱里安·瓦里科·古尼亚	ვალერიან [ვალიკო] გუნია	Gunia, Valerian
		H（1）
尼诺·哈拉蒂施维利	ნინო ხარატიშვილი	Haratischwili, Nino
		I（3）
保罗·伊什维利	პაოლო იაშვილი	Iashvili, Paolo
约阿诺·佐西姆	იოანე-ზოსიმე	Ioane–Zosime

中文名	格鲁吉亚语	拉丁拼写
奥蒂亚·约瑟利亚尼	ოტია იოსელიანი	Ioseliani, Otia
		J（3）
瓦赫坦·贾贾尼泽	ვახტ ჯაჯანიძე	Jajanidze,Vakhtang
米哈伊尔·雅瓦希什维利	მიხეილ ჯავახიშვილი	Javakhishvili, Mikheil
娜娜·裘杨兹	ნანა ჯორჯაძე	Jorjadze, Nana
		K（20）
伊拉克利·卡卡巴泽	ირაკლი კაკაბაძე	Kakabadze, Irakli
安娜·卡兰达泽	ანა კალანდაძე	Kalandadze, Ana
米哈伊尔·卡拉托齐什维利	მიხეილ კალატოზიშვილი	Kalatozishvili, Mikheil
米哈伊尔·康斯坦丁诺维奇·卡拉托佐夫	მიხეილ კალატოზიშვილი	Kalatozov, Mikhail
杰马尔·卡克哈兹	ჯემალ ქარჩხაძე	Karchkhadze, Jemal
祖拉布·卡鲁米泽	ზურაბ ქარუმიძე	Karumidze, Zurab
亚历山大·卡兹贝吉	ალექსანდრე ყაზბეგი	Kazbegi, Alexander
贝西奇 / 贝西克·哈拉努里	ბესიკ ხარანაული	Kharanauli, Besik
巴比利娜·科西塔什维利	ბაბილინა ხოსიტაშვილი	Khositashvili, Babilina
玛丽亚姆·库图苏里	მარიამ ხუცურაული	Khutsurauli, Mariam
利奥·基亚切利	ლეო ქიაჩელი	Kiacheli, Leo
拉莉·基克纳维里泽	ლალი კიკნაველიძე	Kiknavelidze, Lali
大卫·克迪亚什维利	დავით კლდიაშვილი	Kldiashvili, David
塞尔戈·克迪亚什维利	სერგო კლდიაშვილი	Kldiashvili, Sergo
米哈伊尔·科巴希泽	მიხეილ კობახიძე	Kobakhidze, Mikheil
安娜·科德扎亚·萨马德什维利	ანა კორძაია-სამადაშვილი	Kordzaia–Samadashvili, Ana
扎扎·科什卡泽	ზაზა კოშკაძე	Koshkadze, Zaza
米哈伊尔·库迪亚尼	მიხეილ ქურდიანი	Kurdiani, Mikheil
贝卡·库尔胡里	ბექა ქურხული	Kurkhuli, Beka
内斯坦·内内·克维尼卡泽	ნესტან-ნენე კვინიკაძე	Kvinikadze, Nestan
		L（4）
绍塔·拉佩拉泽	შოთა ლაფერაძე	Laperadze, Shota
乔治·列昂尼泽	გიორგი ლეონიძე	Leonidze, Giorgi

中文名	格鲁吉亚语	拉丁拼写
尼古·洛莫里	ნიკო ლომოური	Lomouri, Niko
伊拉克里·洛莫里	ირაკლი ლომოური	Lomouri, Irakli
		M（19）
伊凡·马夏贝利	ივანე მაჩაბელი	Machabeli, Ivane
穆赫兰·马哈瓦拉尼	მუხრან მაჭავარიანი	Machavariani, Mukhran
大卫·"达托"·马格拉泽	დავით "დათო" მაღრაძე	Magradze, David
吉维·马格维拉什维利	გივი მარგველაშვილი	Margwelaschwili, Giwi
泰特·玛格维拉施维利	ტიტე მარგველაშვილი	Margwelaschwili, Tite
马尔维尔·萨巴茨明德利	მარტვირი ქართველი; საბაწმინდელ	Martviri（Sabatsmindeli）
玛纳娜·马蒂亚什维利	მანანა მათიაშვილი	Matiashvili, Manana
娜娜·姆切德利泽	ნანა მჭედლიძე	Mchedlidze, Nana
塔姆塔·梅拉什维利	თამთა მელაშვილი	Melashvili, Tamta
塔玛兹·梅里亚瓦	თამაზ მელიავა	Meliava, Tamaz
乔治·默丘勒	გიორგი მერჩულე	Merchule, Giorgi
大卫·阿列克西泽·梅什基什维利	დავით მესხიშვილი(ალექსიძე) დავით რექტორი	Meskhishvili, Davit Aleksidze （David the Rector）
萨迪昂·德米特·阿列克西 – 梅什基什维利	სარდიონ დემეტრე ალექსი- მესხიშვილი	Meskhishvili, Sardion Aleksi
加藤·米凯拉泽	კატო მიქელაძე	Mikeladze, Kato
米里安·伊拉克列维奇·格鲁津斯基	მირიან ირაკლიევიჩ გრუზინსკი	Mirian Mikaberidze, Alexander
亚历山大·米卡贝里泽	ალექსანდრე მიქაბერიძე	Mikaberidze, Alexander
阿卡·莫奇拉泽	აკა მორჩილაძე	Morchiladze, Aka
米哈伊尔·"米苏"·莫苏里什维利	მიხეილ "მიხო" მოსულიშვილი	Mosulishvili, Miho
埃弗雷姆·姆齐雷	ეფრემ მცირე	Mtsire, Ephrem
		N（3）
科劳·纳迪拉泽	კოლაუ ნადირაძე	Nadiradze, Kolau
尼古拉·尼古拉泽	ნიკო ნიკოლაძე	Nikoladze, Niko
阿森·尼诺斯敏德利	არსენ ნინოწმინდელი	Ninotsmindeli, Arsen
		O（8）

中文名	格鲁吉亚语	拉丁拼写
埃斯玛·奥尼阿尼	ესმა ონიანი	Oniani, Esma
亚历山大·奥贝里亚尼	ალექსანდრე ორბელიანი	Orbeliani, Alexander
大卫·奥贝里亚尼	დავით ორბელიანი	Orbeliani, David
格里戈尔·奥尔贝里亚尼	გრიგოლ ორბელიანი	Orbeliani, Grigol
苏尔坎－萨巴－奥贝里亚尼	სულხან-საბა ორბელიანი	Orbeliani, Sulkhan–Saba
瓦赫坦·奥贝里亚尼	ვახტანგ ორბელიანი	Orbeliani, Vakhtang
伊萨·奥约尼克泽	იზა ორჯონიკიძე	Orjonikidze, Iza
乔治·奥瓦什维利	გიორგი ოვაშვილი	Ovashvili, Giorgi
		P（5）
扎扎·帕纳斯凯尔特利－齐齐什维利	ზაზა ფანასკერტელ - ციციშვილი	Panaskerteli Tsitsishvili, Zaza
乔治·帕帕什维利	გიორგი პაპაშვილი	Papashvily, George
艾奥恩·佩特里西	იოანე პეტრიწი	Petritsi, Ioane
塔姆里·普卡卡泽	თამრი ფხაკაძე	Pkhakadze, Tamri
瓦扎·普沙维拉	ვაჟა-ფშაველა	Pshavela, Vazha
		R（6）
伊尔玛·拉蒂亚尼	ირმა რატიანი	Ratiani, Irma
兹维亚德·拉蒂亚尼	ზვიად რატიანი	Ratiani, Zviad
古拉姆·鲁祖里什维利	გურამ რჩეულიშვილი	Rcheulishvili, Guram
格里戈尔·罗巴基泽	გრიგოლ რობაქიძე	Robakidze, Grigol
祖拉布·特维利亚什维利	ზურაბ რთველიაშვილი	Rtveliashvili, Zurab
绍塔·鲁斯塔韦利	შოთა რუსთაველი	Rustaveli, Shota
		S（9）
尼诺·萨莉亚·尼·库尔兹卡什维利	ნინო სალია(ქურციკიშვილი)	Nino Salia Kurtsikashvili
扎尔·萨马达什维利	ზაალ სამადაშვილი	Samadashvili, Zaal
乔治·桑尼基泽	გიორგი სანიკიძე	Sanikidze, George
瓦莱里安·沙利卡什维利	ვალერიან შალიკაშვილი	Shalikashvili, Valerian
桑德罗·山夏什维利	სანდრო შანშიაშვილი	Shanshiashvili, Sandro
艾尔达·申格拉亚	ელდარ შენგელაია	Shengelaia, Eldar

中文名	格鲁吉亚语	拉丁拼写
伊尔玛·诗欧拉什维利	ირმა შიოლაშვილი	Shiolashvil, Irma
斯蒂芬·姆特贝瓦里	სტეფანე მტბევარი	Stephen of Tbeti/ Mtbevari
亚历山大·苏尔卡尼什维利	ალექსანდრე სულხანიშვილი	Sulkhanishvili, Alexander
		T（14）
加拉克提昂·塔比泽	გალაკტიონ ტაბიძე	Tabidze, Galaktion
提香·塔比泽	ტიციან ტაბიძე	Tabidze, Titsian
尼古拉斯·特切科图瓦	ნიკოლოზ ჩხოტუა	Tchkotoua, Nicholas
叶卡捷琳娜·托贡尼泽	ეკატერინე ტოგონიძე	Togonidze, Ekaterine
埃琳娜·托普里兹	ელენე თოფურიძე	Topuridze, Elena
亚历山大·扎加雷利	ალექსანდრე ცაგარელი	Tsagareli, Aleksandre Anton von
阿夫克森提·萨加雷利	ავქსენტი ცაგარელი	Tsagareli, Avksenty
阿卡基·采列捷列	აკაკი წერეთელი	Tsereteli, Akaki
玛丽亚姆·齐克拉乌里	მარიამ წიკლაური	Tsiklauri, Mariam
迪托·钦察泽	დიტო ცინცაძე	Tsintsadze, Dito
巴杜尔·簇拉泽	ბაადურ წულაძე	Tsuladze, Baadur
图尔塔维的雅各布	იაკობ ცურტაველი	Tsurtaveli, Iakob
阿纳斯塔西娅·图曼尼什维利·采列捷列	ანასტასია თუმანიშვილი-წერეთელი	Tumanishvili–Tsereteli, Anastasia
大卫·图拉什维利	დავით (დათო) ტურაშვილი	Turashvili, David
		U（1）
扎扎·乌鲁沙泽	ზაზა ურუშაძე	Zaza Urushadze
		V（2）
瓦赫坦六世	ვახტანგ VI	Vakhtang VI of Kartli
艾莲娜·维尔萨拉泽	ელენე ვირსალაძე	Virsaladze, Elene
		Z（1）
谢尔戈·扎卡里亚泽	სერგო ზაქარიაძე	Zakariadze, Sergo

附录2 格鲁吉亚语字母

字母	字母名	国际音标	拉丁拼写
ა	ani	/ɑ/	A a
ბ	bani	/b/	B b
გ	gani	/g/	G g
დ	doni	/d/	D d
ე	eni	/ɛ/	E e
ვ	vini	/v/	V v
ზ	zeni	/z/	Z z
თ	tani	/t$^{(h)}$/	T t
ი	ini	/i/	I i
კ	k'ani	/k'/	K' k'
ლ	lasi	/l/	L l
მ	mani	/m/	M m
ნ	nari	/n/	N n
ო	oni	/ɔ/,	O o
პ	p'ari	/p'/	P' p'
ჟ	zhani	/ʒ/	Zh zh

字母	字母名	国际音标	拉丁拼写
რ	rae	/r/	R r
ს	sani	/s/	S s
ტ	t'ari	/t'/	T' t'
უ	uni	/u/	U u
ფ	pari	/p$^{(h)}$/	P p
ქ	kani	/k$^{(h)}$/	K k
ღ	ghani	/ɣ/	Gh gh
ყ	q'ari	/q'/	Q' q'
შ	shini	/ʃ/	Sh sh
ჩ	chini	/tʃ$^{(h)}$/	Ch ch
ც	tsani	/ts$^{(h)}$/	Ts ts
ძ	dzili	/dz/	Dz dz
წ	ts'ili	/ts'/	Ts' ts'
ჭ	ch'ari	/tʃ'/	Ch' ch'
ხ	khani	/χ/	Kh kh
ჯ	jani	/dʒ/	J j
ჰ	hae	/h/	H h

附录3 格鲁吉亚（第比利斯）的出版社

阿布利出版社	· Abuli– Publishing House Abuli
阿莫迪斯·纳德巴文学社	· Amodis Natdeba Literary Agency
阿瑞特出版社	· Arete Publishing
阿尔达努奇出版社	· Artanuji Publishing
巴克米出版社	· Bakmi Publishers
巴库－苏拉卡乌里出版社	· Bakur Sulakauri Publishing
畅销书出版社	· Bestseller Publishing
第欧根尼出版社	· Diogene Publishing House
精灵出版社	· Elf Publishing
家庭图书馆有限责任公司	· Family Library LLC
格洛萨出版社	· Glosa Publishing
贡巴蒂出版社	· Gumbati
智力出版社	· Intelekti Publishing,
卡克哈泽出版社	· Karchkhadze Publishing
克里奥出版社	· Klio Publishing House
徽标出版社有限公司	· Logos Press Ltd.
洛米西出版社	· Lomisi Publishing House
梅拉尼出版社	· Merani Publishing House
经纬／子午线出版社	· Meridiani Publishing House
文化部部门管理委员会	· Ministry of Culture Collegium
诺达尔·邓巴兹出版社和文学社	· Nodar Dumbadze Publishing and Literary Agency
帕利特拉（调色板／百利达）出版社	· Palitra L Publishing
佩加西出版社	· Pegasi Publishing
萨里出版社	· Saari Publishing
桑杰出版社	· Saunje Publishing
舍梅尼巴（创造力）出版社	· Shemecneba Publishing
午休／小憩出版社	· Siesta –Publishing House 'Siesta'
苏维埃格鲁吉亚出版社	· Sov. Georgia Publishing
三叠纪出版社	· Triasi –Publishing House Triasi
齐卡萨里出版社	· Tsiskari Publishing
乌斯塔里出版社	· Ustari Publishing

附录 4　格鲁吉亚的博物馆

格鲁吉亚国家博物馆	Georgian National Museum
格鲁吉亚西蒙·贾纳希亚博物馆（前身是格鲁吉亚国家历史博物馆）	Simon Janashia Museum of Georgia
格鲁吉亚美术馆（沙尔瓦·阿米拉纳什维利）	Shalva Amiranashvili Museum of Fine Arts
约瑟·格里沙什维利第比利斯历史博物馆	Ioseb Grishashvili Tbilisi History Museum
第比利斯露天民族博物馆	Open Air Museu of Ethnography, Tbilisi
苏联占领博物馆	Museum of Soviet Occupation
埃琳娜·阿赫夫莱迪亚尼故居博物馆	Elene Akhvlediani House Museum
摩西·托泽故居博物馆	Mose Toidze House Museum
艾科布·尼古拉泽故居博物馆	Iakob Nikoladze House Museum
乌查·贾帕里泽故居博物馆	Ucha Japaridze House Museum
古生物学研究所	Institute of Palaeobiology
乔治·列昂尼泽格鲁吉亚文学国家博物馆	Giorgi Leonidze State Museum of Georgian Literature
提香·塔比泽故居博物馆	Titsian Tabidze House Museum
诺达尔·邓巴泽故居博物馆	Nodar Dumbadze House Museum
格鲁吉亚国家剧场、音乐、电影和编舞博物馆 / 格鲁吉亚艺术宫 – 文化历史博物馆	Georgian State Museum of Theatre, Music, Cinema and Choreography
格鲁吉亚民间艺术国家博物馆	Georgian State Museum of Folk and Applied Art
蓝色画廊或国家画廊 / 第比利斯美术馆	Georgian National Gallery
第比利斯考古博物馆	Tbilisi Archaeological Museum
格鲁吉亚民歌和乐器国家博物馆	State Museum of Georgian Folk Songs and Musical Instruments
国家丝绸博物馆	State Silk Museum
钱币博物馆	Money Museum
大卫·巴佐夫格鲁吉亚犹太人历史文化博物馆	David Baazov Georgian Jew History Museum
"动物世界" –自然博物馆	"Animal World" – Nature Museum

电影史博物馆	Cinema History Museum
木偶博物馆	Puppet Museum
格鲁吉亚医学博物馆	Museum of Georgian Medicine
第比利斯国家歌剧院和芭蕾舞剧院博物馆	Museum of Tbilisi National Opera and Ballet Theatre
鲁斯塔韦利剧院博物馆	Museum of Rustaveli Theatre
玛雅尼什维利剧院博物馆	Museum of Marjanishvili Theatre
第比利斯国家美术学院博物馆	Museum of Tbilisi State Academy of Fine Arts
第比利斯国立美术学院挂毯博物馆	Tapestry Museum of Tbilisi State Academy of Fine Arts
第比利斯经典文理中学历史博物馆	Tbilisi Classic Gymnasium History Museum
体育博物馆	Museum of Sports
"第比利斯药房＃ 1"博物馆	"Tbilisi Pharmacy#1" Museum
航空博物馆	Museum of Aeronautics and Aviation
铁道历史博物馆	Museum of Railway History
伊利亚·查夫恰瓦泽文学纪念馆	Ilia Chavchavadze Literature–Memorial Museum
尼可·皮罗斯曼纳什维利博物馆（米尔扎尼的尼可·皮罗斯曼纳什维利博物馆分馆）	Niko Pirosmanashvili Museum（Branch of the Niko Pirosmanashvili Museum in Mirzaani）
梅拉布·科斯塔瓦故居博物馆	Merab Kostava House Museum
扎卡里亚·帕利亚什维利故居博物馆	Zakaria Paliashvili House Museum
斯米尔诺夫故居 – 高加索故居	Smirnov's House – Caucasian House
瓦赫坦·查布几亚尼故居博物馆	Vakhtang Chabukiani House Museum
尼古拉斯·巴拉塔什维利故居博物馆	Nikoloz Baratashvili House Museum
嘎拉克提昂·塔比泽故居博物馆	Galaktion Tabidze House Museum
尼古洛兹·伊格纳托夫故居博物馆	Nikoloz Ignatov House Museum
奥塔·塔克塔什维利故居博物馆	Otar Taktakishvili House Museum
娜塔拉·伊恩科什维利故居博物馆	Natela Iankoshvili House Museum
维里科·安贾帕里泽和米凯尔·基奥雷利博物馆	Veriko Anjaparidze and Mikheil Chiaureli Museum

索索·采列捷列故居博物馆	Soso Tsereteli House Museum
格德瓦尼什维利家庭纪念博物馆	Gedevanishvili Family Memorial Museum
米哈伊尔·爪哇什维利故居博物馆	Mikheil Javakhishvili House Museum
约瑟·格里沙什维利图书馆-博物馆	Ioseb Grishashvili Library–Museum
格鲁吉亚国家植物园(原第比利斯植物园)	Dendrology Museum（Tbilisi Botanical Garden）
动画木偶博物馆	Animated Puppet Museum
第比利斯国家音乐学院博物馆	Museum of Tbilisi State Conservatory
第比利斯国立大学历史博物馆	Tbilisi State University History Museum
第比利斯国立大学格鲁吉亚移民博物馆	Georgian Émigré Museum at Tbilisi State University
格鲁吉亚地球物理科学历史博物馆	Museum of History of Georgian Geophysical Sciences
矿物博物馆	Museum of Minerals
通讯博物馆	Museum of Communications
格鲁吉亚奥林匹克博物馆	Georgian Olympic Museum
格鲁吉亚摄影博物馆	Georgian Museum of Photography
雷瓦兹·拉吉泽博物馆	Revaz Lagidze Museum
乌尚吉·齐赫泽故居博物馆	Ushangi Chkheidze House Museum
阿卡基·瓦萨泽故居博物馆	Akaki Vasadze House Museum
"阿夫拉巴非法印刷术"博物馆	"Avlabar Illegal Typography" Museum
米尔扎·法塔利·阿洪多夫格鲁吉亚阿塞拜疆文化关系博物馆	Mirza Fatali Akhundov Museum of Georgian–Azerbaijani Cultural Relations
格鲁吉亚国家手稿中心	Georgian National Center of Manuscripts

附件5 圣山万神殿的名人

格鲁吉亚圣山万神殿

作家和公众人物圣山万神殿[1]是第比利斯一个墓园[2]，格鲁吉亚的学者、艺术家和民族英雄埋葬在这里。它位于姆塔兹敏达山（圣山）山坡上的圣大卫教堂（Mamadaviti）周围，1929年正式建立。山顶上有圣山公园，是第比利斯市政厅所有的游乐公园。

在此埋葬的第一批名人是俄国作家亚历山大·格里博耶多夫和他的格鲁吉亚妻子尼诺·查夫恰瓦泽。万神殿于1929年正式开放，以纪念格里博耶多夫逝世一百周年。此后，一些杰出的格鲁吉亚人被埋葬或重葬在那里。万神殿由第比利斯政府管理，是当地人和城市游客经常光顾的地方。

埋葬在圣山万神殿中的名人有：

·瓦萨·阿巴希泽（Vaso Abashidze，1854—1926），格鲁吉亚剧院演员、导演；

·弗里科·安贾帕里德泽（Veriko Anjaparidze，1897—1987），格鲁吉

1　圣山万神殿的英语：Mtatsminda Pantheon，格鲁吉亚语：მთაწმინდის მწერალთა და საზოგადო მოღვაწეთა პანთეონი。მთაწმინდა，意为圣山。

2　墓园（necropolis），是一个庞大的、设计精美的坟墓群，它有着精心制作的墓碑。该词源来自古希腊语νεκρόπολις，意为"死人的城市"。这个术语通常代表着远离城市的单独墓地，这类墓地在一定历史时期和地点极为常见。大墓地与坟地不同，坟地并没有大规模的地上建筑。

亚戏剧和电影女演员；

·尼古拉斯·巴拉塔什维利（Nikoloz Baratashvili，1817—1845），格鲁吉亚浪漫主义者诗人；

·瓦西尔·巴诺维（Vasil Barnovi，1856—1934），格鲁吉亚小说家；

·尼古拉斯·别泽尼什维利（Nikoloz Berdzenishvili，1894—1965），格鲁吉亚历史学家；

·瓦赫坦·查布基亚尼（Vakhtang Chabukiani，1910—1992），格鲁吉亚芭蕾舞演员；

·伊利亚·查夫恰瓦兹（Ilia Chavchavadze，1837—1907），格鲁吉亚作家和公众人物，和他的妻子（Olgha Guramishvili，1842—1927）；

·扎卡里亚·齐齐纳泽（Zakaria Chichinadze，1853—1931），格鲁吉亚业余历史学家和出版商；

·西蒙·奇科瓦尼（Simon Chikovani，1902—1966 年），格鲁吉亚诗人、公众人物；

·奥塔·奇拉泽（Otar Chiladze，1933—2009 年），格鲁吉亚作家；

·卡图萨·乔洛卡什维利（Kakutsa Cholokashvili，1888—1930），格鲁吉亚民族英雄；

·沙尔瓦·达迪亚尼（Shalva Dadiani，1874—1959），格鲁吉亚剧作家兼演员；

·诺达·邓巴兹（Nodar Dumbadze，1928—1984），格鲁吉亚作家；

·戴维·埃里斯塔维（Davit Eristavi，1847—1890），格鲁吉亚记者、翻译、剧作家；

·兹维亚德·加姆萨赫迪亚 / 加姆萨胡尔季阿（Zviad Gamsakhurdia，1939—1993），格鲁吉亚第一位民选总统；

·克捷万·格拉泽（Keke Geladze，1858—1937），约瑟夫·斯大林的母亲；

·雅各布·戈格巴什维利（Iakob Gogebashvili，1840—1912），格鲁吉亚作家和教育家；

·亚历山大·格里博耶多夫（Alexander Griboyedov，1795—1829 年），俄罗斯作家和他的妻子尼诺·查夫恰瓦泽（Nino Chavchavadze，1812—1857）；

·约瑟夫·格里沙什维利（Ioseb Grishashvili，1889—1965），格鲁吉亚作家、诗人和学者；

·拉多·古迪阿什维利（Lado Gudiashvili，1896—1980），格鲁吉亚画家；

·奥尔加·古拉米什维利·尼科拉泽 (Olga Guramishvili-Nikoladze，1855—1940)，格鲁吉亚教育家；

·西蒙·贾纳夏（Simon Janashia，1900—1947），格鲁吉亚历史学家；

·摩西·贾纳什维利（Mose Janashvili， 1855—1934），格鲁吉亚历史学家；

·安娜·卡兰达兹（Ana Kalandadze，1924—2008），格鲁吉亚诗人；

·阿卡基·科洛瓦（Akaki Khorava，1895—1972），格鲁吉亚演员；

·利奥·基亚切利（Leo Kiacheli，1884—1963），格鲁吉亚作家；

·迪米特里·奇皮阿尼（Dimitri Kipiani，1814—1887)，格鲁吉亚记者和公众人物；

·戴维特·克迪亚什维尔（Davit Kldiashvili，1862—1933），格鲁吉亚作家；

·默拉布·科斯塔瓦（Merab Kostava，1939—1989），格鲁吉亚民族英雄；

·乔治·列昂尼泽（Giorgi Leonidze，1899—1966），格鲁吉亚诗人；

·科特·马雅尼什维利（Kote Marjanishvili，1872—1933），格鲁吉亚剧院导演；

·尼古拉斯·穆斯克赫利什维利（Nikoloz Muskhelishvili，1891—1976），格鲁吉亚数学家；

·尼古拉·尼古拉兹（Niko Nikoladze，1843—1928），格鲁吉亚记者和捐助人；

·雅克布·尼古拉泽（Iakob Nikoladze，1876—1951），格鲁吉亚雕塑家；

·伊万娜·帕利亚什维利（Ivane Paliashvili，1868—1934），格鲁吉亚指挥家；

·加拉克提昂 / 嘎嘎丁·塔比泽（Galaktion Tabidze，1892—1959），格鲁吉亚诗人；

·埃克泰姆·高士维利 (Ekvtime Takaishvili，1863—1953），格鲁吉亚历史学家和考古学家；

·亚历山大·塔萨加利（Aleksandre Tsagareli，1844—1929），格鲁吉亚语言学家；

·阿卡基·采列捷列（Akaki Tsereteli，1840—1915），格鲁吉亚诗人；

·格里戈尔·采列捷列（Grigol Tsereteli，1870 年—1938），格鲁吉亚纸莎草学家；

·米哈伊尔·茨卡卡亚（Mikhail Tskhakaya，1865—1950），格鲁吉亚共产党员；

·阿纳斯塔西娅·图曼尼什维利·采雷特里萨 (Anastasia Tumanishvili—Tseretlisa，1849—1932），格鲁吉亚女作家；

·瓦扎·普沙维拉（1861—1915），格鲁吉亚诗人；

·伊利亚·维库（Ilia Vekua，1907—1977），格鲁吉亚数学家；

·塞格·扎卡里亚兹（Sergo Zakariadze，1907—1971），格鲁吉亚演员；

·所罗门·多达什维利（Solomon Dodashvili，1805—1836），格鲁吉亚哲学家、新闻工作者、历史学家、语法学家、纯文学作者和启蒙者；

·查布阿·阿米瑞吉比（Chabua Amirejibi，1921—2013），格鲁吉亚小说家。

附录 6　格鲁吉亚的大学列表

格鲁吉亚大学分为两大类，即国立大学和私立大学。下面是部分国立大学和私立大学的中英文对照。

国立大学

- Agricultural University of Georgia 格鲁吉亚农业大学
- Akaki Tsereteli State University 阿卡基·采列捷列国立大学 (简称：库塔伊西国立大学)
- Akhaltsikhe State Education University 阿哈尔齐赫国立教育大学
- Apolon Kutateladze Academy of Arts 安珀龙·库库特拉泽艺术学院
- Batumi Art Teaching University 巴统艺术教育大学
- Batumi Shota Rustaveli State University 巴统绍塔·鲁斯塔维里戏剧电影大学
- Batumi State Maritime Academy 巴统国立海事学院
- Georgian Technical University 格鲁吉亚理工大学
- Gori State Teaching University 哥里国立教育大学
- Iakob Gogebashvili Telavi State University 雅各布·高戈巴什维持利泰拉维国立大学
- Ilia State University 伊利亚国立大学
- Samtskhe-Javakheti State University 萨姆茨赫－扎瓦赫季国立大学
- Shota Meskhia Zugdidi State University 绍塔·美斯基亚祖格迪迪国立大学
- Shota Rustaveli University of Theater and Cinema/ Film 绍塔·鲁斯塔韦利戏剧电影大学
- Sokhumi State University 苏呼米国立大学
- Tbilisi Ivane Javakhishvili State University 第比利斯伊凡·贾瓦希什维

利国立大学 (简称：第比利斯国立大学)

·Tbilisi State Academy of Arts 第比利斯国立艺术学院

·Tbilisi State Medical University 第比利斯国立医科大学

·Tbilisi Vano Sarajishvili State Conservatory 第比利斯瓦诺·萨拉基什维利国立音乐学院

·Telavi Iakob Gogebashvili State University 泰拉维雅各布·戈格巴什维利国立大学

私立大学

·Alterbridge University (Tbilisi) 阿尔特桥大学 （也称老桥大学）

·American University for Humanities Tbilisi Campus 美国人文大学第比利斯校区

·BAU International University, Batumi 巴统 BAU 国际大学

·Business and Technology University (Tbilisi) 商业和技术大学

·Caucasus International University (Tbilisi) 高加索国际大学

·Caucasus University (Tbilisi) 高加索大学

·David Aghmashenebeli University of Georgia (Tbilisi) 格鲁吉亚大卫·阿格马什内贝里大学

·David Tvildiani Medical University (Tbilisi) 大卫·特维尔迪亚尼医科大学

·East European University (Tbilisi) 东欧大学

·European University (formerly European Teaching University Tbilisi) 欧洲大学（前身：欧洲教育大学）

·Free University of Tbilisi 第比利斯自由大学

·Georgian American University (Tbilisi) 格鲁吉亚美国大学

·Georgian Aviation University (Tbilisi) 格鲁吉亚航空大学

·Georgian Institute of Public Affairs (Tbilisi) 格鲁吉亚公共事务学院

· Grigol Robakidze University (Tbilisi) 格里格尔·罗巴基泽大学

· Guram Tavartkiladze Teaching University (Tbilisi) 古拉姆·塔瓦特基拉泽教育大学

· International Black Sea University (Tbilisi) 国际黑海大学

· Kutaisi University 库塔伊西大学

· New Vision University (Tbilisi) 新视野大学

· Petre Shotadze Tbilisi Medical Academy 彼得·肖塔泽第比利斯医学院

· Saint Andrews Georgian University (Tbilisi) 圣安德鲁格鲁吉亚大学

· Sukhishvili Teaching University (Gori) 苏希什维利教育大学（哥里）

· Tbilisi Medical Academy 第比利斯医学院

· Tbilisi Medical Institute "Hippocrates" 第比利斯希波克拉底医学院

· Tbilisi Teaching University 第比利斯教育大学

· Tbilisi University "Metekhi" 第比利斯梅特希大学

· Teaching University "Iveria" (Tbilisi) 教育大学伊比利亚（第比利斯）

· Teaching University "Rvali" (Rustavi) 教育大学"第八"（鲁斯塔威）

· Teaching University European Academy (Zugdidi) 教育大学欧洲学院（祖格迪迪）

· Teaching University Geomedi (Tbilisi) 教育大学格鲁吉亚医科

· Teaching University of International Relations of Georgia (Tbilisi) 格鲁吉亚国际关系教育大学

· Teaching University SEU (Tbilisi) 教育大学 SEU

· The University of Georgia (Tbilisi) 格鲁吉亚大学

· University "Sakartvelo" (Tbilisi) 萨卡图外洛（格鲁吉亚旧称）大学

除了国立、私立之分外，格鲁吉亚大学又分三层，分别称作大学（University）、教育大学（Teaching University）和学院（College）。其中大学，指拥有本硕博三级教育的高等教育和研究机构。教育大学，指拥有本科和硕士教育而没有博士教育的高等教育机构。教育大学必须实施硕士教育项目。学院，指仅实施第一层级，也就是本科教育的高等院校。

格鲁吉亚大学又根据盈利性或非盈利性分四种类型，分属 LEPL、N(N)LE、LTD 和 N(N)PL。其中 LEPL 是 Legal Entity of Public Law，意思是公法的法人实体，非营利性公立高等教育机构，即公立大学；N(N)LE 是 Non-Entrepreneurial (Non-Commercial) Legal Entity of the private law by Civil Code of Georgia，是非企业（非商业）法人实体；依据格鲁吉亚民法典私法建立的大学，LTD 是私立大学；而 N(N)PL 公法非企业非商业实体。

大学 30 所

1.LEPL－Ivane Javakhishvili Tbilisi State University 伊凡·贾瓦希什维利第比利斯国立大学（简称第比利斯国立大学）

2.LEPL－Tbilisi State Medical University 第比利斯国立医科大学

3.LEPL－Ilia State University 伊利亚国立大学

4.LEPL－Akaki Tsereteli State University 阿卡基·采列捷列国立大学

5.LEPL－Shota Rustavely University of Theatre and Film 绍塔·鲁斯塔维里戏剧电影大学

6.LEPL－Batumi Shota Rustaveli State University 巴统肖塔·鲁斯塔维里戏剧电影大学

7.LEPL－Tbilisi Vano Sarajishvili State Conservatoire 第比利斯瓦诺萨拉基什维利国立音乐学院

8.N(N)LE－Agricultural University of Georgia 格鲁吉亚农业大学

9.LEPL－Iakob Gogebashvili Telavi State University 雅各布·高戈巴什维持利泰拉维国立大学

10.LEPL－Apolon Kutateladze Academy of Arts 安珀龙·库库特拉泽艺术学院

11.LEPL－Georgian Technical University 格鲁吉亚理工大学

12.LEPL－Sokhumi State University 苏呼米国立大学

13.LTD－Free University of Tbilisi 第比利斯自由大学

14.LTD－David Tvildiani Medical University 大卫·特卫迪亚尼医科大学

15.LTD－University of Georgia 格鲁吉亚大学

16.LTD－Caucasus University 高加索大学

17.Saint Andrew the First-Called Georgian University of the Patriarchate of Georgia 圣安德鲁格鲁吉亚第一所主教大学

18.LTD－Aviation University of Georgia 格鲁吉亚航空大学

19.LTD－Grigol Robakidze University 格里戈尔·罗坝吉泽大学

20.LTD－International Black Sea University 国际黑海大学

21.LTD－Georgian-American University 格鲁吉亚－美国大学

22.LTD－David Aghmashenebeli University of Georgia 格鲁吉亚戴维·阿格马什内贝里大学

23.LTD－Kutaisi University 库塔伊西大学

24.N(N)LE GIPA－Georgian Institute of Public Affairs 格鲁吉亚公共事务学院

25.LTD－Caucasus International University 高加索国际大学

26.N(N)LE－New Vision University 新视野大学

27.LTD－Business and Technology University 商业技术大学

28.LEPL－Samtskhe－Javakheti State University 萨姆茨赫－扎瓦赫季国立大学

29.LEPL－East European University 东欧大学

30.N(N)LE－Saint King Tamar University of Georgian Patriarchate 格鲁吉亚圣公会塔玛尔大学

教育大学 22 所

31.LEPL － Gori State Teaching University 哥里国立教育大学

32.LEPL － Shota Meskhia Zugdidi State University 绍塔·美斯基亚祖格迪迪国立大学

33.LEPL － Teaching University Batumi State Maritime Academy 巴统国立海事学院（教育大学）

34.LEPL － Batumi Teaching University of Arts 巴统艺术教育大学

35.LTD － Petre Shotadze Tbilisi Medical Academy 彼得·肖塔泽第比利斯医学院

36.LTD － Teaching University "Geomedi" 教育大学格鲁吉亚医科

37.LTD － Tbilisi Alte University （former Tbilisi Open Teaching University）第比利斯阿尔特大学（前身：第比利斯开放大学）

38.LTD － Tbilisi Humanitarian Teaching University 第比利斯人文教育大学

39.LTD － Batumi Navigation Teaching University 巴统航海教育大学

40.N(N)LE － Tbel Abuserisdze Teaching University of Georgian Patriarchate 特拜尔·阿布赛雷斯泽格鲁吉亚圣父教育大学

41.LTD － Guram Tavartkiladze Tbilisi Teaching University 古拉姆·塔瓦特基拉泽教育大学

42.LTD － Sulkhan － Saba Orbeliani Teaching University 苏尔坎·萨巴·奥贝里亚尼教育大学

43.LTD － Teaching National University SEU 教育大学 SEU

44.LTD － European University 欧洲大学

45.LTD － Tbilisi David Agmashenebeli Teaching University 第比利斯大卫·阿格马什内贝里大学

46.LEPL － David Aghmashenebeli National Defence Academy of Georgia

格鲁吉亚大卫·阿格马什内贝里国防学院

47.LTD－Bank of Georgia Teaching Unuversity 格鲁吉亚银行教育大学

48.LEPL－Georgian State Teaching University of Physical Education and Sport 格鲁吉亚国立体育教育大学

49.BAU International University Batumi 巴统国际大学 BAU

50.Batumi Teaching University LLC 巴统教育大学 LLC

51.LTD－ALTERBRIDGE International Teaching University of Management and Communication 阿尔特桥管理与传播国际教育大学

52.LTD－East－West Teaching University 东－西教育大学

学院 4 所

53.LTD－Batumi High Marine Engineering School ANRI 巴统高等还是工程学校 ANRI

54.LLC－Free Academy of Tbilisi (former LTD High School Georgia) 第比利斯自由学院

55.LLC－Millennium Teaching University (former New University LLC, and Higher Education Institution "Education Academy) 千禧教育大学

56.LTD－New Higher Education Institute 新高等教育学院

格鲁吉亚 2022 年节假日

假期是格鲁吉亚生活的重要组成部分，并以巨大的喜庆带来庆祝：家人和朋友聚集在一起，以酒司令（Tamada）或致敬酒辞者（Toastmasters）主持的盛大宴会，称为苏普拉（Supra）。世俗假期伴随着烟火、游行和崇高的演讲，而丰富多彩的游行队伍和大规模群众标志着宗教活动。现代习俗与几代格鲁吉亚人保存下来的古老仪式融合在一起。大部分假期在全国范围内庆祝，而另一些则在区域范围内。

日期 / 星期	中文名称	格语名称	英语名称
01.01，六	新年	ახალი წელი	New Year
01.02，日	新年第二天，幸运日	ახალი წელი (დღე 2)	New Year （day 2）
01.07，五	东正教圣诞节	შობა	Orthodox Christmas
01.19，三	东正教主显节 / 洗礼节	ნათლისღება	Orthodox Epiphany
01.27，三	圣尼诺命名日	წმინდა ნინოს ხსენების დღე	St. Nino's Day
02.14，一	情人节	ვალენტინობა	Valentine's Day
03.03，四	（格鲁吉亚）母亲节	დედის დღე	Mother's Day
03.08，二	三八国际妇女节	ქალთა საერთაშორისო დღე	International Women's Day
04.09，六	民族团结日	ეროვნული ერთიანობის დღე	National Unity / Independence Restoration Day
04.22，五	东正教耶稣受难日	დიდი პარასკევი	Orthodox Good Friday
04.23，六	东正教复活节前日	დიდი შაბათი	Orthodox Holy Saturday

04.24，日	东正教复活节	აღდგომა	Orthodox Easter Sunday
04.25，一	东正教复活节翌日	დიდი ორშაბათი	Orthodox Easter Monday
05.06，五	圣乔治节	გიორგობა	Saint George's Day
05.09，一	反法西斯胜利日	ფაშიზმზე გამარჯვების დღე	Victory Day
05.12，四	圣安德鲁（入境宣教）节	წმინდა ანდრია პირველწოდებულის დღე	Saint Andrew the First—Called Day
05.26，四	独立日／国庆节	დამოუკიდებლობის დღე	Independence Day
06.19，日	父亲节	მამათა დღე	Fathers' Day
08.28，日	圣玛利亚命名日	მარიამობა	Saint Mary's Day/Day of the Assumption of Mary
10.14，五	生命之柱大教堂日／姆茨赫塔节	სვეტიცხოვლობა	Day of Svetitskhoveli
10.30，六	第比利斯城市节	თბილისობა	Tbilisoba
11.23，三	圣乔治节	გიორგობა	Saint George's Day
12.31，六	新年前夜	ახალი წლის წინა დღე	New Year's Eve

参考文献

Aronson H. I. (1989) Georgian a Reading Grammar. Slavic Publisers Inc.

Dundua,T. (2017) History of Georgia, Tbilisi: Meridian Publishers.

Heighway, E. (ed.), (2012) Contemporary Georgian Fiction, Dalkey Archive Press.

Kakachia K. and Markarov A (eds.) (2016) Values and Identity as sources of Foreign Policy in Armenia and Georgia. Tbilisi: Publishing House "UNIVERSAL".

Kldlashvili N, Roland Kartveli, (2013) English-Georgian Phrasebook and a Dictionary. Publishing House "Qartuli Tsigni".

Nikolaishvili, N. Bagration-Davitashvili, (2012) Georgian Language, Tbilisi.

Rayfield, D. (2012). The Literature of Georgia: A History. London: Reaktion Books,

Rayfield, D. (2013). The Literature of Georgia. New York: Routledge.

Rayfield, D. (2012). Edge of Empires. A History of Georgia. London: Reaktion Books.

Tevzadze, G. (2007) "Philosophy in Contemporary Georgia", Bulletin of the Georgian National Academy of Sciences.

Tsiklauri, M. The Aspects of Civic Consciousness in Georgian Literature. LLCE, 2016 3(2)

Urushadze, V, (1958) Anthology of Georgian Poetry. Tbilisi: State

Publishing House.

Vazha-Pshavela. (1979). Newly Revealed Works. Tbilisi.

Vazha-Pshavela. (1986). Works. Tbilisi：Sabchota Saqartvelo

Virsaladze E. (2017) Georgian Hunting Myths and Poetry. Tbilisi：Georgian National Academy Press.

格鲁吉亚教育部网站 The Official Website of Georgian Ministry of Education, http：//www.moe.gov.ge；http：//mes.gov.ge/oldmes/index.php?lang=eng

格鲁吉亚政府网站文化版 https：//agenda.ge/en/news/culture

维基百科 https：//en.wikipedia.org/wiki/List_of_universities_in_Georgia_(country)

后　记

　　历时三年，从搜集资料到整理成册，再到交付出版社，这本小册子终于要印刷出版了。喜忧参半之心情难于言表，又不得不表。

　　搜集最终成书的资料开始于四年前因工作关系前往格鲁吉亚首都第比利斯后，忙碌之余或走进当地博物馆、学校、公园，或徜徉在大街小巷，看到的各种人物雕像让我好奇他们是谁，而逐渐熟知的以人名命名的街道，更促使我去发掘背后的人物故事。偶然间，住处附近一条名为"查夫恰瓦泽"的街道成为我发现的第一个作家名，从此走到哪里就查一查、读一读。不知不觉中，积累了逾百位格鲁吉亚文学家（包括电影文学家）的资料，从中了解了这个国家的历史发展、艺术成就、社会变迁、妇女地位等很多方面的信息。

　　疫情下，宅家办公让我有了更多时间能够梳理手头的资料，一本接近 300 页 A4 纸的初稿成型，后经修改、压缩，最终能与有缘人见面的，就是这本了。出版它的原因，是本人前往格鲁吉亚之前，迫切想读该国人文历史有关的书籍却没找到，国内鲜有对格鲁吉亚文学及文学家的研究，若非机缘巧合，很难有人有机会对这个小众国家的文学家做系统介绍，相信本书必定给后来的研究者提供顺藤摸瓜的便利。

以上是欣喜之所在。

那参半的忧虑在于：由于水平有限，书中难免出现疏漏和错误。请各位读者多多包涵，顾念这项工作可参考的文献太少，原谅本人无知无畏。如若赐教，万分感激。

以下几点说明，方便您阅读。

1. 书中文学家的排序是按照他们姓氏的拉丁拼写顺序，而不是按照汉语或格鲁吉亚语顺序。

2. 书中出现的同名文学家和地名（山名）采用约定俗成的翻译，比如"Kazbegi"，山名、地名用了"卡兹别克"，而作家名则用了国内读者熟悉的"卡兹贝吉"。

3. 有些作家的名字在苏联时代就在中国有译名，本书尽量采用了原有的名称。

4. 由于作家们发表作品的渠道不同，出版物发表的语言并非都是格鲁吉亚语或英语，因而书中保留了德语或其他语言，以便读者查阅。

5. 书中的男女姓名，用了更有区别性特征的汉字让读者一眼看出是女性或者男性。

6. 书中文学家的生卒年月、获奖信息等，截止于 2021 年 5 月，之后发生的变化故未能体现。

本书的研究获中国外语战略研究中心－外教社"世界语言与文化研究"项目（项目编号 WYZL2022GS0007）资助。

最后，感谢为这本书的出版提供过帮助的人，尤其感谢塔玛·帕塔舒里（Tamar Patashuri）、蒂纳廷·皮奇哈亚（Tinatin Pichkhaia）帮我解答格鲁吉亚语的问题。

卢雨菁

2022 年 11 月 20 日于兰州大学